복 있는 사람

오직 여호와의 율법을 즐거워하여 그 율법을 주야로 묵상하는 자로다.
저는 시냇가에 심은 나무가 시절을 좇아 과실을 맺으며 그 잎사귀가 마르지 아니함 같으니
그 행사가 다 형통하리로다. (시편 1:2-3)

C. S. 루이스의 『순전한 기독교』(Mere Christianity)와 존 스토트의 『기독교의 기본 진리』(Basic Christianity)가 그동안 기독교 신앙 입문서로 국내외 독자들에게 많은 사랑을 받았다. 이 책들과 견주어 볼 때, 김영봉 목사의 『나는 왜 믿는가』는 건강한 성서신학을 토대로 왜 믿는지, 무엇을 믿는지, 어떻게 믿어야 할지를 논리적이면서도 훨씬 더 따뜻하고 친근하게 이야기해 준다. 믿음의 길에 대해 탐색하고 있는 이들에게는 기독교 신앙의 기본을 이해하고 앞으로 한 걸음 더 나아가도록 도울 것이며, 이미 믿음의 길에 서 있는 이들에게는 신앙의 내용과 근거를 다시 생각하며 더욱 견고한 믿음으로 나아가게 해주리라 믿는다. 마음으로 추천한다.

강영안, 미국 칼빈신학교 철학신학 교수, 서강대학교 철학과 명예교수

김영봉 목사의 글과 책에는 깊은 사고의 탁월함과 함께 인격적인 성실함이 담겨 있다. 이 책 또한 참된 구원의 길을 갈망하는 이들에게 예수 그리스도의 복음이 무엇인지를 정확하게 전하는 동시에, 그들이 정말 예수님을 만나 구원의 삶을 살기를 바라는 저자의 간절한 소원을 담고 있다. 그런 의미에서, 처음 예수님을 믿는 초신자나 예수 그리스도의 복음에 대해 궁금해하는 구도자들에게 이 책을 진심으로 추천하고 싶다. 그뿐 아니라, 이 책은 설교자나 교사, 리더와 같이 다른 사람을 영적으로 도와주어야 하는 이들에게 참으로 유익한 지침서다. 알고 있는 것과 그것을 정확하고 이해하기 쉽게 표현하는 것은 전혀 다른 문제인데, 저자는 그 간극을 지혜롭고 현명하게 풀어 간다. 마지막으로, 이 책은 신앙에 관한 개인적인 질문이 있는데 어느 누구에게서도 시원한 답을 듣지 못하여 답답해하는 이들에게 얼음냉수와 같은 기쁨을 선사할 것이다.

유기성, 선한목자교회 담임목사

기독교 신앙에 대한 김영봉 목사의 변증과 설명은 '목사'의 글이기는 하지만 '목사스럽'지 않다. 그의 변증은 읽는 이로 하여금 대화에 참여한다는 느낌이 들게 하고, 그의 설명은 읽는 이로 하여금 어떤 고백을 듣는 느낌이 들게 한다. 그래서 처음에는 대강 훑어보려고 마음먹은 독자라도 자세를 고쳐 앉지 않을 수 없게 만든다. 특히 교파와 교단을 초월하여 모두가 긍정할 수 있을 만한 정통 기독교 메시지를 초신자가 쉽고 즐거이 읽을 수 있도록 섬세하게 배려한다. 같은 목적으로 책을 쓴 경험이 있는 저자로서, 이 책을 미리 읽어 보지 못했음이 한스러울 뿐이다!

이정규, 시광교회 담임목사

기독교의 진리를 이성적으로 변호하는 것을 "변증"이라 한다. 법정에서의 논박이 그렇듯이 치열한 논리의 창이 부딪히는 긴장이 변증에 있다. 기독교의 진리를 이성의 언어로 전하려는 책들이 대체로 독자를 긴장하게 하는 이유다. 그런 점에서 이 책은 특별하다. 신뢰하는 친구와 커피 한 잔을 앞에 두고 차분히 이야기하듯, 잔잔하게 믿음의 세계로 초청받는다. 저자의 진솔함과 깊은 사색이 이 특별한 책을 가능하게 했다. 제목이 "당신은 왜 믿어야 하는가"가 아니라 "나는 왜 믿는가"라는 데 고개가 끄덕여진다. 인간의 이성 밖에 있으나 인간의 영역 안에 그 흔적을 남긴 절대자와의 만남을 기대한다면 놓치지 말아야 할 책이다.

박영호, 포항제일교회 담임목사

첫 페이지를 펼친 후에 멈출 수가 없었다. 꼬리에 꼬리를 물고 이어지는 논리 가운데, 내가 왜 믿게 되었고 믿을 수밖에 없었는지를 솔직하고 촘촘하고 생생하게 기술하고 있었다. 어쩌다 믿고 있는 이들에게는 불편하지만 왜 믿어야 하는지를 따지는 이들에게는 마땅한 질문으로 시작하고, 저자 자신을 설득한 충실한 대답으로 끝맺는다. 그가 믿는 진리, 그가 전하는 진리에 대한 묵직하고 짱짱한 자부심이 전해져 온다. 인생의 중요한 분기점에 선 이들, 생명력 있는 복음의 진리를 전하고 싶은 이들, 그리고 이 땅에서 믿음을 따라 살아가기 원하는 이들이 늘 곁에 두고 읽을 만한 참으로 반가운 선물이다.

박대영, 광주소명교회 책임목사

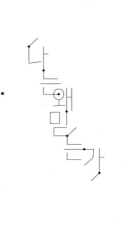

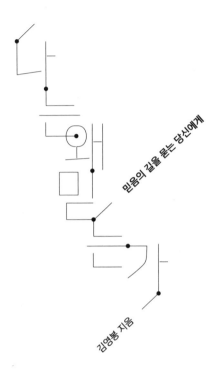

나는 왜 믿는가

민음의 길을 묻는 당신에게

김영봉 지음

복 있는 사람

나는 왜 믿는가

2019년 11월 6일 초판 1쇄 발행
2022년 11월 21일 초판 7쇄 발행

지은이 김영봉
펴낸이 박종현

(주) 복 있는 사람
주소 서울특별시 마포구 연남동 246-21(성미산로23길 26-6)
전화 02-723-7183(편집), 7734(영업·마케팅)
팩스 02-723-7184
이메일 hismessage@naver.com
등록 1998년 1월 19일 제1-2280호

ISBN 978-89-6360-319-3 03230

이 도서의 국립중앙도서관 출판예정도서목록(CIP)은
서지정보유통지원시스템 홈페이지(http://seoji.nl.go.kr)와 국가자료공동목록시스템(http://www.
nl.go.kr/kolisnet)에서 이용하실 수 있습니다. (CIP 제어번호: 2019039641)

2019년 10월 5일,

89년의 인생 여정을 마치고 하나님 품에 안기신,

내 믿음의 모태이신 어머니 고 홍경순 권사님께

이 책을 바칩니다.

우리 시대에 기독교는 매력 없는 종교가 되어 버렸습니다. 이 사회를 보다 평화롭고 정의롭게 만드는 도구가 되어야 할 교회가 오히려 우리 사회의 문제적 존재로 인식되고 있습니다. 기독교 신앙을 가졌다는 사실은 신뢰와 존중의 이유가 아니라 의심과 혐오의 이유가 되어 가고 있습니다. '개독'이라는 말이 유행하기 시작한 것은 이미 오래전의 일입니다. 이제는 누군가에게 다가가 기독교 신앙에 대해 말을 꺼내기도 어렵게 되었고, 그것을 귀담아들으려는 사람도 별로 없습니다.

상황이 이러하니 교회를 찾는 사람이 더 이상 없을 것 같은데, 신에 대한 갈망으로 교회를 찾는 이들이 지금도 여전히 있습니다. 과거보다는 현저히 줄었지만 신을 찾는 이들이 사라진 것은 아닙니다. 그들이 교회를 찾는 것은 신비한 이적을 바라서도 아니요, 물질적인 복을 탐해서도 아닙니다. 그 무엇으로도 채워지지 않는 그들의 내적 갈망 때문입니다.

누구에게나 **신을 향한 갈망**이 있습니다. 대다수의 사람들은 그 갈망을 억압하거나 외면하고 살아갑니다. 먼저 신을 믿은 사람들은 믿지 않는 사람들의 마음에 잠자고 있는 그 갈망을 불러 일으켜 주어야 하는데, 지금의 교회는 그 역할을 다하지 못하고 있습니다. 그럼에도 불구하고 신을 향한 갈망을 채우고 싶어서 교회를 찾아 나오는 사람들이 있습니다. 교회가 제 역할을 하지 못하고 있는데, 하나님은 그분의 일을 계속하고 계신 것입니다.

영국 시인 프랜시스 톰슨은 자신이 믿는 신을 '하늘의 사냥 개'라고 표현했습니다. 사냥개가 먹잇감을 찾았을 때 한 번의 공격으로 그 대상을 제압할 수 있는 순간을 기다리며 멀지도 가깝지도 않은 거리에서 조용히 추적해 가는 것처럼, 신도 당신을 떠나 사는 자신을 그토록 집요하게 추적하고 있다는 것입니다.[1] 이것은 프랜시스 톰슨만의 주관적인 체험이 아니라, 성경 전체를 통해 거듭 강조되고 있는 사실입니다. 기독교가 믿는 신은 자신이 지은 영혼이 자신의 품으로 돌아올 때까지 포기하지 않고 부릅니다. 들리지 않는 음성으로 속삭이고 보이지 않는 손으로 다독입니다.

우리 모두는 우리를 창조하고 돌보며 인도하는 신의 품을 떠나 우리 자신이 신이 되어 살아가기를 좋아합니다. 이것은 근본적으로 첫 사람 아담에게서 전해 받은 죄성 때문인데, 그 편이 보다 자유롭고 행복한 선택이라고 생각합니다. 하지만 진정한 자유는 창조주 안에만 있고 진정한 행복은 그분의 손길 아래 거하는 데 있습니다. 신을 등진 상태에서 행복을 찾으려는 것은 바다 한가운데서 마실 물을 찾는 것과 같습니다. 그렇게 신을 떠나 사는 인생 여정 가운데 진지하게 신을 생각하고 신에게 돌아가기를 저울질하는 순간이 누구에게나 몇 번은 찾아옵니다.

지금 이 책을 읽고 있는 당신이 그런 순간을 만난 것일지도 모릅니다. 만일 그렇다면, 당신은 인생 여정에서 몇 번 찾아오지 않는 중요한 전환점에 선 것입니다. 이 기회를 그냥 흘려보내는 것은 이 세상에서의 고귀한 생을 허비하는 것이고, 인생을 통해 얻어야 할 가장 중요한 것을 스스로 반납하는 것이며, 영원한 생명을 잃어버리는 불행이 될 수 있습니다.

저는 그와 같이 인생 여정에서 기로에 선 이들을 돕기 위해 이 책을 썼습니다. 저는 어려서부터 믿어 온 사람입니다. 더 정확히 말하면, 어릴 적부터 기독교 신앙의 환경 안에서 자랐습니다. 하지만 어릴 때 주입된 신앙을 맹목적으로 믿어 온 것은 아닙니다. 전해 받은 신앙을 계속 지켜야 하는 이유를 부단히 질문해 왔습니다. 청년 시기에는 잠시 방황을 하기도 했고, 깊은 의문에 빠져 본 적도 있습니다. 하지만 그동안 제가 겪은 체험과 종교에 대한 공부와 영적 추구는 전해 받은 기독교 신앙을 승인하게 만들었고 또한 사랑하게 만들었습니다. 그리고 그 믿음은 지금까지 저의 삶을 변화시켜 왔습니다.

그렇기 때문에 저는 오늘날 기독교 신앙과 교회에 대한 사회적 인식에 대해 매우 마음 아프게 생각합니다. 제가 일생의 탐구를 통해 진리로 믿고 사랑하는 기독교 신앙이 무시당하고 있고 또한 외면당하고 있기 때문입니다. 처음부터 무시당하고 조롱당해 마땅한 것이라면 문제가 없겠지만, 그런 대접을 받아서는 안 되는 것이 그런 대접을 받고 있기 때문에 마음이 아픕니다. 더 마음 아픈 것은, 그로 인해 신을 향한 갈망을 해결할 길이 막혀 버렸다는 데 있습니다. 신 없이 살다가 신 없는 운명을 맞이할 사람들이 더 많아진 것입니다. 이런 상황이 저로 하여금 간절한 마음으로 이 글을 쓰게 만들었습니다.

기독교교회 체계가 단일하지 않다는 사실에 대해서는 이미 잘 알고 계실 것입니다. 크게 보면, 가톨릭교회와 개신교회가 있습니다. 개신교회 안에는 여러 교파가 있습니다. 어떤 이들은 "개신교에는 왜 이렇게 교파가 많습니까?"라고 묻는데, 개신교의 주요 교파들은 개혁의 결과물입니다. 16세기에 있었던 마르틴 루터의 종교 개혁 운동 이후에 개신교회 안에서는 꾸준히 개혁 운동이 지속되었습니다. 그로 인해 새로운 교파가 여기저기서 생겨난 것입니다. 물론 정치적 이권 다툼으로 생겨난 교파도 있지만 그것은 소수입니다. 일반인들이 보통 알고 있는 주요 교파들은 역사의 흐름 가운데서 생겨난 갱신과 개혁 운동의 산물입니다.[2] 그래서 "개혁된 교회는 항상 개혁되어야 한다"고 말합니다.

　상황이 이렇다 보니, 처음 신을 찾아 나선 이들이 신에 대한 갈망을 기독교 신앙 안에서 채우려 해도 어디서부터 어떻게 시작해야 할지 알 수가 없습니다. 게다가 사이비 교파들도 많으니 고민은 더욱 깊어집니다. 사이비 교파에 걸려들면 패가망신하기 쉽습니다. 따라서 기독교 신앙을 탐색할 때면 믿을 만한 안내자가 필요합니다. 정통 교리를 믿는다고 주장하는 사람들도 편향되거나 왜곡된 경우가 많기 때문입니다. 지나치게 신비적인 경향으로 기울어진 경우도 있고, 기복주의적이고 미신적인 경우 혹은 교리적이고 율법적으로 기울어진 경우도 있습니다. 또한 과학과 이성을 전적으로 부정하는 경우도 있고, 시한부 종말론에 사로잡힌 경우도 있습니다.

　저는 이 책에서 기독교 신앙의 깊이와 넓이와 높이를 가능한 한 온전히 묘사하려고 합니다. 앞에서도 말했듯이, 저는 기독교 신앙의 환경 안에서 자라면서 성숙하고 온전한 기독교 신앙이 무엇인지 고민해 왔습니다. 처음에는 저 자신의 신앙을 바로잡기 위해서 그렇게 했고, 그다음에는 기독교 신앙을 바르게 가르치기 위해서 그렇게 했으며, 지금은 기독교 신앙을 바르게 설교하기 위해 그렇게 하고 있습니다. 바르고 온전하고 성숙한 신앙에 대한 갈망이 오늘에 이르기까지 저의 삶을 이끌어 왔다고 할 수 있습니다.

　먼저 시작하는 장에서 저는 '나는 왜 믿는가'라는 제목으로 제가 믿는 이유 곧 제가 알고 있고 또한 믿고 있는 기독교 신앙에 대해 말하려 합니다. 이것은 저의 신앙고백이면서 동시에 제 신앙에 대한 변호입니다. 아직 믿지 않는 독자에게는 자신이 믿지 않는 이유를 곰곰이 따져 보는 계기가 될 것이고, 이미 믿고 있는 독자에게는 자신의 믿음을 돌아보는 계기가 될 것입니다. 사실 믿는 사람도, 믿지 않는 사람도 자신이 그런 입장을 택한 이유에 대해 한 번도 진지하게 따져 보지 않은 경우가 많습니다. 어떤 입장에 있든, 이 글이 당신의 영적 탐색 과정에 도움이 되기를 바랍니다.

그런 다음 이어지는 열세 장에서 저는 기독교 신앙이 말하는 믿음과 구원에 대해 안내할 것입니다. 구원이란 무엇이고, 왜 우리에게 구원이 필요하며, 지금 여기서 어떻게 구원의 삶을 살 것인지에 관해 들여다볼 것입니다. 기독교 신앙은 "하나님은 사랑이시다" 혹은 "예수께서 부활하셨다"라는 문장 하나로도 담아낼 수 있습니다만, 그 깊이와 넓이와 높이를 다 헤아리자면 수도 없이 많은 지면이 필요합니다. 그런 까닭에 지난 역사 중에 성 아우구스티누스, 토마스 아퀴나스, 마르틴 루터, 장 칼뱅, 칼 바르트 같은 위대한 신학자들이 기독교 신앙에 대해 방대한 저서를 남겼습니다. 이 책에서 저는 기독교 신앙에 대해 진지한 관심을 가진 이들을 위해 중요한 핵심 내용들을 간추려 소개하였습니다.[3]

이 책이 출간되기까지 도움을 주신 분들께 감사의 말을 전하며 글을 맺겠습니다. 우선, 저와 함께 영적 여정을 걷고 있는 와싱톤사귐의교회 교우들께 감사드립니다. 함께 걷는 사람들이 있기에 훨씬 수월하게 길을 걷습니다. 고민을 나눌 사람들이 있기에 저의 깨달음이 더 깊어지고 삶이 더 깊어집니다. 또한 이 책의 출간을 흔쾌히 허락해 준 복 있는 사람 박종현 대표님과, 부족한 원고를 품격 있는 책으로 만들어 준 문준호 편집자님, 표지와 내지를 아름답게 꾸며 준 정계수 디자이너님에게 감사드립니다.

바라건대 이 책이 아직 믿지 않는 이들에게 하나님의 품으로 돌아오는 길에 좋은 친구가 되기를 기도합니다. 그리고 이미 믿는 이들에게는 자신이 선택한 신앙의 이유와 그 신앙의 측량할 수 없는 깊이와 광활한 넓이와 닿을 수 없는 높이를 발견하는 도구가 되기를 기도합니다.

2019년 10월
단풍이 아름다운 버지니아에서
김영봉

새신자 교육 및 세례 준비 교육

이 책은 누구보다 믿지 않는 사람들에게 기독교 신앙을 소개하기 위한 목적으로 쓴 책입니다. 그렇기 때문에 교회에 첫발을 내디딘 새신자 혹은 세례를 받기 전에 준비 중인·이들이 사용하기에 유익합니다. 가장 좋은 방법은, 인도자와 새신자(혹은 세례 대상자)가 일대일로 만나 한 장씩 읽고 대화를 나누는 것입니다. 또 하나의 방법은, 인도자와 여러 사람이 소그룹으로 모여 함께 공부하는 것입니다.

우선, 인도자는 이 책을 읽고 내용을 충분히 파악해야 합니다. 그런 다음 '나눔을 위한 질문'에 제시된 질문들에 대한 대답을 미리 생각해 보아야 합니다. 인도자는 이 질문에만 묶일 필요가 없으며, 새신자로 하여금 할 수 있는 대로 많은 질문을 하도록 분위기를 만드는 것이 좋습니다. 인도자로서 새신자의 질문에 답하지 못할 것을 두려워하지 말아야 합니다. 진지한 구도자는 자신의 질문을 공감하여 들어 주는 것만으로도 큰 도움을 얻습니다. 질문을 한 이가 꼭 대답을 듣고 싶어 하는데 인도자가 대답할 수 없을 경우에는 교회 목회자에게 문의하시기 바랍니다. 그것이 여의치 않으면 저에게 문의하시기 바랍니다(bong320@gmail.com).

'나눔을 위한 질문'에 제시된 질문들은 모두 '열린 질문'입니다. 단답형의 질문이 아니라 읽는 내용에 비추어 자신을 돌아보게 하는 질문이라는 뜻입니다. 따라서 정답을 찾으려 할 것이 아니라 질문을 도구로 서로의 생각을 나누도록 인도해야 합니다. 인도자는 새신자에게 정답을 제공하는 사람이 아니라 함께 정답을 찾아 가는 사람이어야 합니다. 다 알고 있고 다 믿고 있는 사람으로서가 아니라, 더 알아 가고 더 깊이 믿기를 추구하는 사람으로서 새신자를 대해야 합니다.

같은 자리에서 한 장씩 함께 읽고 대화를 나눌 수도 있고, 미리 읽고 만남의 시간을 오롯이 대화에 할애해도 좋습니다. 한 번에 한 장씩 소화하려면 적어도 열네 번의 만남이 필요합니다. 이것이 가장 이상적이지만, 현대인의 생활 여건을 생각하면 다소 어려울 수 있습니다. 그럴 경우에는 네 번의 만남으로 소화할 수 있습니다. 첫 만남에서는 '1장. 나는 왜 믿는가'를 함께 읽고 대화를 나누고, 두 번째 만남에서는 1부 내용을 다루고, 세 번째와 네 번째 만남에서는 각각 2부와 3부를 다루는 것입니다(이때 각 부의 내용을 미리 읽어 와야 합니다). 마지막 모임에서는 '나가는 말'에 나와 있는 대로 영접 기도를 함께 드리고 신앙생활에 대해 안내합니다.

새가족 교육

이 책은 또한 새가족 교육을 위한 교재로 사용할 수 있습니다. 이미 믿고 있는 사람이라도 자신의 믿음을 돌아보고 다시 방향을 잡는 것은 매우 중요합니다. 교회마다 새가족 교육 방향이나 일정이 다르기 때문에 인도자가 먼저 이 책 전체를 읽고 나서 사용 방법을 결정하는 것이 좋습니다. 여건상 새가족 교육 횟수가 적은 경우에는 새가족 환영 선물로 제공하는 것도 한 방법입니다. 새가족에게 견고한 신앙의 기초를 제공해 주기 원한다면, 적어도 네 번의 모임을 통해 이 책을 공부하는 것이 좋습니다.

소그룹 스터디

신앙의 기초를 다지기 위한 소그룹 스터디를 위해 이 책을 사용하는 것도 좋은 방법입니다. 그럴 경우, 15주 모임을 계획하는 것이 좋습니다. 첫 모임에서는 자기소개를 하며 각자의 영적 여정을 나누고, 두 번째 모임부터 한 장씩 소화하면 됩니다. 소그룹 스터디의 기본적인 진행 팁을 제안한다면 다음과 같습니다.

1 찬양과 기도(10분)

2 한 주간 삶과 말씀 묵상, 감사 제목 등에 대한 나눔(10분)

3 지난주 읽은 내용 돌아보기(한 사람이 요약하여 발표, 10분)

4 나눔('나눔을 위한 질문'을 기초로, 50분)

5 서로를 위한 기도(5분)

6 찬양(5분)

어떤 목적과 방식으로 이 책을 사용하든, 가장 중요한 것은 인도자의 영적 준비입니다. 무엇보다 참여한 사람들을 위한 기도와 인도자 자신을 위한 기도가 중요합니다. 또한 만남을 위한 기도를 게을리하지 말아야 합니다. 참된 신앙은 인간의 논리와 구변으로 생겨나지 않습니다. 오직 성령의 감동과 그 사람을 위한 사랑만이 참된 믿음으로 인도합니다. 부디, 이 책이 하나님이 예비하신 곳에서 유익하게 사용되기를 기도합니다.

III
지금 여기서,
어떻게 구원의 삶을
살 것인가

1
나는 왜 믿는가

목사의 고백

목사가 '나는 왜 믿는가'라는 주제로 자신의 신앙을 고백할 때 별 기대감을 느끼지 않는 분들도 계실 것입니다. 그것은 두 가지 이유 때문인데, 하나는 '목사가 믿는 게 당연하지!'라는 생각 때문입니다. 믿지 않던 어떤 유명인이 믿게 되었다면 사람들은 흥미를 가집니다. 한국의 대표적인 지성으로 꼽히는 이어령 선생이 무신론자로서의 신념을 내려놓고 신자가 되자, 많은 이들이 그의 이야기를 듣고 싶어 했습니다. 그 많은 지식과 냉철한 이성에도 불구하고 하나님 앞에 무릎 꿇은 이유가 궁금했기 때문입니다.

저는 미국에 살면서 목회를 하고 있지만 한 해에 한 번 정도는 한국을 방문하고 있습니다. 지난번 방문했을 때 고향집에 가니 제가 대학 시절에 읽었던 책들 중에 그의 책이 있어서 들추어 보았습니다.[1] '젊은 시절 그의 생각은 어땠을까? 혹시 그 안에 신을 향한 갈망 같은 것은 없었을까?' 싶어서 곰팡이 냄새를 맡아 가며 읽어 보았습니다. 그 책에는 그가 하나의 문학 양식으로 쓴 기도문이 여러 편 실려 있었습니다. 당시 그의 의식에서 '신'이라는 이름은 다만 하나의 문학 기호이고 기도라는 행위도 여러 표현 방식 중 하나라고 생각했을 것입니다. 그런데 이제 와서 보니 그렇지 않았습니다. 그의 무의식 깊은 곳에서는 신을 찾고 있었습니다. 아니 믿고 있었습니다. 그의 의식은 무신론을 선택했지만 그의 무의식 깊은 곳에서는 신을 향해 기도하고 있었던 것입니다. 내면 깊은 곳에서 꿈틀대던 믿음이 결국 그를 압도한 것이고, 그의 무의식마저 하나님을 인정하고 그 앞에 고개 숙이게 만든 것입니다. 물론 이것은 저의 해석입니다.

그가 회심하고 나서 쓴 책 가운데 『지성에서 영성으로』라는 책이 있습니다. 그 책의 내용 중에 저의 추측이 맞다는 사실을 입증해 주는 대목이 있어 소개합니다.

내 문학을 조금이라도 읽어 본 분이라면 딸 때문에 신앙을 가지게 됐다는 것은 근인이라는 것을 아실 겁니다. 20대부터 나는 돈이나 가난, 또는 권력, 전쟁에서 비롯된 생명이나 안일에 대한 결핍에서 글을 쓴 것이 아닙니다. 절실한 고독, 내가 혼자라는 것에서 시작된 것이지요.

이것은 나만의 고독이 아니라 인간이라면 모두 가지고 있는 고독입니다. 그래서 완벽한 사랑을 구하기 위해서는 문을 두드리는 것이지요. "혼자 너무 외로워서 못 살겠습니다. 당신이라면 'oneness'가 되고 'impartation'이 되어서, 당신이 내가 되고 내가 당신이 될 것 같습니다. 당신이 약속하지 않았습니까. 이 빵이 내 살이다, 이것을 먹으면 너와 나는 똑같이 된다고 약속하지 않으셨습니까?" 이것이 우리가 구하고, 또 내가 구한 것입니다. 만약 이 세상에서 'oneness'가 될 수 있는 것이 존재한다면, 그게 꽃이든 구름이든 애인이든 그런 것이 이 세상에 존재한다면, 난 절대 세례를 받지 않았을 겁니다. 그토록 많은 책을 쓰고, 또 어떤 글에서는 하나님한테 절대 양 잡아 주지 말라고 선동한 사람이 이제 와서 왜 그러겠습니까?[2]

뭔가 그 정체를 알 수 없는 깊은 고독감, 그 옛날 키에르케고어가 느꼈던 내면의 깊은 고독을 해결할 길을 찾아 그는 몸부림쳤던 것입니다. 자신의 전부를 모두 던져 버릴 만한 대상, 그리하여 자신의 내면 깊은 곳을 채워 줄 수 있는 대상을 찾아 그는 수많은 책을 읽고 치열하게 글쓰기에 매진하였습니다. 그래도 채워지지 않던 그 내면의 빈자리가 하나님 앞에 무릎 꿇고야 비로소 채워진 것입니다.

이 정도는 되어야 "나는 왜 믿는가"라고 말할 때 귀 기울여 볼 가치가 있다고 생각할 것입니다. 저와 같은 평범한 사람이, 그것도 어머니 뱃속에서부터 교회 안에서 자라 나중에 목사로 훈련받아 살아가는 사람이 "나는 왜 믿는가"라고 말한다면, 기대감이 생길 리가 없습니다.

목사가 "나는 왜 믿는가"라고 말할 때 기대감이 낮은 또 하나의 이유는, 목사가 자신의 신앙에 대해 설명할 때는 진정성을 인정받기가 어렵기 때문입니다. 그것은 마치 자동차 영업하는 사람이 하는 말을 곧이듣지 않는 심리와 비슷합니다. 저렴한 가격의 소형차를 사려고 자동차 대리점에 갔는데 영업사원이 사려던 차가 아닌 다른 차를 두고 침이 마르도록 칭찬한다면 당신은 어떤 생각이 들까요? "그렇게 좋다면 당신도 이 차를 몰고 다닙니까?"라고 묻고 싶지 않을까요? 왠지 말은 그렇게 하면서 정작 자신은 다른 차를 타고 다닐 것 같지 않습니까?

목사가 자신의 신앙에 대해 말할 경우에도 듣는 사람들은 이와 비슷한 느낌을 가질 수 있습니다. 자신이 속한 교파의 교세 혹은 자기 교회를 키우기 위해 자신이 실제로 믿지도 않는 것을 선전하는 것 같은 느낌을 받는 것이지요. 지금 이 글을 정리하고 있는 시점에 미국 교계에 충격적인 뉴스가 보도되어 많은 이들이 혼란스러워하고 있습니다. 『No 데이팅』이라는 책으로 국내에도 잘 알려진 조슈아 해리스 목사가 얼마 전에 자신은 기독교 신앙을 떠났다고 고백했기 때문입니다.[3] 그는 매릴랜드에 있는 커버넌트라이프 교회의 담임목사로서 11년 동안 소위 '성공적인' 목회를 했던 사람이기에 그 충격은 더욱 큽니다. 그는 SNS 공개

글에서 자신이 믿지도 않는 교리를 설교하고 가르쳐 왔다고 사과를 했습니다.

그 밖에 여러 맥락에서 많은 사람들이 목사의 말을 이러저러한 선입견을 가지고 듣습니다. 그러니 목사인 제가 "나는 왜 믿는가"라고 말하는 것이 무슨 소용이겠습니까?

나의 영적 이력

목사로서 '나는 왜 믿는가'라는 주제로 말하는 것이 별 기대감을 불러일으킬 수 없기는 하지만, 그럼에도 저는 제게 이 주제로 나눌 말이 있고, 이 글이 당신에게 작은 유익을 줄 것이라 믿고 나누고자 합니다.

저는 증조할머니 때부터 믿어 온 가정에서 태어나 교회라는 울타리 안에서 자랐습니다. 그렇기 때문에 제가 믿는 것은 당연한 일이라고 생각할 수 있습니다. 하지만 그것은 결코 당연한 일이 아닙니다. 주변을 보면 독실한 신앙의 가정에서 태어나 자랐지만 믿지 않는 이들이 있을 것입니다. 믿음의 가정 안에서 태어나 자란 사람이라고 해서 아무 생각 없이 신앙생활을 이어받는 것이 아닙니다. 어찌 보면, 믿음의 가정 안에서 태어나 자란 사람이 진실한 믿음에 이르기가 그렇지 않은 사람보다 더 어려울지도 모릅니다.

믿음이 깊은 부모들이 가장 소망하며 바라는 일이 있습니다. 자녀들에게 그 믿음의 전통이 이어지는 것입니다. 그 일이 이루어질 때까지 부모들은 노심초사합니다. 그것이 쉬운 일이라면 걱정할 일이 무엇이겠습니까? 믿음은 저절로 전수되는 것이 아닙니다. 각자가 스스로 하나님을 만나 그분과 새롭게 개인적인 관계를 맺어야 합니다. 그래서 "하나님에게는 손주가 없다"는 말이 있습니다. 제가 믿어서 하나님의 자녀가 됨으로 제 아이들이 자동으로 믿게 된다면, 그 아이들은 하나님의 손주들이 되겠지요. 하지만 그런 일은 일어나지 않습니다. 믿음의 부모는 그들에게 그런 일이 일어날 수 있도록 기도하고 환경을 제공해 줄 수 있을 뿐입니다.

그러므로 제가 믿음의 가정에서 태어났다고 해서 저절로, 당연히, 아무 생각 없이 믿게 되었다고 생각하지 마시기 바랍니다. 저는 오늘 저의 믿음에 이르기까지 수없이 질문하고 방황하고 회의하고 불신하는 여정을 거쳐 왔습니다. 저의 몸은 언제나 교회 안에 있었습니다. 하지만 저의 마음은 때로는 뜨거웠고 때로는 차가웠으며, 때로는 부드러웠고 때로는 딱딱했으며, 때로는 빛으로 가득했고 때로는 어둠이 짙었습니다. '과연 이 믿음에 인생을 거는 것이 의미 있는 일인가?'를 여러 번 물었습니다. 그렇지 않다는 대답이 나온다면 떠날 용기와 결의가 제게 있었습니다.

그뿐 아니라, 제가 목사이지만 여전히 '나는 왜 믿는가'라는 주제로 말할 자격이 있다고 생각합니다. 저는 '목사여서 믿는' 사람이 아니라 '믿기에 목사가 된' 사람이기 때문입니다. 잠시 저의 영적 여정에 대해 말씀드리는 것도 도움이 될지 모릅니다.

앞에서 나누었듯이 저는 어릴 때부터 교회 안에서 자랐습니다. 증조할머니께서 처음 교회에 나가셨고, 할머니께서 시집오시면서 시어머니를 따라 교회에 나가셨고, 어머니께서 시집오시면서 여성 3대가 교회에 다니셨습니다. 그 영향으로 인해 저 또한 태어나면서부터 교회에 다니게 되었습니다. 소위 '모태신앙인'입니다. 하지만 어느 시기까지는 그저 '어머니의 하나님'을 탐색하는 정도의 시간이었습니다. 저의 믿음이 제대로 싹을 트게 된 것은 중학교 2학년 때의 일입니다. 그때 저는 어느 부흥 집회에 참석했다가 예수님을 저의 주님으로 받아들였습니다. 어머니를 통해서 알게 된 하나님, "할아버지 하나님"을 나의 "아버지 하나님"으로 새롭게 만난 것입니다. 그리고 그 집회가 끝날 즈음에 강사께서 자신의 인생을 하나님의 종으로 드릴 사람은 일어나 헌신하라고 했습니다. 저는 그 자리에서 일어나 저 자신을 하나님의 종으로 바쳤습니다.

저는 충청남도 당진의 한 시골 마을에서 태어나, 교육열이 강했던 아버지 덕택에 중고등학교를 인천에서 다녔습니다. 당시 저의 아버지는 회심한 지 얼마 되지 않은 초신자이셨기에 저는 신학 대학에 가서 목사가 되겠다는 말씀을 드릴 수가 없었습니다. 반대하실 것이 뻔했기 때문입니다. 그래서 혼자서 끙끙대다가 고등학교 2학년 말에 가서야 아버지께 말씀드렸습니다. 그러자 아버지께서는 크게 실망하시면서 당장 자퇴하고 고향에 내려와 농사를 지으라고 하셨습니다. 저를 인천으로 보내시면서 아버지께서 하신 말씀이 아직도 기억에 생생합니다. "인천 가서 성공하여 나중에 집에 올 때는 헬리콥터 타고 와라!" 그런 기대를 가지고 유학을 보냈는데 겨우 목사가 된다고 하니 땅이 꺼지는 것 같으셨을 것입니다.

그런데 어머니는 아주 믿음이 좋으셨습니다. 아버지는 아들들이 세상적으로 출세하는 것을 바라셨지만, 어머니는 그런 것에 전혀 관심이 없으셨습니다. 오직 네 아들이 모두 믿음의 사람으로 자라는 것만 바라셨습니다. 그런 분이셨기에 제가 신학교에 간다는 소리를 들으시고 아주 좋아하셨습니다. 네 아들 중 하나라도 목사가 되는 것이 어머니의 기도 제목이었습니다.

그렇지만 저는 아버지의 반대를 꺾을 수 없었습니다. 그래서 고민하면서 기도하던 중에 제 마음에 드는 생각이 있었습니다. '만일 신학 대학에 갔다가 회의가 오면 어떡하지? 아버지의 반대를 무릅쓰고 갔는데, 중도에 이 길이 내 길이 아니다 싶으면 어떡하지?'라는 생각이 들었습니다. 교회에서 그런 선배들을 종종 보았기 때문입니다. 그래서 일반 대학에 가서 4년 동안 더 탐색해 보기로 했습니다.

그렇게 방향을 틀고 나니 어떤 학과를 가야 할지를 정해야 했습니다. 그때 저는 취직이 가장 잘되는 경영학과를 택했습니다. 저를 아는 친구들은 저의 선택을 도무지 이해하지 못했습니다. 그들이 아는 저와 너무도 맞지 않는 학과였기 때문입니다. 그들에게 비친 저는 철학과나 문학과 같은 곳에 가야 할 사람이었습니다.

그럼에도 불구하고 제가 경영학과를 선택한 이유가 있습니다. "만일 목회의 길이 내 길이 아니다 싶으면 언제라도 그만두고 직장인으로 살아가야겠다"는 속셈 때문이었습니다. 목사가 되어 어쩔 수 없이 평생 목회밖에 할 수 없는 사람이 되고 싶지는 않았습니다. 언제라도 나의 신념과 확신이 받쳐 주지 않으면 목회직을 떠날 수 있기를 바랐습니다. 그래야 목회를 한다 해도 정직하게 할 수 있을 것이라고 생각했던 것입니다.

지금도 그 마음에는 변함이 없습니다. 여전히 저는 영적 탐색을 계속해 나가고 있습니다. 내가 목사니까 당연히 믿고 당연히 설교하는 것이 아니라, 왜 이것을 믿어야 하고 왜 이것을 설교해야 하는지를 끊임없이 질문하고 있습니다. 그래서 많은 경우에 저는 제가 믿는 바를 설교하지만, 때로는 완전히 믿어지지 않아도 그것을 설교할 충분한 이유가 있어서 설교할 때도 있습니다. 그럴 때는 저 자신에게 설교하는 셈이지요.

저도 한때 제 자신이 진리의 판단 기준이었던 적이 있습니다. 제게 이해되거나 믿어지면 진리이고, 믿어지지도 않고 이해되지도 않는 것은 진리가 아니라고 생각했습니다. 그렇게 생각하는 것이 정직하다고 믿었습니다. 하지만 제가 얼마나 어리석고 제 시야가 얼마나 좁으며 제 지능이 얼마나 한계적이고 제 경험이 얼마나 주관적인지를 깨닫고 나서는 그런 태도를 버렸습니다. 제가 믿어지지 않아도 혹은 이해되지 않아도, 기독교회가 이천 년 동안 믿고 가르쳐 온 것이라면 거기에는 충분한 이유가 있다고 인정하게 된 것입니다.

합리적 의심 너머의 체험

그렇다면 저는 왜 아직도 제 믿음을 지키고 있을까요? 물론 여기에는 수많은 이유가 있습니다. 그중에서 두 가지만 말씀드리려 합니다.

첫째, 그동안 제가 몸소 겪은 **하나님 체험** 때문입니다. 우리는 보통 두 가지 방식으로 신의 존재에 대한 태도를 정합니다. 하나는 논리적인 추론을 통해 신의 존재를 가늠하는 방법입니다. 인생의 원리, 자연 혹은 우주의 질서를 보고 분석하여 신적 창조자의 존재 유무를 판단하는 것입니다. 다른 하나는 경험을 통해 신의 존재를 가늠하는 방법입니다. 인생의 여러 가지 경험 혹은 어떤 특별한 초월적 경험을 통해 신의 존재를 인정하게 되는 것입니다.

신의 존재와 관련하여 20여 년 전부터 '새로운 무신론 운동'이 시작되어 지금은 새로운 종교 운동이라 할 정도로 세력이 불어났습니다. 그 운동을 이끌고 있는 사람이 영국 옥스퍼드 대학교의 진화생물학자 리처드 도킨스입니다. 그 외에도 크리스토퍼 히친스나 샘 해리스 같은 사람들이 중요한 역할을 했습니다. 이 '무신론교'는 오늘날 세계적으로 가장 급성장하는 교파가 되었습니다. 그리고 그들이 읽는 가장 중요한 경전은 『만들어진 신』

이라는 책입니다.[4]

새로운 무신론 운동은 전혀 새로운 것이 아닙니다. 영국의 사상가 버트런드 러셀이 1927년에 쓴 『나는 왜 기독교인이 아닌가』라는 길지 않은 강연 원고가 있는데, 새로운 무신론자들이 주장하는 것들이 실은 그 짧은 논문 안에 다 들어 있습니다.[5] 이 논문에서 러셀은 기독교 신앙은 결국 하나님과 영생에 대한 믿음으로 요약할 수 있는데, 기독교회가 주장해 온 '하나님이 존재한다고 믿을 수밖에 없는 이유들'은 엄밀하게 분석해 보면 결국 다무너질 수밖에 없다고 주장합니다.

이 논문을 읽어 보면 인간의 지성과 논리에 대한 어마어마한 자신감이 느껴집니다. 그는 자신의 분석력을 전적으로 신뢰합니다. 어떤 것이 진리로 입증되려면 자신의 논리적 분석을 통과해야 한다고 생각했던 것이 분명합니다. 이 논문이 쓰일 당시는 제1차 세계대전과 제2차 세계대전 사이의 휴지기였습니다. 즉 인간의 이성에 대한 무한 신뢰가 아직 완전히 무너지지 않고 있을 때였고, 이후 제2차 세계대전으로 인해 그 신뢰가 와르르 무너져 버립니다. 러셀도 예외가 아니었습니다. 그가 이 논문에서 하나의 관찰자로서 하나님의 존재에 대해 분석하고는 하나님은 존재하지 않는다고 결론을 내린 것입니다.

그런데 러셀은 논리적인 분석을 토대로 하나님이 존재하지 않는다고 결론지은 것이 아닙니다. 그가 하나님의 존재를 증명하는 이론들을 분석하기 시작할 때 이미 그의 입장은 정해져 있었습니다. 러셀은 무신론자로서 하나님 존재 문제를 붙들고 씨름한 것이고, 무신론자로서 자신의 입장을 확인한 것입니다. 그것이 대다수 무신론자들이 걷는 길입니다. 상황은 저마다 제각각입니다만, 그들은 신 존재에 대한 나름의 입장을 가지고 시작합니다. 자신은 절대 중립적인 입장에서 신 존재 문제를 분석했다고 말하지만, 실은 모두가 나름의 어떤 입장에 서 있는 것입니다. 어떤 사람은 신이 존재하지 않을 것이라고 전제하고 신 존재 문제에 대해 접근하고, 어떤 사람은 신은 존재할 것이라고 전제하고 접근합니다.

다음 중 어느 편의 분석이 더 믿을 만하겠습니까? 의심한 상태에서 하나씩 분석해 가면서 의심을 벗어 나가는 편이 믿을 만할까요? 아니면 믿는 상태에서 하나씩 확인해 가는 편이 더 믿을 만할까요? 바로 생각하면 전자가 더 믿을 만해 보입니다. 보다 엄밀하고 정확할 것 같다는 생각이 듭니다. 하지만 실제로는 그렇지 않습니다. 당신은 누군가를 의심해 본 적이 있습니까? 의심하고는 자신이 의심하는 바를 확인하기 위해 엄밀하게 조사해 본 적이 있습니까? 직접 해보지 않았다면, 소설이나 영화 혹은 드라마에서라도 그런 상황을 보셨을 것입니다. 어땠던가요? 그렇게 의심하고 확인해 가는 과정의 결말이 늘 믿을 만한 결과에 이르렀던가요? 아니지 않습니까? 의심이 오히려 더 많은 의심을 불러 오고 결국 비극을 만들어 내지 않던가요?

물론, 누군가를 철석같이 믿었다가 어려움을 당하기도 합니다. 믿고 있던 지인에게 사기를 당하는 경우가 그러한 예입니다. 하지만 누군가를 만날 때, 기본적인 신뢰를 바탕에 두고 합리적인 의심의 고삐를 놓지 않으면 그 사람을 제대로 알 수 있습니다.

바로 그것이 제가 신의 존재 문제를 대하는 태도입니다. 저는 어릴 적부터 교회 안에서 자랐기 때문에 신이 존재하리라는 사실에 대한 기본적인 믿음이 있습니다. 하지만 제가 신의 존재에 대한 **합리적 의심**마저 포기한 것은 아닙니다. 그래서 신에 대한 나의 믿음에 대해 자주 질문하고 탐구해 왔습니다.

신에 대한 자신의 믿음을 확인하는 일에서 논리적이고 합리적인 의심과 질문도 중요하지만 **체험**도 중요합니다. 우리가 누군가에 대해 알기를 원하면, 그 사람을 직접 만나 경험해 보는 것이 가장 중요합니다. 신에 대해서도 마찬가지입니다. 신의 존재를 인정한 상태에서 합리적 의심을 가지고 확인해 가며 신을 경험해 온 사람의 말이, 단순히 신을 의심하며 질문해 온 사람의 말보다 더 무게를 가진다고 할 수도 있습니다.

앞에서 말씀드린 대로, 저는 믿는 가정에서 태어났기 때문에 당연히 믿은 것이 아닙니다. 제게 비판력이 생길 때부터 저는 "과연 이것이 정말 믿을 만한 것인가? 믿는다면 왜 믿어야 하는가?"를 따져 물어 왔습니다. 한편으로는 저의 존재로써 신의 존재를 확인하기 위해 노력했고, 다른 한편으로는 그 체험이 내가 전해 받은 믿음에서 어떤 의미를 가지는지를 물어보았습니다. 사실 신의 존재에 대해 이성적으로 논쟁을 한다면, 신이 존재한다고 믿는 쪽이 절대적으로 불리합니다. 신은 인간의 논리와 이성의 범위를 넘어서는 영역에 있기 때문입니다.

그렇기에 논리적이고 합리적인 의심과 질문에 절대적으로 의존하면 안 됩니다. 만일 신이 존재한다면 우리의 존재가 그 신의 다스림 아래 있을 것이고, 그렇다면 어떻게든 신의 옷자락은 우리 눈에 보이게 마련이기에 우리 존재를 열어 놓고 신의 옷자락을 보도록 힘써야 합니다. 아무리 그렇게 해도 한 번도 보이지 않았다면, 신은 존재하지 않는다고 결론을 내릴 수 있을 것입니다. 저의 경우에는 그 반대의 결론에 이르렀습니다. 저의 합리적 의심을 잠재울 정도로 저는 신의 옷자락을 자주 목격했습니다.

제가 '신의 옷자락'이라는 비유적인 표현을 사용했습니다. 만일 신이 존재한다면 그 신은 온 우주보다 커야 옳습니다. 곳간에 몰래 숨어들어 쌀나락이나 까먹고 있는 귀신을 말하는 것이 아닙니다. 온 우주와 인류를 창조하고 운행하며 인도하는 신이 만일 존재한다면, 그 신은 분명 온 우주보다 커야 합니다. 사도 바울의 편지 중에 이런 구절이 있습니다.

하나님도 한 분이시니 곧 만유의 아버지시라. 만유 위에 계시고 만유를 통일하시고 만유 가운데 계시도다(에베소서 4:6).

이 정도는 되어야 '창조자' 혹은 '절대자'라는 이름을 붙일 수 있습니다. 기독교가 믿는 신은 이런 신입니다. 그렇기 때문에 한계적인 우리 인간으로서는 그분의 옷자락을 만질 수 있을 뿐입니다. 지구가 너무 커서 우리 눈에는 그 일부 표면밖에 보이지 않습니다. 그렇기에 둥근 지구가 우리에게는 평평하게 보이는 것입니다. 우리가 지구조차도 제대로 볼 수 없는 존재라면, 신에 대해서는 더욱 그럴 것이 분명합니다.

하나님의 옷자락

우리가 신의 옷자락을 만지는 정도에 만족해야 하는 데는 그만한 이유가 있습니다. 우리가 믿는 하나님은 그 거룩성과 진리성과 공의와 사랑과 아름다움에서 절대적 차원에 계신 분입니다. 성경은 그것을 "영광"이라고 표현합니다(출애굽기 24:17, 역대상 16:29, 시편 19:1, 마가복음 13:26). 그러므로 그분을 제대로 마주한다면 숨이 막혀 죽을 지경이 될 것입니다.

성경에는 하나님의 옷자락을 만진 정도가 아니라 그 옷자락에 휩싸였던 사람들이 있습니다. 이사야가 그랬고, 에스겔이 그랬으며, 사도 바울이 그랬고, 또한 사도 요한이 그랬습니다. 지난 기독교 역사 가운데도 그런 인물들이 많았습니다. 아우구스티누스가 그랬고, 토마스 아퀴나스가 그랬으며, 블레즈 파스칼이 그랬습니다.[6] 이들 모두는 하나님의 옷자락에 휩싸여 숨을 쉴 수 없을 정도로 압도당했습니다. 그들은 인간으로서 감당할 수 있는 최대 한계까지 갔던 사람들입니다. 그 한계를 넘어섰다면 아마도 숨이 넘어갔을 것입니다. 그러므로 절대자요 창조자로서의 신이 존재한다면, 우리는 그 신의 옷자락을 만지는 것에 만족할 수밖에 없습니다. 죽고 싶지 않다면 말입니다.

그동안 저는 여러 가지 방식으로 하나님의 옷자락을 만져 보았습니다. 저 자신과 제 주변에 있는 사람들, 그리고 자연과 역사 안에서 일어나는 일들을 보면서 때로는 자주, 때로는 가끔, 때로는 강력하게, 때로는 우연처럼, 모든 것 위에 계시고 모든 것을 통하여 계시며 모든 것 가운데 계시는 신의 옷자락을 만져 보았습니다.

크게 본다면, 우리는 두 가지 방식으로 하나님의 옷자락을 만집니다. 하나는 '사건'을 통해서 만지는 것이고, 다른 하나는 '변화'를 통해서 만지는 것입니다.

사건이란 나 자신 혹은 내 주변 사람들에게 일어나는 어떤 일을 통해 하나님의 손길을 경험하는 것을 말합니다. 하나님 체험의 사건은 주로 마음에 일어납니다. 전혀 믿어지지 않던 신의 존재가 어느 순간 믿어지는 변화가 일어납니다. 죄책감으로 인해 어두웠던 마음에 환한 빛이 임하고 깃털보다 더 가벼워지는 변화를 경험합니다. 예배와 기도 혹은 묵상 중에 그런 마음의 변화가 일어납니다.

얼마 전, 제가 섬기는 교회 청년들의 성경공부 모임에 참석한 적이 있습니다. 청년들의 대화를 듣다가 제 도움이 필요하면 도움을 주는 식으로 그들과 함께했습니다. 그 모임이 끝난 후에 한 청년이 제게 연락해 왔습니다. 그는 어릴 때부터 신실하게 신앙생활을 해왔고, 주일 예배뿐 아니라 새벽기도회와 수요 예배까지 시간 내어 참여해 온 청년입니다. 그가 말합니다. "지난 성경 공부 시간에 처음으로 영적 체험을 했습니다. 늘 사모했던 일인데, 그날 하나님께서 제 마음을 만져 주셨습니다."

자초지종은 이렇습니다. 그날 대화 중에 제가 청년들에게 이렇게 말했습니다. "우리 모두에게 꼭 필요한 것이 있는데, 예수께서 세례 때에 들은 말씀 즉 '너는 내 사랑하는 아들이다. 내가 너를 기뻐한다'(마가복음 1:11)는 음성을 들어야 합니다. 귀로 들으라는 말이 아니라 마음으로 들으라는 말입니다. 우리의 조건과 자격에 상관없이 하나님께서 우리를 향해 들려주시는 음성, '너는 내 사랑하는 아들이다. 너는 내 사랑하는 딸이다'라는 음성을 들어야 합니다. 그 음성이 우리의 자존감의 근거가 되어야 합니다." 그 청년의 고백에 의하면, 제가 이 말을 하는 동안에 마음이 뜨거워지고 정말 하나님의 음성을 듣는 듯하여 눈물이 왈칵 쏟아졌다고 합니다. 그 이후로 지금까지 마음이 따뜻하고 든든하다고 했습니다. 30년 신앙생활 중에 이런 경험이 처음이라고 했습니다. 하나님의 옷자락이 그 청년의 마음을 스친 것입니다.

오래전 남성 교우들만 모시고 수양회를 가진 적이 있습니다. 2박 3일 동안 기도원에서 먹고 자면서 기도, 묵상, 침묵, 산책, 찬양, 대화 등으로 자신을 돌아보도록 돕는 수양회였습니다. 그 수양회에 참석한 한 교우는 어릴 때부터 교회에 다녔는데 쉰이 다 될 때까지 한 번도 성경을 스스로 펼쳐 읽어 보지 못했습니다.

몇 번 시도해 보았지만 읽히지 않았습니다. 그가 수양회 첫째 날 순서를 모두 마치고 숙소에 들어가 잠자리에 누웠는데 잠이 오지 않았습니다. 한동안 뒤척이다가 일어나 성경을 펼쳐서 읽어 보았습니다. 놀랍게도 그동안 그렇게 읽히지 않던 성경말씀이 읽혔고 또한 몰입되었습니다. 그분은 그 밤에 시간 가는 줄 모르고 새벽까지 설레는 마음으로 말씀을 읽었습니다.

같은 수양회에 참석했던 또 다른 교우의 이야기입니다. 그분은 중학교 때부터 담배를 피워 왔습니다. 하루에 두 갑 이상 담배를 피웠는데, 수양회에 참석하는 동안만이라도 담배를 피우지 않았으면 하는 마음이 그분 마음에 들었습니다. 하지만 그럴 수 없음을 알았기에 차에 담배와 라이터를 두고 내렸습니다. 참을 수 없을 때는 가끔 나와서 피고 들어갈 생각이었습니다. 그런데 그곳에 있는 2박 3일 동안 그분은 니코틴 중독에서 완전히 해방되었습니다. 그렇게도 여러 번 담배를 끊으려 했는데도 번번이 실패했는데, 그날 이후로 금단 증상도 없이 흡연 중독에서 해방된 것입니다. 이런 식의 '하나님 사건'의 예를 들자면 한이 없습니다.

그렇게 하나님의 옷자락을 거듭 만지다 보면, 그 옷자락이 보이지 않고 만져지지 않을 때조차도 하나님이 우리 가운데 계시다는 사실을 기억하고 살아갑니다. 사실, 우리의 마음은 너무 쉽게 무뎌지고 어두워지기 때문에 어제까지 손에 잡은 것 같던 하나님이 오늘 갑자기 다 거짓말처럼 느껴질 수 있습니다. 하나님의 임재가 느껴지는 때보다 느껴지지 않는 때가 실은 훨씬 더 많습니다. 하지만 하나님의 옷자락을 보았던 그 순간의 경험이 우리로 하여금 하나님이 보이지 않을 때조차 그분의 임재를 믿고 살아가게 만들어 줍니다('임재'라는 단어는 일상생활에서 잘 사용하지 않는 말로, 기독교에서 '임할 임[臨]'과 '있을 재[在]'를 합하여 만든 신조어입니다. 보이지 않는 하나님이 우리 곁에 "오셔서 함께 계시다"는 뜻을 전하고 싶을 때 이 단어를 사용합니다).

하나님의 옷자락은 사건으로 보일 뿐 아니라 **변화**로 확인되기도 합니다. 하나님의 옷자락에 거듭 스치다 보면 우리에게 흔적이 남습니다. 부드러우면 부드러운 대로, 강력하면 강력한 대로 하나님의 옷깃이 스치고 지나가면 우리에게는 신비한 변화가 일어납니다.

알고 보면, 일어난 사건이 어떠했는지보다 그것으로 어떤 변화가 일어났는지가 더 중요합니다. 이성으로는 이해되지 않는 경험은 신앙의 영역 바깥에서도 얼마든지 일어납니다. 문제는 과연 그 체험이 신에게서 온 것인가 아니면 심리적인 변화에서 온 것인가에 있습니다. 그것을 판단하는 기준은 그 사건으로 인해 그 사람에게 일어난 변화입니다. 가치관의 변화, 세계관의 변화, 인생관의 변화, 생각하고 말하는 방식의 변화, 살아가는 방식의 변화, 사람 대하는 방식의 변화, 소비 생활의 변화 같은 것들입니다. 기독교가 믿는 하나님은 진리와 공의와 사랑과 거룩의 하나님이십니다. 그렇기에 그런 하나님의 옷자락에 자주 스치면 우리의 정서와 의지와 성품과 기질과 사고방식 가운데 하나님을 닮아 가는 변화가 일어납니다.

우리에게 일어나는 변화에는 두 종류가 있습니다. 하나는 내가 노력하여 만들어 내는 변화입니다. 가령 열심히 공부했을 때 지식이 늘어나는 것이나, 열심히 일했을 때 경제적으로 안정되는 것이 그러한 변화의 예입니다. 땀 흘려 운동하면 건강하고 단단한 신체를 만들 수 있고, 정기적으로 자신을 성찰하고 수양하면 사람들로부터 존경받을 만한 인격을 형성할 수 있습니다.

반면 내가 노력하는 것으로는 안 되는 변화가 있습니다. 죄로부터 벗어나 거룩해지는 변화, 내면 깊은 곳에서 얻는 평화, 환경의 변화와 상관없는 기쁨, 자기중심성의 관성으로부터 벗어나는 것, 죽음에 대한 두려움이 무력해지는 것 등이 그러한 변화의 예입니다. 이런 일들은 우리 자신의 의지로는 도무지 되지 않던 일들입니다. 그런 것들이 하나님의 옷자락에 거듭 스치면서 가능해집니다. 그런 변화가 내 안에 일어난 것을 확인할 때마다 거룩한 전율을 느낍니다. 그리고 그 옛날 사도 바울이 그랬던 것처럼 고백하게 됩니다.

내가 나 된 것은 하나님의 은혜로 된 것이니(고린도전서 15:10).

바울은 예수님 당시에 살았던 유대교 율법학자입니다. 그는 처음에는 예수님과 그 추종자들을 박해했지만, 하나님의 옷자락에 휘감기는 경험을 한 이후에 인생의 궤도가 바뀐 사람입니다. 그는 존경받는 율법학자로서 편안히 살 수 있었던 사람인데, 하나님을 만나고 나서 나머지 생애를 고난 중에 지냈고 결국 참수형으로 인생을 마쳤습니다. 그럼에도 그는 하나님의 옷자락에 휘감겨 변화된 자신의 인생에 대해 감사했습니다.

이 고백 안에는 현재의 자신의 상태에 대한 겸손한 만족감이 있습니다. 하나님의 절대적인 기준에 비하면 너무도 멀리 있지만, 과거 자신의 상태를 생각하면 상상할 수 없는 변화가 일어난 것입니다. 그것은 바울의 지식이나 능력에 대한 말이 아닙니다. 모든 면에서 자신이 흠 잡을 데 없는 존재가 되었다는 의미도 아닙니다. 그것은 바울의 영혼에 주어진 빛에 대한 고백이며, 그의 영혼이 누리고 있던 자유에 대한 고백입니다. 재설정된 그의 인생의 목표에 대한 고백이며, 매일매일의 자신의 삶의 질에 대한 고백입니다.

바울은 여전히 죄인이고 또한 흠이 많은 사람이었습니다. 인간적인 연약함이 그에게 여전히 있었습니다. 하지만 그는 다마스쿠스로 가는 길에서 주님을 만난 뒤로 그분의 손에 잡혀 새로 빚어져 왔습니다. 그래서 그 모든 변화는 하나님께서 값없이 부어 주시는 은혜로 인해 생겨난 것이라고 고백하는 것입니다. 그렇게 자신의 삶 가운데 변화를 만들어 오신 분을 어떻게 믿지 않을 수 있겠습니까?

저도 바울처럼 "내가 나 된 것은 하나님의 은혜로 된 것이니"

라고 고백합니다. 이 말로써 저는 저의 도덕적 완전을 주장하지 않습니다. 저의 연약함과 깨어짐을 부정하지 않습니다. 저는 여전히 실수 많고 허점 많은 사람입니다. 하지만 과거의 제 모습과 비교할 때, 저의 능력으로는 상상할 수 없는 변화가 제 안에 일어났습니다. 하나님의 옷깃이 저를 스칠 때마다 일어난 변화입니다.

저에게 일어난 이 변화에 대해서는 저와 함께 살아온 제 아내가 증인입니다. 제 아내도 저를 그동안 빚어 오신 분은 하나님이시라고 서슴없이 고백합니다. 저도 제 아내를 두고 동일하게 고백합니다. 참으로 신비한 방법으로 하나님께서는 제 아내를 빚어 오셨습니다. 이런 변화가 저와 제 아내에게 있고, 그 모든 것이 하나님께서 만들어 낸 것이라고 믿기에 저는 제 믿음을 붙들고 있습니다. 붙들 뿐만 아니라 그 믿음 안에서 더욱 깊은 변화가 일어나기를 소망합니다.

이제까지 말씀드린 것이 제가 하나님을 믿는 첫 번째 이유입니다. 제가 하나님을 믿는 이유는 저의 체험 때문입니다. 제게 일어난 일들 곧 하나님의 옷깃이 스쳐 지나간 사건들, 그리고 그 사건들이 제게 만들어 놓은 변화 때문에 저는 제가 바른 믿음의 길에 서 있다고 믿고 그 길에서 진보하기 위해 힘쓰고 있습니다.

부활이라는 증거

제가 믿음의 길에 여전히 서 있는 두 번째 이유는 **예수님의**

부활 때문입니다. 앞에서 말한 것이 하나님을 믿는 주관적 이유라면, 예수님의 부활은 제가 하나님을 믿는 객관적인 이유라고 할 수 있습니다. 이 세상에 수많은 종교가 있고 그 종교를 추종하는 사람들이 저마다 나름의 체험을 주장하는데, 그것은 모두 주관적인 것입니다. 그 주관적 체험만으로는 충분하지 않으며, 그것을 확인할 수 있는 객관적인 사실이 있어야 합니다. 하나님에 대한 저의 주관적 체험을 통합하고 견고하게 묶어 주는 것이 바로 예수님의 부활에 대한 믿음입니다.

버트런드 러셀은 자신이 그리스도인이 아닌 이유 가운데 하나로 예수의 자질 부족 혹은 함량 부족을 제시합니다. 그는 복음서에 나오는 예수님의 가르침 중에서 재림과 지옥에 대한 말씀 그리고 몇몇 사례를 예로 들어 설명하면서 이렇게 결론짓습니다.

나로서는 예수가 지혜로 보나 도덕성으로 보나 역사에 남은 다른 사람들만한 높은 위치에 있다고 도저히 볼 수 없다. 그런 점들에 있어서는 석가모니나 소크라테스를 예수 위에 놓아야 한다고 생각한다.[7]

러셀은 그리스도가 실제로 살았던 인물인지에 대해서조차 의문을 던집니다. 지금 온전한 정신을 가진 역사가 중에 예수라는 인물이 실존했다는 사실에 대해 의문을 제기하는 사람은 없습니다. 그러니 예수님에 대한 러셀의 입장을 신뢰하기가 어렵습니다. 그뿐 아니라, 그는 예수님에 대한 기록 중에서 모든 기적을 제거합니다. 예수님을 순수한 인간으로 전제하고 그분의 말과 행동을 분석합니다. 그 결과, 예수님은 시한부 종말론과 자신에 대한 과대망상증에 사로잡혀 있던 한 모순적 인물에 불과하다는 결론에 이릅니다.

예수님이 누구인지를 판단하는 데 가장 중요한 문제는 그분의 말과 행동에서 기적을 제거할 것인가 인정할 것인가에 있습니다. 기적을 부정하면 예수님은 러셀의 평가대로 석가모니와 소크라테스만도 못한 아주 편협한 광신자였다고 결론지을 수 있습니다. 반면에 기적을 인정하면 예수님은 전혀 다른 의미를 가집니다. 단순한 인간이 아니라는 뜻이기 때문입니다. 즉 그분은 이 땅에서 초월적 세계와 맞닿아 있던 분이고, 그 세상에 눈뜨게 하려고 자신의 인생을 바친 분이 됩니다. 그렇게 보면 러셀이 이해할 수 없다고 토로했던 예수님의 말과 행동들이 전혀 새로운 의미를 가지게 됩니다.

예수님에게 일어난 기적들과 그분이 행한 기적들 중에서 역사적 정황 증거로 그 역사성을 입증할 수 있는 것이 있는데, 그것이 바로 부활입니다.[8] 이 말에 당신은 놀랄 것입니다. 보통 부활은 예수님에 관한 기적들과 그분이 행한 기적들 중에서 가장 받아들일 수 없는 것이라고 생각하기 때문입니다. 실은 그 반대입니다.

왜 그렇게 말하는지 그 이유를 말씀드리겠습니다. 다른 모든 기적은 현재 확인할 수 있는 어떤 증거도 남아 있지 않습니다. 성경의 기록을 믿든 부정하든 그것은 각자의 선택에 달려 있습니다. 하지만 부활은 다릅니다. 이 사건은 역사 안에 아주 분명한, 달리 설명할 수 없는 흔적을 남겨 놓았습니다. 부활은 죽었다가 다시 옛 몸으로 돌아가는 소생과 다릅니다. 그것은 죽은 상태에서 죽기 이전 상태로 되돌아가는 것이 아니라, 죽은 상태에서 더 앞으로 나아가는 것입니다. 이것은 인류 역사에서 한 번도 일어나지 않은 일입니다. 다시 말해, 부활은 성경에 기록되어 있는 다른 기적들과는 질적으로 다른 것입니다. 믿을 수 없기로 따지면 가장 믿을 수 없는 것이 부활입니다. 그럼에도 부활이 입증 가능한 기적이라고 말하는 이유가 무엇입니까?

'십자가에 달려 죽었던 예수님이 사흘 만에 부활하셨다.' 이것이 기독교 신앙의 출발점입니다. 예수님의 제자들이 이렇게 선전하고 다니지 않았다면 예수님은 로마에 의해 십자가형을 당한 많고 많은 죄수들 중 하나로 잊혔을 것입니다. 오늘 우리가 예수님의 이야기를 기록한 네 복음서(마태복음·마가복음·누가복음·요한복음)를 가지고 있는 이유, 그리고 오늘 세계 도처에 그분을 믿는 이들이 있고 또한 교회들이 있는 이유는 바로 이 하나의 선전에서 시작된 것입니다. 만일 이것이 날조된 것이라는 사실이 밝혀졌다면 기독교는 이미 오래전에 멸종되었을 것입니다.

지난 이천 년 동안 예수님의 부활이 사실이 아니라는 것을 밝혀내기 위해 수많은 천재들이 노력했습니다. 이슬람교와 기독교의 가장 큰 차이점이 바로 여기에 있는데, 이슬람교는 그 교리와 전통에 대해 의문을 제기하고 비판적으로 연구할 수 없습니다. 만일 이슬람교의 경전인 코란이나 이슬람교의 창시자인 마호메트에 대해 비판적인 연구를 하거나 발언을 할 경우, 그 사람은 전 세계 무슬림들의 공적이 되어 살해 위협에 직면하게 되어 있습니다.[9] 그렇기에 이슬람교의 교리와 역사는 아직 엄밀한 조사와 연구와 판정을 거치지 않았습니다.

기독교의 경우는 어떻습니까? 지난 이천 년 동안 중세기를 제외하고는 기독교 경전과 교리와 전통에 대해 무제한적인 비판적 연구가 가능했고 또한 그렇게 연구되었습니다. 특히 지난 삼백 년 동안 기독교에 관한 모든 요소가 현미경으로 들여다보듯 속속들이 연구되고 분석되고 비판되었습니다. 요즈음에는 무신론 운동의 열기로 인해 기독교와 예수님에 대해 비판적인 입장을 피력하는 책들이 전보다 더 인기가 있습니다.[10] 그럼에도 불구하고 예수님이 부활하셨다는 것이 사실이 아니라는 결정적인 증거를 내놓지 못하고 있습니다. 부활에 대해 유일하게 할 수 있는 말은 "그런 일은 불가능하다!"는 말뿐입니다.

풀리지 않는 의문

문제는 초대 교인들이 선전한 그대로 죽었던 예수님이 부활하셔서 인류 역사상 한 번도 본 적이 없는, 지금으로서는 도무지 짐작할 수 없는 어떤 상태로 변화되셨다는 사실을 인정하지 않는 한 초대 교회의 역사를 설명할 수 없다는 데 있습니다.

예수님의 죽음 이후의 초대 교회 역사에서 가장 설명하기 어려운 것이 제자들의 돌변입니다. 예수님이 성전 경비병들에게 체포되었을 때, 예수님의 열두 제자들은 모두 뿔뿔이 흩어졌습니다. 예수님의 수제자 베드로와 요한만이 가야바의 법정에서 재판을 지켜볼 수 있었을 뿐, 그것이 전부였습니다. 베드로는 대제사장의 여종의 질문에 겁을 먹고 자신이 예수님의 제자인 것을 부인했습니다. 그러고는 예루살렘의 어느 다락방에 모여 어찌할 바를 모르고 두려워 떨었습니다.

　그런 그들이 두 달도 안 되어 돌변합니다. 죽음이 두려워 스승을 홀로 처형당하도록 내버려 두고 도망갔던 그들이, 오십여 일 만에 스스로를 가뒀던 다락방에서 뛰쳐나와 십자가에 달려 죽었던 예수님이 사흘 만에 부활하셨다고 선전하고 다니게 된 것입니다. 당시 유대 권력자들은 그들의 선전이 유대교를 오염시킨다고 생각하여 그들을 억압했습니다. 위협하고 박해하였을 뿐 아니라, 죽이기까지 했습니다. 하지만 그들은 그러한 억압에 전혀 굴하지 않습니다. 마치 죽는 것은 아무것도 아닌 것처럼 생각하는 것 같았습니다. 그로 인해 예수님이 부활하셨다는 선전이 오늘까지 이어져 온 것입니다.

　예수님이 부활하셨다는 선전에 대해 세 가지 입장이 있을 수 있습니다. 그동안 이천 년 역사가 흘러오는 동안 부활의 문제에 대해 수많은 사람들이 공격해 왔는데, 결론적으로 다음의 세 가설을 반복한 셈입니다.

세 가지 가설

하나, 예수님은 십자가에서 죽지 않고 실신했는데, 로마 병사가 죽은 것으로 오인했다. 실신한 예수는 서늘한 바위 무덤에서 사흘 동안 휴식을 취한 다음, 무덤 문을 열고 나와 제자들에게 나타나 자신이 부활했다고 속이고는 어디론가 사라졌다.

첫째는 '실신 가설'입니다. 현대의 많은 학자들이 이 가설을 지지합니다. 이 가설이 성립하기 위해서는 여러 가지 조건이 충족되어야 합니다. 우선, 고문기술자였던 로마 검시관이 실신한 사람을 죽은 것으로 오인했어야 합니다. 당시에 십자가 처형이 흔한 일이었던 것을 감안하면, 고문기술자인 로마 병사가 그렇게 오인했다고 보기 어렵습니다.

또한 십자가형을 받기 전에 지독한 고문을 당한 상태에서 사흘을 굶고는 그 무거운 무덤 문을 열고 나왔다는 것도 가능하지 않은 일입니다. 무덤에서 죽었을 가능성이 훨씬 더 큽니다. 이스라엘에 가서 무덤을 막아 놓았던 돌 뚜껑이 얼마나 큰지를 본다면, 이것은 전혀 성립할 수 없는 전제라는 것을 알 수 있을 것입니다.

이 가설의 가장 큰 약점은 예수님이 제자들을 속였다는 것이고, 제자들이 그것에 속아 넘어갔다는 것입니다. 복음서에 나와 있는 예수님의 말씀을 읽어 보시기 바랍니다. 특히 '산상설교'로 불리는 마태복음 5-7장 말씀을 읽어 보시기 바랍니다. 하나님의 절대적인 진리와 지혜에서나 솟아 나올 법한 말씀들로 가득 차 있습니다. 그런 말씀을 하신 분이 마지막에 이런 사기극을 벌인다는 것은 말이 되지 않습니다. 그리고 제자들이 그런 사기술에 속아 목숨을 내놓고 부활을 선전할 수 있었겠습니까? 과거에 살았던 사람들이 우리보다 판단력이 부족할 것이라는 생각처럼 근거 없는 생각도 없습니다. 종합적으로 본다면, 실신 가설은 전혀 성립할 수 없는 가설입니다.

　둘, 제자들이 밤에 무덤을 습격하여 예수님의 시신을 가져다가 어딘가에 숨겨 놓고 부활했다고 선전했다.

　둘째는 '절도 가설'입니다. 터무니없어 보이지만 이 가설을 지지하는 학자들도 있습니다. 마태복음을 보면 대제사장과 유대인 지도자들이 로마 병사들에게 돈을 주며 이렇게 선전하라고 시킵니다(마태복음 28:12-13). 이 가설 역시 앞의 가설과 마찬가지로 성립되지 않습니다. 갈릴리 촌부들인 제자들이 로마 병사와 싸워서 이길 수도 없었겠지만, 제자들이 스스로 날조한 사실을 위해 목숨을 바치는 일은 더더욱 일어날 수 없기 때문입니다.

　만일 그렇게 날조하여 지킬 만한 어떤 기득권이 있었다면 그럴 수도 있겠다고 말할 수 있습니다. 하지만 당시에 예수님이 부활했다는 선전을 통해 얻을 수 있는 것은 무시와 손해와 박해와 죽음뿐이었습니다. 제정신이 아니고서야 누가 그럴 수 있겠습니까? 한두 사람이라면 또 모릅니다. 수많은 사람들이 한꺼번에 돌변하여 그렇게 선전하고 다닌 현상은 도무지 설명이 되지 않습니다.

  셋, 제자들이 환상 혹은 환각을 통해 십자가에 달려 죽은 예수가 부활했다고 믿게 되었다.

  셋째는 '환각 가설'입니다. 앞에서 살펴본 것처럼 실신 가설과 절도 가설에 심각한 허점이 있기 때문에 가장 많은 학자들이 미련을 가지는 것이 이 환각 가설입니다. 이렇게 설명하면 예수님의 부활을 인정하지 않고도 제자들의 태도 변화를 설명할 수 있기 때문입니다. 새로운 무신론에 대해 설득력 있는 반론을 제시하여 주목을 끌었던 『신을 위한 변론』의 저자 카렌 암스트롱도 그렇게 추측합니다.[11] 그래서 사람들은 "부활은 예수의 죽은 몸에 일어난 것이 아니라 제자들의 마음에 일어났다"고 말하곤 합니다.

  하지만 이 가설에도 억지가 많습니다. 무엇보다, 한순간에 그렇게 많은 사람들이 환상을 보거나 환각 상태에 빠져드는 것이 가능하지 않습니다. 또한 환상 혹은 환각을 통해 보고 체험한 것이 이렇게 일치하는 것도 설명하기 어렵습니다. 그뿐 아니라, 환상이나 환각으로 본 것을 사실로 오인하고 그것을 위해 목숨을 바쳤다고 전제하는 것도 당시 제자들의 지적 수준을 무시하는 처사입니다. 우리는 옛날 사람들을 무조건 무시하는 경향이 있습니다. 옛날 사람이라고 해서 환상과 현실을 구분하지 못했을 것이라고 추정해서는 안 됩니다. 그들이 우리보다 못한 것은 과학적 지식일 뿐, 그들도 나름대로 엄밀한 잣대로 진실과 거짓을 구분했습니다. 그렇기 때문에 이 가설 역시 성립할 수가 없습니다. 만일 이 가설을 인정한다면, 그 환상 혹은 환각을 일어나게 한 영적 실체를 전제할 수밖에 없습니다. 부활을 부정하려다가 더 심한 것을 인정하는 꼴이 되어 버립니다.

결국 이 세 가지 가설로는 제자들의 돌변을 설명할 방법이 없습니다. 제자들의 돌변은 엄연한 역사적 사실입니다. 그렇다면 무엇인가가 그 돌변을 만들어 냈을 텐데, 위에 제시한 세 가지 가설로는 설명이 되지 않습니다.

일본 작가 엔도 슈사쿠는 『침묵』이라는 작품으로 유명합니다. 일본에서는 매우 인기 있는 대중작가였습니다. 그는 어릴 때부터 어머니의 영향으로 가톨릭교인으로 자랐습니다. 평생토록 신실한 신앙인으로 살았던 엔도는 프랑스에 유학하여 문학을 공부하면서 신학 서적을 탐독하게 되었습니다. 그 공부를 바탕으로 그는 『예수의 생애』와 『그리스도의 탄생』이라는 책을 냈습니다. 이 책에서 언급되거나 인용된 학자들을 보면, 그가 당시 주요한 신학자들의 문제작들을 섭렵했다는 사실을 알 수 있습니다. 그는 예수라는 인물에 깊이 매료되었고, 그래서 평생 그분에 대해 연구했고 또한 그분의 정신을 소설로 전하기 위해 노력했습니다.

그런데 엔도는 예수님의 기적을 인정하지 않았습니다. 당시 유럽 신학의 풍토가 그러했습니다. 그 영향을 받아서 그는 복음서의 기록 중에서 기적들을 모두 제거한 뒤 예수님을 연구했습니다. 당연히 부활도 인정하지 않았습니다. 그런 상태에서 그는 한 인간 예수가 어떻게 하나님의 아들 그리스도로 인정받게 되었는지를 추적합니다. 하지만 그는 끝내 그 원인을 밝혀내지 못합니다. 『그리스도의 탄생』 마지막 부분을 보면, 엔도는 그것을 가리켜 "예수가 지닌 X"라고 말합니다.

예수가 죽은 뒤에 그리스도로 떠받들리기까지의 짧은 역사를 살펴보면서 우리가 마주하게 되는 것은 결국 '왜'라는 의문과 예수가 지닌 X이다. 이 '왜'라는 의문을 솔직하고 겸허하게 생각할 때 우리들은 다음과 같은 결론에 도달하게 된다. 분명히 예수를 그리스도로까지 들어 높인 것은 제자들과 원시 그리스도교 공동체의 신앙이다. 그들에 의해 예수는 인간을 초월한 존재로 신격화되어 갔다. 예수는 '사람의 아들', '메시아'라고 불렸으며, '하나님의 아들', '그리스도'가 되었다. 그러나 제자들이 일방적으로 예수를 하나님의 아들로 여겼던 것은 아니었다. 그 자신 안에 그것에 상응하는 X가 있었기 때문에 예수는 예언자들과는 다른 차원으로 높여졌던 것이다. 사람들이 그를 거룩한 존재로 여겼을 뿐 아니라 거룩한 존재로 여겨질 만한 그 무엇이 그에게 있었던 것이다.……원시 그리스도교의 짧은 역사를 살펴볼 때 내가 직면하는 것은, 아무리 그것을 부정하려 해도 부정할 수 없는 예수의 불가사의와 불가사의한 예수의 존재다. 왜 이런 무력했던 남자가 모두로부터 잊히지 않았던 것일까? 어떻게 개처럼 죽임을 당한 이 남자가 사람들의 신앙의 대상이 되어 사람들의 삶의 방식을 변모시킬 수 있었는가? 예수의 불가사의는 우리가 아무리 합리적으로 해석하려고 해도 해결할 수 없는 신비를 지니고 있다. 그 신비야말로 이번에도 내가 쓸 수 없었던 '그와 그의 제자의 이야기'의 X이다.[12]

저는 엔도의 이 솔직한 고백에서 역설적으로 부활의 증거를 확인합니다. 예수님의 이야기에서 초월적인 것을 모두 제거한 상태에서는 도무지 설명이 되지 않는 가장 중요한 역사적 진실이 있습니다. 그것을 엔도는 X라고 불렀습니다. 그 X는 바로 부활입니다. 부활이라는 현상을 오늘 우리의 이성 혹은 과학적 논리로 설명할 수는 없습니다. 하지만 그것을 인정하지 않는다면 예수님으로부터 제자들로 이어지는 데 결정적인 연결 고리가 사라지는 것입니다. 바로 그렇기에 성경의 모든 기적 중에서 부활만이 유일하게 입증 가능한 기적이라고 말하는 것입니다.

부활이 시작이다

정직한 사람이라면 이 지점에서 **선택**을 해야 합니다. 역사적인 상황이 어찌 되었든지 죽어서 부패가 진행된 시신에 변화가 일어나 과거와는 전혀 다른 상태로 변화되는 일은 본 적도 없고 가능하지도 않은 일이므로 "부활은 없다!"고 결론짓는 것이 하나의 선택입니다. 혹은 그런 일이 일어난 적도 없고 일어날 수도 없어 보이지만 그것이 아니고는 역사적인 상황을 설명할 방도가 없으니 그런 일이 일어났다고 받아들이는 것이 또 하나의 선택입니다.

당신은 어느 쪽을 선택하겠습니까? 저는 후자를 선택하는 것이 가장 정직한 선택이라고 믿습니다. 비록 부활 사건이 우리의 합리성과 우리가 아는 과학 지식에 부합하지 않지만, 엄연히 일어난 일을 부정하는 것은 더욱더 비논리적이고 비합리적이라고 생각합니다. 죽어서 부패 과정이 진행되고 있던 예수님의 시신이 어떻게 변화되어 불멸의 상태로 전환되었는지 설명할 수 없지만, 다른 이론으로는 제자들의 돌변을 설명할 수가 없습니다. 그렇다면 이해할 수도 없고 설명할 수도 없는 그 일이 일어났다고 받아들여야 합니다. 그것이 정직한 사람의 태도입니다.[13]

앞에서도 말했지만, 부활했다는 말은 죽음의 상태에서 더 나아갔다는 뜻입니다. 그것은 우리의 경험 세계 안에서 일어난 일이 아니므로 정확하게 어떤 상태로 나아갔는지 설명할 수 없습니다. 하지만 예수님이 부활하셨다는 말은 그분에게 죽음이 끝이 아니었다는 뜻인 것만은 분명합니다. 우리 모두는 무덤에서 모든 것이 끝난다고 알고 있었는데, 그 보편적 지식에 균열이 일어난 것입니다. 모든 생명이 무덤에서 끝나는 줄 알았는데, 그분의 생명은 무덤을 비워 놓고 더 나아갔기 때문입니다. 죽음을 넘어서는 생명이 있고, 무덤을 넘어서는 세상이 있다는 뜻입니다.

그렇다면 예수님은 단순히 우리와 같은 수준에 있었던 위인 중 한 분이 아님을 알게 됩니다. 부활을 부정하고 예수님에 대해 연구하면 러셀의 평가에서 더 나아갈 수 없습니다. 위대한 인물이라기보다는 그저 아주 위험한 광신자 중 하나로 보일 뿐입니다. 반면, 부활을 인정하고 보면 예수님은 요즈음 유행하는 노래 가사처럼 "사람인 듯 사람 아닌 사람 같은" 존재입니다. 그분은 모든 면에서 우리 인간과 같은 분이었지만, 또한 인간의 한계와 제한을 모두 초월하신 분입니다. 이렇게 보고 나면 비로소 그분이 하신 말씀, 특별히 이해하기 어려운 말씀들이 하나씩 납득되기 시작합니다.

제가 기독교 복음을 받아들이는 과정에서 가장 어려웠던 것이 대속(代贖)의 교리였습니다. 이천 년 전에 살았던 한 유대 청년의 죽음이 어떻게 내 죄를 위한 희생이라고 할 수 있는지가 이해하기 제일 어려웠습니다. 저뿐 아니라 거의 모든 사람이 이 교리에서 걸려 넘어집니다. 사실, 이 교리는 머리로 이해할 대상이 아니라 마음으로 체험해야 할 대상입니다. 어느 순간 우리는 자신의 죄가 너무도 크다는 사실을 자각합니다. 그 죄의 짐에 눌려 쓰러질 때, "예수님이 당신의 죄를 대신하여 희생당하셨다"는 말을 기억하고 십자가를 찾습니다. 그때 십자가에서의 예수님의 희생이 바로 나의 죄를 대속하기 위한 것이라는 믿음이 마음을 압도합니다. 죄의 무게로 짓눌렸던 영혼이 깨끗이 씻기고 자유해지는 것을 경험합니다. 그러면 그 모든 의문과 회의가 사라져 버립니다.

대속의 교리는 이렇게 마음으로 경험해야 하는 것이기는 하지만 논리적으로도 어느 정도 설명이 가능합니다. 부활을 인정한다면 말입니다. 만일 예수님이 부활하신 것이 사실이라면, 그분은 단순한 인간이 아니라 그분 스스로 주장했던 것처럼 하나님의 아들이요 메시아 곧 구원자로 오신 분입니다. 예수님의 죽음은 어느 한 유대 청년의 죽음이 아니었던 것입니다. 만일 하나님의 아들이 십자가에 달려 죽으신 것이라면, 시간과 공간을 넘어 오늘 나의 죄에 대한 대속의 죽음이 될 수 있습니다. 그래서 지난 이천 년 동안 수많은 사람들이 십자가의 능력을 체험해 왔습니다. 교회가 십자가를 상징으로 내거는 이유가 여기에 있습니다.

기독교의 교리 중에서 사람들이 어려워하는 것이 지옥의 교리입니다. 성경의 인물 중에서 지옥에 대해 가장 자주 가장 많은 말을 한 분이 예수님입니다. 러셀은 예수님이 지옥을 믿고 있었다는 것, 그리고 자신의 설교에 귀 기울이려 하지 않는 사람들에게 증오에 찬 말을 퍼부었다는 것이 그분의 가장 심각한 도덕적 결함이라고 말합니다. 그러면서 이렇게 결론짓습니다.

나는 죄에 대한 형벌은 지옥불로 다스린다는 이 모든 교리가 잔인한 교리라고 말하지 않을 수 없다. 그것은 세상에 잔인성을 심고, 대를 잇는 잔인한 고문을 부여한 교리다. 그렇게 된 원인을 따져 볼 때, 예수 기록자들이 묘사한 대로라면, 분명 복음서의 예수에게 어느 정도 책임이 있다고 생각하지 않을 수 없다.[14]

아마도 이 점에 대하여 동의하는 분들이 많을 것입니다. 하지만 부활을 인정하고 예수님을 본다면, 입장이 달라질 수 있습니다. 예수님은 "내 말을 듣지 않으면 영원히 꺼지지 않는 지옥불에 던져 버리겠다"고 위협하거나 악담하지 않았습니다. 그분은 우리로서는 닿을 수 없는 초월적인 눈으로 우리 인류의 미래를 보시면서, 모두가 하나님의 진노에 직면해 있으며 영원히 멸망될 운명에 처해 있다고 하셨습니다. 그리고 그 불행한 운명으로부터 벗어날 길을 여셨습니다. 예수님은 그 길을 찾아 하나님께 돌아가라고 촉구하셨습니다.

지옥에 대해 이야기하기를 좋아하는 사람이 있다면 심리 상태를 의심해 보아야 합니다. 저도 할 수 있는 대로 이 주제를 피하고 싶습니다. 저는 지옥에 대한 두려움 때문에 믿게 하고 싶지 않습니다. 하나님의 사랑에 감동하여, 하나님 나라에 눈뜨고 그 나라에 매료되어, 예수 그리스도께서 보여주신 그 아름답고 거룩한 삶에 끌려서 믿게 되기를 바랍니다. 그래서 저는 꼭 필요한 경우에만 지옥에 대해 언급합니다. 지옥에 대해 전혀 언급하지 않는 것도 설교자에게는 직무유기가 되기 때문입니다.

저는 부활을 믿기 때문에 예수님의 전부를 믿습니다. 그분이 말씀하신 것 중에 제 구미에 맞는 것만 골라서 믿지 않습니다. 예수님이 그저 한 인간에 불과했다면, 그분의 전체를 승인할 수 없고 그래서도 안 됩니다. 비판적으로 읽고 선별적으로 받아들여야 합니다. 하지만 부활을 믿는다면 그분은 한계적인 인간이 아니라 하나님의 아들이고, 그렇다면 그분의 가르침을 있는 그대로 통째로 받아들여야 합니다.

예수님의 전부를 믿기에 지옥에 대한 그분의 경고의 말씀도 믿습니다. 우리가 죄의 문제를 해결받고 하나님의 자녀로 회복되지 않으면 하나님의 진노를 피할 수 없다는 사실을 믿습니다. 그리고 예수님의 희생과 부활을 믿음으로 우리도 그분이 열어 놓으신 영원한 생명으로 들어갈 수 있음을 믿습니다. 그 영원한 생명은 죽고 나서나 시작되는 것이 아니라, 지금 이곳에서 맛보고 만지고 누리는 것임을 또한 믿습니다.

지금 시작할 이유

지금까지 나눈 것이 제가 믿는 이유 가운데 가장 중요한 두 가지입니다. 이 두 가지는 서로 연결되어 있고 또한 서로를 강화시켜 줍니다. 부활을 믿기에 더욱 하나님을 믿고 그 옷자락을 찾았으며, 그 옷자락을 만질수록 부활에 대한 믿음과 예수님에 대한 믿음이 견고해졌습니다. 그래서 지금까지 믿음 안에서 성장해 오고 또한 변화해 왔습니다. 그러한 성장과 변화 때문에 저는 그동안 제게 일어난 일 가운데 믿음 안에서 살고 있다는 사실을 가장 감사하고 다행스럽고 복된 일이라 믿습니다. 그래서 제 사랑하는 사람들에게 이 믿음에 대해 말하고 싶고, 그런 열망으로 오늘도 목회를 하고 있는 것입니다. 저는 이렇게 믿음 안에서 계속 자라서 제 생애의 마지막에 마틴 로이드 존스처럼 고백할 수 있기를 원합니다. 그는 기독교 역사상 가장 탁월한 설교자 중 한 사람으로 마지막까지 거룩한 삶을 살기 위해 노력했던 인물입니다.

> 내 평생의 경험들은 하나님의 주권과 하나님께서 인간의 삶에 직접 개입하신다는 증거입니다. 나는 내가 믿는 것을 믿지 않을 수가 없습니다. 다른 뭔가를 믿는다면 나는 미친 사람일 것입니다.[15]

당신은 어떠신지요? 여러분 중 저처럼 믿음 안에 머물러 살고 있는 분들에게 여쭙고 싶습니다. 당신에게는 어떤 이야기가 있습니까? 하나님의 옷자락을 만졌던 당신의 이야기, 그리고 그 옷자락이 당신의 삶에 만들어 낸 변화의 이야기를 생각해 보시기 바랍니다. 그 이야기가 더욱 풍성해지도록 믿음의 길에서 정진하시기 바랍니다.

또한 믿음의 길을 걷다가 피치 못할 사정으로 중단하고 있는 분들도 계실 것입니다. 목회자로 인해, 교회로 인해 혹은 믿는다는 사람들로 인해 상처받고 실망하여 교회를 떠나야 했던 아픈 이야기를 가지고 계실 것입니다. 하나님은 교회가 완전하기 때문에 교회로 모이라고 하시지 않습니다. 허물 많고 약점 많은 존재들이기에 모여서 교회를 이루라고 하십니다. 때로 상처를 주고받을 수밖에 없는 존재들이 한 몸으로 연합하여 살아가면서 사랑을 배우는 터전이 교회입니다. "이 꼴 저 꼴 보고 싶지 않다!"는 말은 지금의 나대로 살겠다는 말이나 다름이 없습니다. '왜 성가시고 귀찮게 그래야 하느냐?'고 생각하지 마시기 바랍니다. 하나님은 우리를 그러한 삶으로 부르십니다. 그런 관계 속에서만 우리는 새롭게 빚어질 수 있기 때문입니다. 교회를 떠나 살아갈 때 가장 먼저 손해를 보는 것은 자기 자신입니다. 잠시 동안의 휴식이 영구화될 수도 있습니다. 우리는 타락한 본성의 지배를 받는 존재들입니다. 교회의 울타리를 떠나 보았던 분들의 고백은 동일합니다. 교회를 쉬면 처음에는 좀 께름칙하기도 하고 불안하기도 한데, 시간이 조금 지나니 편해졌고, 그보다 더 지나니 교회 없어도 살겠더라는 것입니다. 속지 마십시오. 이것은 우리를 하나님으로부터 완전히 끊어 버리려는 악한 영의 속임수입니다. 더 이상 미루지 말고 교회의 지체가 되어 영적 생활을 지속하시기 바랍니다.

여러분 중에는 믿음의 길에 대해 탐색하는 분들도 있을 것입니다. 부디, 제가 이 책에서 나누는 이야기들을 통해 믿음의 길에 들어설 수 있기를 바랍니다. 진지하게 그리고 무겁게 스스로에게 물어보시기 바랍니다. 무신론의 선택이 옳다고 생각하십니

까? 부활을 믿는 제가 어리석고, 하나님의 옷자락을 만지고 산다
는 저의 이야기가 무엇엔가 철저히 속고 있는 것처럼 보입니까?
제가 볼 때는 하나님을 부정하는 사람들이 오히려 속고 있는 것
처럼 보입니다. 하나님께서 쉼 없이 활동하시는 이 신비한 세상
속에 살면서도 오직 눈에 보이고 손에 만져지는 것만을 붙들고
사는 것이 제가 볼 때는 속은 것입니다.

　　인간의 일생 중에 하나님께 돌아올 기회가 적어도 세 번은
주어진다고 합니다. 지금 이 책을 읽고 있는 시간이 그 마지막
기회인 분들도 있을지 모릅니다. 부디, 더 이상 미루지 말고 지금
시작할 수 있기를 바랍니다.

1. 당신은 왜 믿고 있습니까? 왜 믿지 않고 있습니까? 그 이유를 생각나는 대로 나누어 봅시다.

2. 그 이유들을 하나씩 검토해 봅시다. 과연 지금 당신이 서 있는 입장은 얼마나 견고합니까? 그 입장에 대해 다시 생각할 여지는 없습니까? 당신의 입장이나 견해 중 더 알아볼 분야는 어떤 것입니까?

함께 드리는 기도

하나님,
제 마음을 비추소서.
제 믿음의 이유를
혹은 제 불신의 이유를 헤아리게 하시고
바르게 판단하고
진실 위에 견고히 서게 하소서.
예수 그리스도의 이름으로 기도합니다. 아멘.

I
왜 우리에게
구원이 필요한가

2
하나님을 믿는 이유
신의 존재

과연 신은 존재하는가

'신은 존재하는가?' 이 질문은 인류 역사에서 가장 오래된 질문 중 하나입니다. 이 질문이 이미 결판났다고 생각하는 사람들이 있습니다. 과거에 신의 개입으로 믿어졌던 현상들 대부분은 이미 과학으로 설명되었으며, 아직 설명하지 못하는 부분들도 결국 다 해명될 것이라고 생각합니다. 현대 무신론의 교황격인 리처드 도킨스가 『만들어진 신』에서 이 사실을 강력하게 주장합니다.[1]

최근에 눈부시게 발전하고 있는 뇌과학 분야에서는 영적 체험조차도 뇌 안에서 일어나는 현상으로 해석합니다. 그래서 『당신의 뇌가 신이다』 같은 제목의 책들이 쏟아져 나오고 있습니다.[2]

이 사람들은 지금까지 종교에 붙들려 있는 사람들은 마치 아직도 지구는 평평하다고 믿는 사람들처럼 어리석다고 믿습니다.

만일 그것이 사실이라면 과학자들은 모두 무신론자여야 합니다. 하지만 현실은 그렇지 않습니다. 2009년에 발표된 퓨리서치센터의 조사에 따르면, 미국의 과학자들 중 51퍼센트가 어떤 식으로든 초월적인 존재를 인정한다고 대답했습니다. 미국국립보건연구원의 원장으로서 인간 게놈 프로젝트를 책임졌던 프랜시스 콜린스가 대표적인 인물입니다. 그는 신앙과 과학에 대해 이렇게 말했습니다.

> 과학과 신앙이 진리를 밝히는 데 서로 기가 막힌 보완 관계에 있음을 나는 발견해 왔습니다. 성경의 하나님은 또한 게놈의 하나님입니다. 하나님은 예배당에서 만날 수도 있지만 실험실 안에서도 만날 수 있습니다. 하나님의 위대하고 경외스러운 피조세계를 연구하는 과학은 실제로 예배의 일종이라 할 수 있습니다.[3]

당신은 어떻습니까? 신의 존재 문제에 대해 어떤 입장입니까? 여러분 중에는 탐색 단계에 있는 분들이 있을 것입니다. 긴가민가하지만 혹시나 싶어서 좀 더 알아보려는 관심을 가지고 살아가는 분들입니다. 혹은 확신은 없지만 신의 존재를 선택하여 믿는 분도 있을 것입니다.

어떤 분이 제게 한 말씀을 기억합니다. "제가 보기에 신이 존재할 가능성과 존재하지 않을 가능성이 반반이었는데, 결국 존재할 가능성을 선택하기로 했습니다. 존재하지 않는 쪽을 선택했다가 나중에 신이 존재한다는 사실이 드러나면 얼마나 큰 낭패를 보겠습니까? 반면에 존재한다는 쪽을 선택했다가 나중에 그렇지 않다는 사실이 드러나면 크게 낭패 볼 일은 없겠다 싶었습니다."

이런 믿음을 저는 '보험성 믿음'이라고 부릅니다. 혹시나 신이 존재할지도 모를 상황을 대비해 보험을 들어 놓는 식으로 믿는 것입니다. 보험을 들 때 사람들이 따지는 것이 무엇입니까? 보험료를 가능한 적게 내면서 어느 정도 보장을 받을 만한 상품을 찾습니다. '보험성 믿음'을 가진 사람들도 마찬가지입니다. 이런 사람들은 시간도 노력도 돈도 최소한만 투자합니다. 나중에 신이 존재하지 않는다는 것이 드러났을 때 크게 손해 보고 싶지 않은 것입니다. 문제는 이렇게 적당한 선에서 간만 보고 있으면 그 맛을 제대로 알 수 없다는 데 있습니다.

사실, 신이 존재한다는 사실을 인정하는 것만으로는 온전한 믿음이라 할 수 없습니다. 예수님의 동생으로 초대 예루살렘 교회의 지도자였던 야고보가 이렇게 말한 적이 있습니다.

네가 하나님은 한 분이신 줄을 믿느냐. 잘하는도다. 귀신들도 믿고 떠느니라(야고보서 2:19).

귀신들은 신의 존재를 인정합니다만 믿는다고는 할 수 없습니다. 신을 믿는다는 것은 신의 '존재'를 믿는 데서 한 걸음 더 나아가 그 신을 '의지'하고 '사랑'한다는 것을 의미합니다. 믿음은 명사가 아니라 동사입니다. 신을 신뢰한 상태에서 살아가는 것이 바로 믿음입니다.

마음으로 본다

영어로 '프리넙'(Prenup)으로 불리는 '혼전 계약서'(Prenuptial Agreement)는 결혼을 앞둔 이들이 이혼하게 될 경우를 대비해 재산 분할을 어떻게 할지를 미리 정하는 부부 쌍방의 계약서입니다. 미국과 유럽 등지에서는 일반화되어 있는 이것은 어떻게 보면 실용적인 장치이지만 우리의 사고방식으로는 받아들이기가 쉽지 않습니다. 결혼을 앞둔 사람들이 헤어질 것을 대비하여 대책을 세운다는 것이 왠지 꺼림칙합니다. 자신에게 전부를 걸지 않는 사람에게 어떻게 자신의 삶을 맡길 수 있습니까? 혹은 자신의 전부를 걸지 않고 어떻게 결혼 서약을 한단 말입니까? 그런 식이라면 결혼하고 싶지 않을 것입니다.

보험성 믿음을 가진 사람들은 이 점을 한번 곰곰이 생각해 볼 필요가 있습니다. 믿음의 대상이 어떤 사물이라면 괜찮을지 모릅니다. 그것이 더 지혜로운 선택일지 모릅니다. 하지만 신이 인격이라면 상황이 전혀 달라집니다. '인격'이라는 말은 생각하고 느끼고 판단하고 결정하고 울고 웃는 존재라는 뜻입니다. 그런 분을 반신반의하면서 믿는 것은 마치 프리넙을 요구하는 사람과 같다 할 수 있습니다.

사실, 성경에서는 신과 인간의 관계를 혼인 관계에 자주 비유합니다. 신을 믿는다는 것은 혼인 관계와 같은 친밀한 관계 안으로 들어가는 일이라는 뜻입니다. 그렇다면 우리 중 많은 사람들은 우리의 영적 배우자를 전적으로 믿지 못하고 있는 것입니다. 또한 신의 입장에서 볼 때 별로 유쾌한 일이 아닐 것입니다.

어떤 분은 이 대목에서 이렇게 반문하고 싶을지 모릅니다. "제 삶을 다 걸기 원하신다면, 살아 계신 당신을 속 시원히 보여 주셔야죠. 그렇게 하지도 않으시면서 삶을 다 걸라 하시면 안 되는 것 아닙니까?"

이 질문과 관련하여 성경에 나오는 이야기를 생각해 보겠습니다. 누가복음 5장에는 어부 베드로가 등장합니다. 베드로는 동료들과 함께 밤새도록 고기를 잡았지만 허탕을 칩니다. 아침이 되어 그물을 씻고 있는데 예수님이 찾아오십니다. 그분은 베드로의 배를 잠시 빌려 그것을 설교단 삼아 호숫가에 있는 사람들에게 설교를 하십니다.

예수님은 설교를 다 마친 다음 베드로에게 "깊은 데로 가서 그물을 내려 고기를 잡으라"(4절)고 말씀하십니다. 어부의 경험과 감에는 맞지 않는 제안이었지만 베드로는 예수님의 권위에 눌려 순종합니다. 얼마 후 그물에 손을 댄 베드로는 깜짝 놀랍니다. 엄청나게 많은 고기가 잡힌 것을 느낄 수 있었습니다. 그는 다른 배에 있는 동료들을 불러 그물을 끌어 올리게 합니다.

그물 가득 물고기가 들어찬 모습을 잠시 지켜보고 있던 베드로는 갑자기 예수님 앞에 무릎을 꿇습니다. 그러고는 두려워 떨며 간청합니다. "주여, 나를 떠나소서. 나는 죄인이로소이다"(8절). 예수님의 말씀과 행동을 통해서 베드로는 신을 본 것입니다. 거룩한 신 앞에 서 있다고 느꼈던 순간, 그는 자신의 죄성을 깨달은 것입니다.

그 자리에는 여러 명의 어부가 있었습니다. 그들 모두가 예수님의 말씀을 듣고 그분이 하시는 일을 보았습니다. 하지만 그 모든 것을 통해 신을 본 사람은 오직 한 사람 베드로뿐이었습니다. 다른 사람들은 그물에 가득 들어찬 물고기에 마음이 빼앗겨 있었습니다. 어쩌면 그들 중에는 나중에 "신이 있다면 그분은 왜 자신의 모습을 드러내지 않는가? 내가 온전히 믿도록 확실하게 보여주실 수는 없는가?" 하고 불평한 사람이 있었을지도 모릅니다. 또한 그 사람들은 죽을 때까지 신을 만나지 못했을지도 모릅니다. 문제는 자신을 드러내 보여주지 않는 신에게 있는 것이 아니라, 자신이 보고 싶은 것만 보고 믿고 싶은 것만 믿는 우리에게 있다는 뜻입니다.

정신에 문제가 생겨서 자신이 죽은 것 같다고 말하는 사람이 있었습니다. 가족들이 여러 가지 방법으로 설득해 보았지만 그는 생각을 바꾸지 않았습니다. 결국 그 사람은 정신과 의사를 찾습니다. 정신과 의사는 자신의 실력을 전부 동원하여 그 사람의 마음을 바꾸려 하지만 결국 실패하고 맙니다.

어느 날 의사는 그를 데리고 영안실로 갑니다. 시신을 하나 꺼내어 그 사람에게 보여주고는 칼로 죽은 사람의 팔을 찌릅니다. 그리고 그 사람에게 말합니다. "보십시오. 죽은 사람의 몸은 이렇게 칼로 찔러도 피가 나오지 않습니다. 당신은 죽은 게 아니에요." 그랬더니 그 사람이 의사의 칼을 낚아채어 자신의 팔을 찌릅니다. 시뻘건 피가 흐르는 것을 보고 그가 이렇게 말합니다. "이것 보세요. 죽은 사람의 팔에서도 피가 흐르잖아요!"

사람의 마음이라는 것이 이렇습니다. 마음이 정한 것밖에 볼 줄 모릅니다. 또한 마음을 바꾸는 것이 이토록 어렵습니다. 신은 자신이 존재한다는 사실을 충분히 보여주었습니다. 적어도 예수 그리스도께서 "아빠"라고 부르셨던 그 신(마가복음 14:36), 그리스도인이 '하나님'이라고 부르는 그 신은 부정할 수 없는 방식으로 자신을 보여주었습니다. 문제는 자신이 정한 것밖에는 볼 줄 모르는 우리의 마음에 있습니다.

하나님을 보는 것에 대해 예수께서 하신 중요한 말씀이 있습니다.

마음이 청결한 자는 복이 있나니 그들이 하나님을 볼 것임이요(마태복음 5:8).

하나님은 마음으로 볼 대상입니다. 그분은 영이시기 때문입니다. 영이라는 말에 해당하는 히브리어는 '숨'이라는 뜻이고, 헬라어는 '바람'이라는 뜻입니다. 둘 다 육안으로 볼 수 없는 존재입니다. 따라서 영이신 하나님은 우리의 오감을 통해 보고 듣고 느낀 것을 마음으로 깨달음으로 볼 대상입니다. 그런데 마음의 상태가 어지럽혀 있거나 분산되어 있으면 볼 수가 없습니다. 마음이 '청결하다'는 말은 무언가에 집중되어 있다는 뜻입니다. 하나님을 보려면 하나님께 집중되어 있어야 합니다. 하나님께 한 번 제대로 집중해 보지 않고서 "하나님이 안 보인다!" 혹은 "하나님은 없다!"고 말해서는 안 됩니다.

하나님의 자기 계시

마음을 다해 하나님께 집중하면 하나님의 존재가 느껴집니다. 적어도 네 가지 방식으로 우리는 하나님을 볼 수 있습니다.

첫째, 우리는 **하나님의 창조세계**를 통해 그분을 만납니다. 화가들이 그린 작품을 보면 한구석에 화가의 사인이 새겨져 있습니다. 즉 하나의 작품은 그 작품을 그린 화가가 존재한다는 사실을 증거합니다. 하지만 작품을 감상하는 사람은 그 화가를 볼 수 없습니다. 보통 사람들은 그 화가가 남겨 놓은 사인을 보고서야 그것이 누구의 그림인 줄 알아차립니다. 하지만 그림에 어느 정도 조예가 깊은 사람들은 사인을 보지 않아도 그것이 누구의 작품인지 알 수 있습니다. 작품 안에 작가의 성격이 반영되어 있기 때문입니다.

모든 작품이 그렇습니다. 작품 속에 작가는 나타나지 않습니다. 하지만 작품을 제대로 보면 작가의 사인이 보입니다. 우리가 살고 있는 이 우주와 그 안에 있는 모든 생명체는 하나님의 작품입니다. 그것을 제대로 보는 사람에게는 하나님의 사인이 보입니다. 이 모든 것을 창조하신 분이 계시다는 사실을 인정하지 않을 수 없습니다.

온 우주와 그 안에 있는 만물이 창조자 없이 저절로 생겨났다고 말하는 것은 다음과 같이 말하는 것과 같습니다. "저 그림은 어떤 화가가 그린 것이 아니다. 수억만 년을 지나오는 동안에 먼지가 쌓이고 쌓여 우연히 캔버스가 만들어졌고, 또 수억만 년을 지나오는 동안에 그 캔버스에 먼지와 오점이 쌓여서 저절로 저런 그림으로 진화한 것이다." 온 우주와 그 안에 있는 모든 생명체가 창조자 없이 진화했다고 말하는 것은 저 그림이 우연히 진화했다고 말하는 것보다 수만 배는 더 억지스러운 주장입니다.

오해는 하지 마십시오. 온 우주와 생명체가 육천 년에서 일만 년 사이에 창조되었다고 주장하는 창조 과학자들의 의견이 옳다고 말하는 것은 아닙니다. 신실한 그리스도인들 중에 진화 과학을 인정하는 사람들은 많습니다.[4] 과학적인 가설의 하나로 진화 과정을 연구하는 것은 존중받아야 할 일이고 또한 그 결과에 경청해야 합니다. 많은 그리스도인 과학자들은 프랜시스 콜린스처럼 진화 과정이 하나님의 창조 방법 중 하나라고 믿습니다. 다만, 진화 가설을 하나의 이데올로기로 삼아 모든 것을 그 시각에서 해석하는 것에 대해서는 찬성할 수 없습니다.

거대한 우주를 보아도, 우리의 몸이 작용하는 것을 보아도, 작은 풀꽃을 보아도 창조자를 인정하지 않을 수 없습니다. 그것에 대해 사도 바울은 이렇게 말합니다.

> 창세로부터 그의 보이지 아니하는 것들 곧 그의 영원하신 능력과 신성이 그가 만드신 만물에 분명히 보여 알려졌나니 그러므로 그들이 핑계하지 못할지니라(로마서 1:20).

둘째, 우리는 성경을 통해 하나님을 만납니다. 성경은 하나님이 이 세상을 창조한 다음 희미한 사인만을 남겨 놓고는 저 멀리 물러가 계신 것이 아니라, 지금도 그리고 앞으로도 하나님이 창조한 세상과 생명들을 보살피고 인도하신다는 증거입니다. 하나님은 창조의 주님이기도 하지만 역사의 주님이기도 합니다. 천지를 창조하신 하나님은 이스라엘을 통해 자신을 드러내 보여주셨습니다.

성경 안에는 66권의 책이 들어 있습니다. 적어도 천오백 년 동안 사십여 명의 저자들이 각기 다른 상황에서 쓴 책을 한데 묶은 것입니다. 성경 전체를 읽어 보신 분들이 놀라는 사실이 한 가지 있습니다. 그렇게 다양한 저자들에 의해 서로 다른 상황에서 서로 다른 시대에 쓰인 책들인데, 그 모든 책이 마치 한 사람이 쓴 것처럼 같은 메시지를 전하고 있다는 사실입니다. 그래서 성경의 실제 저자는 성령 하나님이라고 말하는 것입니다(디모데후서 3:16).

성경은 두 가지 방식으로 하나님의 존재를 증명합니다. 우선, 성경은 하나님께서 과거에 역사 속에서 구체적으로 역사하셨다는 증거입니다. 성경의 이야기 안에 등장하는 사람들 그리고 그것을 기록한 사람들은 정신 이상자도 아니었고 과대망상증 환자도 아니었으며 누구를 속이려는 사람들도 아니었습니다. 그들은 자신에게 일어난 가장 의미 있는 이야기를 전한 것입니다. 다음으로, 성경은 겸손히 무릎 꿇고 말씀을 대하는 사람에게 그 하나님이 지금도 역사하고 계시다는 사실을 경험하게 합니다. 하나님을 만나려는 간절한 마음으로 말씀을 읽는 사람들에게 하나님은 자신의 모습을 드러내 보여주십니다. 그래서 경건한 신자들은 매일 말씀을 읽고 묵상하는 것입니다.

셋째, 우리는 예수 그리스도를 통해 하나님을 만납니다. 예수 그리스도는 '임마누엘' 곧 '우리와 함께하시는 하나님' 혹은 '우리에게 오신 하나님'이십니다. 요한복음의 표현대로 하면, '육신을 입고 우리 가운데 오신 하나님'입니다. 하나님은 예수 그리스도를 통해 그분의 성품과 능력과 속성을 의심의 여지 없이 분명하게 드러내셨습니다.

한번은 제자 빌립이 예수님께 "주여, 아버지를 우리에게 보여주옵소서. 그리하면 족하겠나이다"라고 요청합니다. 그러자 예수께서 대답하십니다.

빌립아, 내가 이렇게 오래 너희와 함께 있으되 네가 나를 알지 못하느냐. 나를 본 자는 아버지를 보았거늘 어찌하여 아버지를 보이라 하느냐. 내가 아버지 안에 거하고 아버지는 내 안에 계신 것을 네가 믿지 아니하느냐(요한복음 14:9-10).

"나를 본 자는 아버지를 보았거늘"이라는 말씀에서 '보다'에 해당하는 헬라어 '호라오'는 '마음으로 보다' 혹은 '경험으로 깨닫다'라는 뜻입니다. 즉 눈으로 본 것을 마음으로 깨닫는 것을 말합니다. "네가 나를 알지 못하느냐"에 사용된 헬라어 '기노스코' 역시 경험하여 아는 것을 말합니다. 빌립은 눈으로 보고 귀로 듣는 것을 전부로 알았습니다. 보고 들은 것을 마음에 두고 새겨 보았다면 그분이 누구인지 알았을 것입니다.

어떤 사람들은 "예수님 시대에 살았다면 얼마나 좋았을까? 그러면 더 좋은 신자가 되었을 텐데!"라면서 아쉬워합니다. 실은 예수님 당시의 갈릴리 사람들보다 우리 시대 사람들이 예수님을 제대로 알고 믿기에 훨씬 유리한 위치에 있습니다. 예수께서 어떤 말씀을 하셨고 어떤 행동을 하셨는지를 알 뿐 아니라, 그분이 왜 십자가에 달려 돌아가셨는지 그리고 죽은 자들 가운데서 부활 승천하셔서 하나님의 보좌 우편에 앉아 계신 것까지 알고 있기 때문입니다. 그 모든 것을 마음에 두고 곰곰이 생각해 보면, 예수님이 과연 우리에게 오신 하나님이라는 사실을 인정할 수밖에 없습니다. 그래서 예수께서 빌립에게 말씀하십니다.

내가 아버지 안에 거하고 아버지께서 내 안에 계심을 믿으라. 그렇지 못하겠거든 행하는 그 일로 말미암아 나를 믿으라(요한복음 14:11).

피조세계에 자신의 사인을 흐릿하게 남겨 놓으신 하나님은 이스라엘의 역사를 통해 좀 더 분명하게 드러내셨는데, 예수 그리스도를 보내심으로 더할 바 없이 분명하게 드러내셨습니다. 예수님께 일어난 모든 일을 종합해 보면, 그분이 우리에게 오신 하나님이라는 사실을 부정할 수 없습니다. 이 말을 뒤집어 말하면, 예수를 진실로 믿는 사람이라면 하나님에 대해 의심할 수가 없다는 뜻입니다. 예수를 믿는다고 하면서도 하나님의 존재를 확실하게 믿지 못하는 사람은 예수를 제대로 믿지 않고 있는 것입니다. 예수님이 어떤 분인지 진지하게 연구하고 묵상하고 씨름해 보지 않은 것입니다. 네 복음서 중 하나라도 진지하게 읽고 묵상하며 예수님이 누구인지를 물어본다면, 결국 그분 앞에 무릎을 꿇게 됩니다.

넷째, 하나님은 예수께서 부활하여 승천하신 뒤에 믿음의 사람들을 통해 그리고 믿음의 공동체인 교회를 통해 자신의 존재를 드러내 보여주셨습니다. 그와 더불어, 우리는 우리의 삶 속에서 하나님을 만납니다. 하나님은 태초부터 영원히 그분이 지으신 자녀들과 함께 계십니다. 그렇기 때문에 우리는 믿음의 공동체 안에서 그리고 **일상생활** 속에서 하나님을 만날 수 있습니다. 실제로 우리는 매일 하나님을 만나며 살아갑니다.

여러분 중에는 "제가 언제 하나님을 만났다고 그러십니까?"라고 묻고 싶은 분이 있을 것입니다. 그렇게 생각하는 분에게 저는 이렇게 반문하고 싶습니다. "당신은 지금껏 당신 자신의 능력으로 살아왔다고 생각하십니까? 혹은 그저 운이 좋았다고 생각하십니까?" 정말 그렇게 믿으신다면, 그 믿음을 돌이킬 능력이 제게는 없습니다. 하지만 그렇지 않다는 것만은 분명히 말씀드릴 수 있습니다.

여러분 중 어떤 분들은 부인할 수 없이 분명한 방식으로 하나님의 손길을 경험하셨을 것입니다. 육신의 질병에서 놓임받은 분도 있고, 생각지도 않은 길이 열리는 경험을 하신 분도 있으며, 삶이 온통 뒤죽박죽이어서 헤어날 방도를 찾지 못하고 있었는데 신비로운 손길로 출구를 마련해 주시는 것을 경험한 분도 있고, 기도 중이나 묵상 중에 하나님을 체험한 분도 있습니다. 그 보이지 않는 손이 바로 천지를 창조하시고 이스라엘을 선택하셨으며 예수 그리스도를 통해 우리에게 오신 바로 그 하나님이십니다.

하지만 꼭 그런 일이 있어야만 하나님을 만난 것이 아닙니다. 특별한 경험이 없었다 해도 하나님이 우리를 매일 인도하고 계셨음을 알고 또한 믿어야 합니다. 이것은 바람이 세차게 불지 않아도 바람이 있음을 아는 것과 같습니다. 우리에게 불행한 일이 일어날 때에도 하나님은 우리와 함께 계십니다. 아니, 고통과 환난 중에서 하나님을 만날 확률이 더 높습니다.

저 자신으로 말하면, 저는 지난 일생 동안 매일 하나님의 손길을 경험하며 지내 왔습니다. 때로는 깊은 골짜기를 지날 때도 있었고, 칠흑 같은 어둠을 헤치고 지날 때도 있었으며, 불안으로 밤을 지새워야 할 때도 있었습니다. 그런데 지나고 보니, 그때에도 하나님은 저와 함께하셨습니다. 그래서 이제는 다윗의 고백이 저의 고백이 되었습니다.

> 내가 사망의 음침한 골짜기로 다닐지라도 해를 두려워하지 않을 것은 주께서 나와 함께하심이라. 주의 지팡이와 막대기가 나를 안위하시나이다(시편 23:4).

그러한 고백이 가슴속 깊이 울릴 때마다 하나님께 여쭙니다. "주님, 제가 뭔데, 제가 잘한 게 뭐 있다고 이렇게 세밀하고 섬세하게 만지고 돌보아 주십니까?" 제가 살아가고 있는 모습과 제가 한 일을 생각하면 천지의 창조주요 이스라엘을 선택하신 분이요 예수께서 "아빠"라고 부르신 그분께서 저에게 이렇게 해주실 이유가 없습니다. 그래서 믿어지지 않는데, 하나님이 아니고는 제게 일어나는 일들을 달리 설명할 도리가 없습니다.

저만 이럴까요? 아닙니다. 이 글을 읽는 여러분 가운데서 하나님의 손길을 경험하지 않은 분은 없습니다. 그렇지 않다고 느끼는 분이 있다면 너무 바쁘게 살아서, 혹은 너무 앞만 보고 달리느라, 혹은 너무 많은 일들로 마음이 갈라져 있어서, 혹은 너무 마음이 무디어 있어서 그렇게 느낄 뿐입니다. 혹은 하나님의 손길을 보았는데, 그 손이 누구의 손인지를 생각해 볼 겨를이 없었을지도 모릅니다. 이제라도 잠시 시간을 내어 돌아보시기 바랍니다. 그러면 저와 똑같은 고백을 하게 되실 것입니다.

지금까지 말씀드린 네 가지 증거로 볼 때, 하나님은 분명히 존재하시며 또한 살아 계십니다. 그것이 사실이라면, 하나님은 믿으면 좋고 안 믿어도 큰 손해 보지 않는 그런 존재가 아닙니다. 천지를 창조하시고 이스라엘을 선택하셨으며 예수님을 죽은 자들 가운데서 살리신 그 하나님이 정말 우리의 생명을 지으시고 인도해 오고 계시다면, 그분을 인정해야 하고 그분을 알아야 하고 그분을 섬겨야 합니다. 그것이 우리 인생에서 가장 중요한 일이 되어야 옳습니다.

그래서 묻습니다. 하나님에 대한 믿음에서 당신은 어떤 자리에 있습니까? 불신과 믿음의 경계선에서 망설이고 있습니까? 하나님을 믿는 문제가 당신의 삶에서 가장 중요한 문제임을 깨달으시면 좋겠습니다. 그리고 믿음의 땅으로 성큼 발걸음을 옮기시기 바랍니다. 여러분의 인생에서 가장 잘한 일이 될 것입니다.

혹은 믿음의 땅에 들어서기는 했는데 여전히 여러 가지 의문과 의혹이 발목을 잡아서 그 자리에서 맴돌고 있습니까? 혹시나 그 자리에 버티고 서서 "하나님, 당신이 계시다면 확실한 증거를 보여주십시오"라고 말하고 있는 것은 아닙니까? 하나님께서는 야고보를 통해 그 반대로 말씀하십니다.

> 하나님을 가까이 하라. 그리하면 너희를 가까이 하시리라(야고보서 4:8).

이 말씀을 제 방식대로 조금 바꾸면 "하나님을 더 절실하게 찾으십시오. 그러면 가까이 계신 하나님이 보일 것입니다"라고 말씀드릴 수 있습니다. 하나님은 우리에게 필요한 모든 것을 이미 드러내 보여주셨습니다. 그 보물을 찾아내는 것은 우리가 할 일입니다. 절실하고 간절하게 그분을 찾으면, 숨겨져 있는 것 같던 하나님의 임재가 드러날 것입니다.

그러므로 더 이상 믿음을 보험 상품으로 취급하지 마십시오. 지금 들고 있는 패에 대한 절대적인 확신으로 자신의 모든 것을 올인하는 사람처럼, 이 믿음의 길에 당신의 인생을 거시기 바랍니다. 진짜 믿는 사람이 되도록 더 기도하고, 더 말씀을 붙들고 씨름하며, 더 거룩하게 살도록 힘쓰십시오. 이미 그렇게 하고 있는 분들은 흔들리지 말고 그 길에 서서 푯대를 향해 달려가시기 바랍니다.

1. 신의 존재에 대해 당신이 견지하고 있던 입장은 무엇입니까? 이 장을 읽으면서 다시 생각하게 된 부분은 무엇이며 그 이유는 무엇입니까?

2. 신의 존재 문제에서 아직도 풀리지 않는 문제가 있다면 무엇입니까? 그 문제를 풀기 위해 필요한 것은 무엇입니까?

함께 드리는 기도

하늘과 땅을 창조하신 하나님,
우리의 마음을 녹여 주시고 열어 주소서.
우리에게 드러난 하나님을
보게 하시고 믿게 하소서.
불신과 의심과 회의의 땅을 벗어나
믿음의 땅에 살게 하소서.
그 믿음이 우리의 전부가 되게 하소서.
예수 그리스도의 이름으로 기도합니다. 아멘.

3

민음으로 보는 새 세상
신의 차원

믿음과 이성

우리는 앞 장에서 '과연 신은 존재하는가'라는 질문에 대해 생각해 보았습니다. 어떤 사람들은 신의 존재를 전면적으로 부정하고, 어떤 사람들은 신의 존재를 확실히 알 수 없다고 생각합니다. 믿는다는 사람들 중에도 보험 드는 식으로 반신반의하면서 믿는 이들이 많습니다. 이 문제와 관련하여 하나님의 존재를 드러내는 네 가지 증거를 함께 살펴보았습니다.

첫째, 작품을 통해 작가를 알 수 있는 것처럼, 우리는 하나님의 창조세계인 온 우주와 생명을 통해 창조자의 존재를 짐작할 수 있습니다. 둘째, 창조자인 그 신은 이스라엘을 선택하여 그 역사 속에서 자신을 보여주었습니다. 성경말씀 안에서 우리는 과거와 현재를 통해 역사하시는 하나님을 발견할 수 있습니다. 셋째, 이스라엘의 하나님은 예수 그리스도를 통해 자신의 존재를 결정적으로 보여주셨습니다. 넷째, 예수께서 '아빠'라고 부르셨던 그 하나님은 교회라는 믿음의 공동체를 통해 그리고 우리 각자의 일상생활 속에서 자신의 존재를 드러내십니다. 이것 말고도 신의 존재에 대한 증거들은 더 많이 있습니다. 저는 다만 결정적인 증거 네 개만 소개했을 뿐입니다. 마음의 눈이 열린 사람이라면 이 증거들만으로도 하나님의 존재를 확신하기에 부족함이 없습니다.

전도서에 나오는 말씀이 기억납니다. "한 사람이면 패하겠거니와 두 사람이면 맞설 수 있나니 세 겹 줄은 쉽게 끊어지지 아니하느니라"(전도서 4:12). 이것은 합심단결의 중요성을 강조하는 말씀입니다만, 재판 과정에도 적용될 수 있는 말씀입니다. 어떤 사실에 대한 증거가 하나뿐이라면 쉽게 단정하지 못합니다. 그래서 법조계에서는 단일 증거로 유죄 판결을 내릴 수 없도록 법을 만들어야 한다는 주장이 있습니다. 신의 존재 증명에서도 마찬가지입니다. 위에서 말한 네 개의 증거는 네 개의 줄을 꼬아 만든 밧줄처럼 강력한 증거가 됩니다.

전문 직종 가운데 하나님의 존재를 인정하는 사람이 가장 많은 직업군이 변호사라고 합니다. 정확한 출처를 찾지는 못했습니다만, 사실일 수 있겠다 싶습니다. 법률가로 훈련받다 보면 다른 사람들보다 논리를 따르는 경향이 강하기 때문입니다. 이것은 하나님의 존재를 부정하는 것보다 인정하는 것이 더 논리적이고 합리적이라는 것을 암시합니다.

일반적으로 말하자면, 지성적으로 정직한 사람들이 신의 존재를 인정할 가능성이 큽니다. 무신론자로 자처하는 사람들 중에는 정직하게 진실을 따져 보기보다는 자신이 바라는 대로 혹은 자신에게 편한 대로 혹은 느껴지는 대로 입장을 정한 사람이 더 많습니다.

목회를 하다 보면, 믿지 않는 배우자 때문에 마음고생을 하는 여성들을 자주 만나곤 합니다. 그 배우자를 살펴볼 때, 정직하고 합리적으로 생각하여 믿지 않기로 선택한 경우를 본 적이 거의 없습니다. 일반화의 오류를 무릅쓰고 말한다면, 교회 혹은 믿는 사람들에 대한 부정적인 선입견 혹은 경험 때문인 경우이거나 그 사람의 옹고집 때문인 경우가 대부분입니다.

물론 믿는 사람들 중에도 정직하게 진실을 따져서 믿는 사람들보다는 그렇지 않은 사람이 더 많습니다. 하지만 믿는 사람의 입장에서 보면, 진지하고 정직하게 진실을 따져 보지 않고 엄청난 불행을 초래할 수 있는 무신론을 선택한다는 것은 참으로 위험천만한 일입니다.

무한 차원의 신

신의 존재를 인정하는 것은 그 자체로 끝나는 것이 아닙니다. 우주 어느 한구석에 신만 덩그러니 존재하는 것이 아니기 때문입니다. 신이 존재한다면 그 신이 속한 초월적인 세상 혹은 절대적인 세상이 있어야 마땅합니다. 우리 눈에 보이지 않고 우리 손에 만져지지 않는 또 다른 세상이 있어야 합니다. 그래야 진짜 신이라 할 수 있습니다.

그 세상을 성경은 '하나님 나라', '하늘나라' 혹은 '천국'이라고 부릅니다. 이것은 같은 것에 대한 서로 다른 표현입니다. 과거에 우리는 하나님 나라가 우주 너머 혹은 우주 한구석에 있을 것이라고 생각했습니다. 하지만 현대 물리학은 '차원'(dimension)이라는 개념으로 그 세상을 이해하도록 도와주었습니다. 하나님 나라는 3차원 공간 안에 있는 어떤 장소가 아니라 그것과는 '차원이 다른' 세상이라는 것입니다.

우리는 지금 3차원 공간 안에서 살아가고 있고 그것이 전부인 줄 압니다. 하지만 그것을 넘어서는 차원이 있습니다. 성경은 오래전부터 그렇게 말했는데 사람들이 믿지 않았습니다. 그런데 놀랍게도 현대 물리학이 그렇게 말하고 있습니다. 현대 물리학 이론은 11차원까지 말합니다. 유튜브에 보면 '11차원에 대한 소개'(Welcome to the 11th Dimension)라는 영상이 있습니다. 세계적인 물리학자인 컬럼비아 대학교의 브라이언 그린 교수가 1차원부터 11차원까지 설명합니다.[1] 저 같은 문외한은 그 내용의 5퍼센트도 이해하지 못하지만, 적어도 우리가 경험하는 세상이 전부가 아니라는 사실 정도는 이해할 수 있습니다.[2]

신이 존재한다면, 그 신은 우리의 차원을 넘어서는 차원에서 존재하며 활동해야 합니다. 우리의 세상과는 전혀 다른 차원, 우리로서는 다 알 수도 없고 이해할 수 없는 차원이 존재해야만 합니다. 그 차원을 우리는 '무한 차원' 혹은 '절대 차원'이라고 부를 수 있을 것입니다.

하지만 우리로서는 그 차원이 어떤 것인지 알 수 없습니다. 그것은 마치 호수에 사는 물고기가 물 바깥 세상을 이해할 수 없는 것과 같습니다. 3차원에 사는 우리는 1차원과 2차원을 이해할 수 있지만, 1차원과 2차원에서 사는 존재는 우리가 사는 3차원을 이해하지 못합니다. 마룻바닥 위를 기어가는 개미를 제가 손으로 집어 바깥 잔디밭에 옮겨다 놓으면, 개미에게는 기적이 일어난 것처럼 보입니다. 이처럼 우리로서는 하나님의 차원을 이해할 수 없습니다. 하나님이 하시는 일이 모두 신비요 기적으로 보입니다. 오직, 하나님께서 그 차원을 우리에게 보여주실 때에만 그 차원이 어떨지 짐작할 수 있을 뿐입니다.

참으로 다행스럽게도, 하나님은 때로 선택된 사람들에게 하나님의 차원을 열어 보여주십니다. 그것을 가리켜 '영적 체험'이라고 부릅니다. '영적'이라는 말은 일상적으로 경험할 수 없는 일 혹은 초월적인 일을 가리키는 말입니다. 성경은 그러한 영적 체험들을 기록해 놓았습니다. 야곱에게는 꿈을 통해 보여주셨고, 모세와 이사야 그리고 여러 선지자들에게는 환상을 통해 보여주셨습니다. 사도 바울은 여러 번 하나님의 차원을 보는 영예를 얻었습니다. 그 체험 중 하나를 말하면서 그는 이렇게 말합니다.

내가 그리스도 안에 있는 한 사람을 아노니 그는 십사 년 전에 셋째 하늘에 이끌려 간 자라. (그가 몸 안에 있었는지 몸 밖에 있었는지 나는 모르거니와 하나님은 아시느니라.) 내가 이런 사람을 아노니 (그가 몸 안에 있었는지 몸 밖에 있었는지 나는 모르거니와 하나님은 아시느니라.) 그가 낙원으로 이끌려 가서 말로 표현할 수 없는 말을 들었으니 사람이 가히 이르지 못할 말이로다(고린도후서 12:2-4).

바울은 자신이 "이끌려 갔다"고 느꼈습니다. '차원'이라는 개념으로 읽으면 이 표현이 무엇을 뜻하는지 짐작할 수 있습니다. 그는 하나님의 차원으로 이끌려 올라간 것입니다. 그래서 그는 "몸 안에 있었는지 몸 밖에 있었는지" 알 수가 없다고 말합니다. 그는 그 상태에서 무엇인가를 보았습니다. 하지만 그것이 무엇인지 도무지 알 수 없었습니다. 그것은 "말로 표현할 수 없고 가히 이르지 못할" 말이었습니다. 전혀 보지 못했던 것을 본 것이고, 전혀 듣지 못했던 것을 들은 것입니다.

하나님의 차원을 가장 밀도 있게 그리고 가장 많이 본 사람 중 하나는 밧모 섬에 유배되었던 사도 요한이었습니다. 많은 사람들이 요한계시록은 단순히 '미래'의 사건을 예언한 책이라고 생각하지만, 실은 하나님의 차원을 보고 기록한 책이라고 보는 것이 보다 정확합니다. 그 모든 것은 바울의 표현대로 "말로 표현할 수 없고 가히 이르지 못할" 것들이었습니다. 하나님께서는 요한에게 보고 들은 모든 것을 기록하라고 하십니다(요한계시록

1:19). 그렇기 때문에 우리는 요한계시록의 내용을 다 이해할 수 없습니다. 요한계시록을 다 알았다고 주장하는 사람이 있다면, 그 하나만으로 그를 의심해야 합니다. 새 하늘과 새 땅이 임하기 전까지 요한계시록의 비밀이 다 풀리는 일은 없을 것입니다.

하나님 나라의 한 조각

어느 날, 예수께서 베드로와 요한과 야고보를 데리고 팔레스타인 북쪽에 있는 어느 산에 올라가십니다(누가복음 9:28). 열두 제자 중 세 제자만 따로 불러내셨다는 사실은 뭔가 중요한 일이 일어날 것이라는 뜻입니다. 목적지에 이르러 예수님은 그분의 습관대로 기도에 전념하셨고, 제자들은 그들의 습관대로 꾸벅꾸벅 졸고 있었습니다.

얼마나 시간이 지났을까요? 갑자기 예수님의 얼굴 모습이 변하고 옷이 눈부시게 희어지고 광채가 발산됩니다. 그리고 홀연히 두 사람이 나타나더니 예수님 옆에 섭니다. 한편에서 잠에 취해 있던 베드로와 두 제자가 깨어나 이 광경을 목격합니다. 그들은 그 두 사람이 모세와 엘리야라는 사실을 알아차립니다. 그렇게 세 사람이 이야기를 나누고 있는데, 그들의 모습이 말로 표현할 수 없이 영광스러워 보입니다.

그런 상황에서는 감히 무슨 말도, 어떤 행동도 할 수 없습니다. 경외감과 두려움에 압도되기 때문입니다. 하지만 베드로는 달랐습니다. 그는 기질대로 예수님께 말을 건네어 그 거룩한 분위기를 깨뜨립니다. 초막 셋을 지어 세 분을 모실 테니, 그곳에서 오래도록 머물러 살자는 것입니다. 누가는 이 대목에서 베드로에 대해 "자기가 하는 말을 자기도 알지 못하더라"(누가복음 9:33)고 씁니다.

무슨 일이 일어나고 있는지를 몰랐으니, 무슨 말을 해야 할지 모르는 것은 당연한 일이었습니다. 그 순간, 구름이 몰려와서 그들을 덮습니다. 제자들은 두려움에 사로잡힙니다. 베드로는 아마도 자기가 분위기를 망쳐 버렸다고 생각했을 것입니다. 그때 구름 속에서 한 음성이 들립니다.

이는 나의 아들 곧 택함을 받은 자니 너희는 그의 말을 들으라(누가복음 9:35).

그 말씀에 세 제자는 자신들이 지금 겪고 있는 어마어마한 일을 직감하고 죽은 듯 땅바닥에 엎드렸을 것입니다. 얼마 후에 조심스럽게 고개를 들고 보니, 예수님만 홀로 남아 계십니다. 현실로 돌아온 것입니다. 누가는 제자들의 반응을 이렇게 설명합니다.

제자들이 잠잠하여 그 본 것을 무엇이든지 그때에는 아무에게도 이르지 아니하니라(누가복음 9:36).

이제는 제정신을 찾았습니다. 제정신을 찾고 나니, 방금 보고 들은 것이 무엇인지 다 이해할 수 없지만 짐작은 할 수 있었습니다. 약 일주일 전 예수께서 하신 말씀이 기억났기 때문입니다.

> 내가 참으로 너희에게 이르노니 여기 서 있는 사람 중에 죽기 전에 하나님의 나라를 볼 자들도 있느니라(누가복음 9:27).

예수님의 예언대로 하나님께서 세 제자에게 하나님 나라의 한 조각을 보여주신 것입니다. 예수님은 항상 하나님 나라에 대해 설교하고 가르치셨습니다. 하나님의 차원을 인정하고 그 차원에 눈을 뜨라고 하셨습니다. 아마도 예수님은, 하나님 나라에 대해 가르치기만 할 것이 아니라 보여줄 필요가 있다고 느끼셨던 것 같습니다. 그런데 왜 다른 제자들에게는 보여주지 않았을까요? 더 많은 사람들에게 보여주었다면 더 좋지 않았을까요? 이 질문에 대해 요한은 이렇게 대답합니다.

> 그가 친히 사람의 속에 있는 것을 아셨음이니라(요한복음 2:25).

예수께서 인간의 마음이 얼마나 속기 쉽고 또한 착각하기 쉬운지를 아셨다는 것입니다. 하나님 나라에 대해 말씀으로 가르치는 것은 덜 위험합니다. 하지만 그 나라의 한 조각을 보는 것은 아주 위험한 일입니다. 사람들이 그것을 보고서 오해하거나 교만해지기 쉽기 때문입니다. 그래서 예수님은 베드로와 야고보와 요한에게 "인자가 죽은 자 가운데서 살아나기 전에는 본 것을 아무에게도 이르지 말라"(마태복음 17:9)고 엄중히 명령하십니다. 하나님 나라의 일부를 보는 것은 믿는 사람들이 모두 바라는 일이지만 이성적으로도, 감정적으로도 감당하기 힘든 일입니다.

부활의 의미

이 대목에서 예수님의 부활을 생각해 볼 필요가 있습니다. 앞에서 언급한 것처럼, 부활은 죽었던 사람이 다시 죽을 몸으로 되살아나는 것이 아닙니다. 이제는 구시대의 유물이 되어 버린 비디오 플레이어에 비유하자면, 죽음은 인생이라는 테이프가 끝까지 다 돌아가 '딸깍' 하고 멈춘 상태입니다. 그 상태에서 '되감기'(Rewind) 버튼을 눌러 죽기 전의 상태로 되돌아오는 것은 소생입니다. 부활은 마지막 멈춘 상태에서 '재생'(Play) 버튼을 다시 누른 것입니다. 더 이상 돌아갈 테이프가 없을 줄 알았는데, 버튼을 누르자 기계는 계속 돌아가고 화면에서는 멈췄던 영상이 이어집니다.

따라서 부활은 우리가 아는 이 세상이 전부가 아니라는 사실을 증명합니다. 부활하신 예수님의 이야기를 읽어 보면, 부활 이후에 예수님은 시간과 공간의 제한에서 벗어나 자유롭게 활동하십니다. 누가복음 24장에 의하면, 그분은 엠마오로 가던 제자들에게 홀연히 나타나셨다가 그들과 이야기를 나눈 뒤 다시 홀연히 사라지십니다. 또 다른 이야기를 보면, 그분은 어느 공간에 갑자기 나타나셨다가 사라지기도 하시고, 갈릴리에 나타나셨다가 예루살렘에도 나타나십니다. 그렇게 사십 일을 지내신 후에 승천하십니다. '승천했다'는 말은 우주 공간의 어느 지점으로 이동하셨다는 뜻이 아니라 하나님의 차원으로 옮겨 가셨다는 뜻입니다.

부활이 중요한 또 다른 이유는, 부활은 하나님 나라가 우리와 무관하지 않다는 증거가 되기 때문입니다. 그런 나라 혹은 그런 차원이 존재한다는 사실만으로는 우리에게 별 의미가 없습니다. 미국인들이 지구 반대편에 대한민국이라는 나라가 있다는 사실을 아는 것은 그저 하나의 지식입니다. 그 사실을 몰라도 사는 데는 별 지장이 없습니다. 그런데 그 사실이 갑자기 중대한 의미로 다가오는 경우가 있습니다.

어릴 적에 미국의 백인 가정에 입양되어 자란 한국 아이를 생각해 보십시오. 그 아이는 한국말도 모르고 한국에 대한 어떤 기억도 없습니다. 그는 자신 또한 백인이라 생각하고 자랍니다. 실제로 많은 입양아들이 그렇게 자랍니다. 그러다가 사춘기가 되면서 자신이 부모와 다르다는 것을 자각하기 시작합니다. 그러고는 뿌리를 찾기 시작합니다. 그 이전까지는 지구 반대편에 작은 나라 대한민국이 있다는 사실이 그저 하나의 지식이었습니다만, 이제는 그 나라가 의미 있는 세상으로 다가옵니다. 언제든 그 나라에 가서 자신의 친부모를 찾아보고 싶은 마음이 자라납니다.

그 아이가 성장한 뒤 이곳저곳 수소문한 끝에 마침내 생모를 찾습니다. 생모를 찾고 그와 연결되는 순간, 그동안에는 의미 없던 낯선 세상이 그 사람에게 갑자기 밀고 들어옵니다. 그 사람은 생모를 통해 형제자매들도 만나고 일가친척도 만납니다. 그 과정을 통해 자신이 어떤 상황에서 태어났으며 어떤 배경에서 나왔는지를 알게 됩니다. 그동안 자신에게 가장 중요했던 세상은 미국이었습니다. 하지만 생모를 통해 대한민국이 점점 더 중요한 세상으로 부상합니다.

우리에게 하나님 나라가 그렇습니다. 물리학자들이 말하는 11차원보다 더 높은 하나님의 차원이 있고 그 차원이 아무리 신비롭고 영광스럽다 해도, 그것이 하나님의 세상일 뿐이라면 그것은 하나의 지식으로 그칩니다. 하지만 우리가 원래 그 차원에서 나왔고 또한 그 차원을 위해 창조된 존재들이라면, 그리고 하나님이 우리를 그 차원으로 옮겨 가기를 원하신다면 문제는 전혀 달라집니다.

그 나라를 보고 그 나라를 산다

앞에서 사용한 비유를 조금 더 생각해 보겠습니다. 생모를 찾은 그 사람은 생모와의 새로운 관계로 인해 여러 가지 변화를 경험하게 됩니다. 처음에는 아주 혼란스럽고 고통스러울 수도 있습니다. 그 혼란과 고통이 두려워서 생모를 찾지 않는 사람들도 있습니다. 혹은 생모를 찾고도 거리를 두고 살아갑니다. 하지만 그 변화에 자신을 활짝 여는 사람들도 있습니다. 잘났거나 못났거나 나를 낳아 준 어머니요, 그분이 나의 뿌리라고 생각하기 때문입니다.

예수 그리스도를 통해 창조주 하나님을 만난 사람에게도 이와 같은 일이 일어납니다. 이 세상이 전부인 줄 알고 살던 사람이 하나님을 알면서 새로운 세상에 눈을 뜨는 것입니다. 전에는 알지도 못했고 인정하지도 않았던 그 나라가 갑자기 가장 중요한 나라가 됩니다. 지금까지 알고 있던 물질 세상보다 하나님의 영원한 나라가 더 중요해집니다. 그로 인해 삶의 목적이 달라집니다. 가치관이 달라집니다. 그 나라가 자신의 영원한 나라임을 믿기 때문입니다. 죽고 나서 결국 가게 될 곳이 그곳이며, 마지막 날에 새 하늘과 새 땅으로 완전하게 드러날 것을 믿기 때문입니다.

그렇다면 믿음의 핵심은 하나님 나라와 관계 맺고 살아가는 것이라 할 수 있습니다. 그래서 예수께서 항상 하나님 나라에 대해 말씀하신 것입니다. 우리가 믿음 안에서 하나님 나라와 가지는 관계와 관련해서는 다섯 가지로 나누어 살펴볼 수 있습니다.

하나, 믿음은 그 나라를 보게 한다.

둘, 믿음은 그 나라를 경험하게 한다.

셋, 믿음은 그 나라를 위해 살게 한다.

넷, 믿음은 그 나라에 이르게 한다.

다섯, 믿음은 마지막 날 새 하늘과 새 땅에서 부활에 참여하게 한다.

이 중에 마지막 두 가지는 미래에 일어날 일이고, 앞의 세 가지는 이 땅에서 살아가는 동안 일어나는 일입니다. 우리의 과제는 미래에 일어날 일들은 하나님께 맡겨 놓고 지금 우리가 할 일에 집중하는 것입니다. 이 땅에 사는 동안 하나님 나라를 보고 경험하고 그 나라를 위해 살아가면, 나머지 두 가지는 저절로 이루어지는 것입니다.

그래서 예수님은 주로 앞에 세 가지에 대해 말씀하셨습니다. 뒤의 두 가지에 대해서도 가끔 언급하셨지만, 그분의 강조점은 언제나 **이 땅에서 하나님 나라를 보고 경험하고 살아가는 것**에 집중해 있었습니다. 누가복음에 기록된 말씀 몇 가지만 소개하면 이렇습니다.

자기를 위하여 재물을 쌓아 두고 하나님께 대하여 부요하지 못한 자가 이와 같으니라(누가복음 12:21).

너희 소유를 팔아 구제하여 낡아지지 아니하는 배낭을 만들라. 곧 하늘에 둔 바 다함이 없는 보물이니 거기는 도둑도 가까이 하는 일이 없고 좀도 먹는 일이 없느니라(누가복음 12:33).

잔치를 베풀거든 차라리 가난한 자들과 몸 불편한 자들과 저는 자들과 맹인들을 청하라. 그리하면 그들이 갚을 것이 없으므로 네게 복이 되리니 이는 의인들의 부활시에 네가 갚음을 받겠음이라 하시더라(누가복음 14:13-14).

사람 중에 높임을 받는 그것은 하나님 앞에 미움을 받는 것이니라(누가복음 16:15).

이런 말씀의 예를 들자면 한이 없습니다. 이 말씀들은 하나님 나라 곧 그 영원하고 절대적인 차원을 인정하지 않으면 이해할 수도, 실천할 수도 없습니다. 세상적 지혜와는 정반대의 말씀들이기 때문입니다. 예수께서 죽은 자들 가운데서 부활하시기 전까지 제자들이 무력하게 실패한 이유가 여기에 있습니다. 그들에게 하나님 나라는 아직 현실이 아니었습니다. 부활하신 주님을 만나고 성령의 선물을 받은 뒤에야 그들은 그 말씀을 이해했고 실천했습니다.

앞에서 말한 것처럼, 바울은 부활하신 주님을 만났고 하나님 나라의 한 자락을 보았습니다. 그랬기에 그는 하나님 나라에 대해 털끝만큼도 의심하지 않았습니다. 그 영원한 나라를 믿었고, 또한 성령을 통해 그 나라의 능력을 경험했습니다. 그와 더불어 그는 예수님의 말씀을 따라 살았습니다. 육신의 안일과 물질적 풍요를 위해 살지 않았습니다. 하나님 나라를 위해 모든 것을 드리는 일에 주저하지 않았습니다. 그래서 그는 이렇게 고백합니다.

우리는 속이는 자 같으나 참되고 무명한 자 같으나 유명한 자요 죽은 자 같으나 보라, 우리가 살아 있고 징계를 받는 자 같으나 죽임을 당하지 아니하고 근심하는 자 같으나 항상 기뻐하고 가난한 자 같으나 많은 사람을 부요하게 하고 아무것도 없는 자 같으나 모든 것을 가진 자로다(고린도후서 6:8-10).

물질세계만을 믿는 사람은 하나님 나라에 대해 말하는 사람이 속이는 사람처럼 보입니다. 하지만 진실을 말하는 사람은 바울이었습니다. 또한 세상 가운데 유명한 것은 덧없는 것입니다. 하나님께서 그 이름을 기억해 주시는 사람이야말로 진실로 복이 있습니다. 그리고 육신적인 목숨보다 하나님 안에서 얻는 영원한 생명이 더 중요합니다. 그들은 세상적으로는 가난할지 모르나 하나님께는 부한 사람입니다. 물질적으로는 아무것도 가진 것 없어도 하나님 안에서 모든 것을 가진 것입니다. 이런 고백은 하나님 나라에 대한 분명한 체험과 믿음 없이는 할 수 없습니다. 보이지 않는 하나님 나라에 비하면 눈에 보이는 이 세상은 아무것도 아니라는 믿음, 하나님 안에서 주어지는 영원한 생명에 비하면 육신의 목숨은 한순간의 꿈이라는 믿음, 그렇기에 온 세상을 다 잃어도 하나님을 찾으면 아쉬울 것 없다는 믿음이 있어야 이런 고백을 할 수 있습니다. 세상을 보는 눈이 뒤집어지는 것입니다.

여기서 잠시 멈추어 생각해 봅시다. 당신은 어떤 세상에서 살아왔습니까? 그리고 어떤 세상에서 살고 있습니까? 혹시 눈에 보이고 손에 잡히는 것이 전부라고 믿고 살아왔습니까? 지금 우리가 알고 있는 이 세상이 전부라고 믿습니까? 그래서 믿을 것은 내 주먹밖에 없고 먹는 것이 남는 것이라고 생각하십니까?

만일 그렇다면 제가 그동안 말씀드린 것에 비추어 당신의 세계관에 대해 진지하게 생각해 보십시오. 과연 그 믿음대로 계속 살아가도 괜찮겠습니까?

그렇게 생각하신다면 당신은 아주 위험천만한 모험을 하고 있는 것입니다. 하나님 나라를 믿는 사람이 볼 때, 당신은 인생을 통해 얻어야 할 가장 중요한 것을 부정하고 있는 것입니다. 부디, 하나님을 인정하고 그분의 나라, 그분의 차원에 눈뜨시기 바랍니다.

혹시 당신은 하나님도 믿고 하나님 나라도 믿어 왔지만, 그것을 죽고 나서 가는 곳으로만 알고 살아온 것은 아닙니까? 그 나라를 믿는다고는 하지만 그 나라로 인해 변화된 것이 딱히 없는 것은 아닙니까? 예수님의 말씀을 읽을 때마다 '맞아, 이렇게 살아야지!' 하면서도 정작 실천할 능력이 없는 것은 아닙니까? 지금의 믿음이라면 당신은 죽음을 어떻게 맞을 것 같습니까?

우리 각자가 현재 머물러 있는 믿음의 단계는 모두 다릅니다만, 우리 모두에게는 지금보다 더 깊은 믿음이 필요합니다. 부디, 더 깊은 믿음을 위해 더 자주, 더 오래, 더 치열하게 주님을 찾기 바랍니다. 하나님을 아는 만큼, 그리고 그 나라를 경험하는 만큼 우리는 달라지기 때문입니다. 세상을 보는 눈이 달라지고, 그로 인해 인생을 보는 눈도 달라지며, 따라서 매일을 살아가는 방법이 달라지고, 돈 씀씀이도 달라지고, 사람 대하는 방법도 달라집니다. 먹고 마시는 것조차 달라집니다. 이 땅에서 그렇게 살아갈수록, 죽음 이후에 천국 그리고 새 하늘 새 땅에서의 부활은 우리에게 더욱 분명해질 것이기 때문입니다.

1. 당신은 우리가 경험하고 있는 1차원 시간과 3차원 공간이 전부가 아니라는 사실을 느껴 본 적이 있습니까? 언제 어떻게 그런 느낌이 들었습니까?

2. '신이 존재한다면 신적 차원이 존재해야 한다'는 명제에 대해 당신은 어떻게 생각합니까? 천국, 내세, 영생이라는 개념을 차원의 개념으로 생각해 봅시다.

살아 계신 하나님,
제대로 믿고 싶습니다.
손에 잡는 것처럼
주님 나라를 보고 싶습니다.
우리에게 뜨거운 갈망을 주시고
우직한 무릎을 주셔서
보게 하소서.
그 영원한 나라를 마음에 품고
이 땅에서 경험하고 살아가게 하소서.
예수 그리스도의 이름으로 기도합니다. 아멘.

4
두려움이 우리를 구원한다
인간의 차원

영적 세계에서 일어난 균열

예수께서 선포하신 '복음' 곧 '기쁜 소식'은 하나님에 관한 것이며 또한 하나님 나라에 관한 것입니다. 그래서 저는 2장에서 하나님이 존재하신다는 증거 네 가지를 말씀드렸고, 3장에서는 하나님이 존재하신다면 우리가 경험하는 것과는 '차원이 다른' 세상이 있어야 한다는 사실을 말씀드렸습니다.

그 초월적인 세상, 그 영원한 세상을 경험한 사람들의 이야기가 성경에 기록되어 있습니다. 그 무엇보다 예수께서 죽은 자들 가운데서 부활하셨다는 사실은, 하나님이 살아 계시며 그 영원하고 초월적인 세상이 존재한다는 증거입니다. 또한 하나님은 우리 모두를 그 나라, 그 세상, 그 영원한 차원으로 인도하기 원하십니다. 그래서 그분은 아들 예수 그리스도를 우리에게 보내신 것입니다.

이 대목에서 이렇게 묻고 싶은 분이 있을 것입니다. "하나님께서 우리를 그런 차원으로 이끄실 계획이라면 처음부터 그렇게 하시지, 왜 인간이 이런 차원에서 살도록 내버려 두셨습니까? 인간은 왜 이 모양이고, 세상은 왜 이 모양입니까? 이것이 하나님이 원래 의도하신 모습입니까?"

소위 '고등 종교'라고 인정받는 종교들은 모두 이 질문에서 시작되었습니다. 즉 현재 인류가 겪고 있는 실존적인 문제들, 특히 죄와 악의 문제에 대해 답하려는 노력입니다. 이 점에서 모든 종교는 유사하다고 말할 수 있지만, 문제의 원인에 대한 진단은 종교마다 다르고 해결책도 다릅니다.

기독교에서는 하나님이 원래 이런 세상, 이런 인생을 의도한 것이 아니라고 말합니다. 창세기 1장과 2장에 묘사된 에덴 동산은 인간의 차원과 하나님의 차원이 막힘없이 소통되는 상태에 있었습니다. 물적 세계와 영적 세계, 보이는 세계와 보이지 않는 세계, 땅과 하늘이 나뉘어 있지 않았습니다. 그 상태에서 인간이 위로 하나님을 모시고 아래로 만물을 다스리며 완전한 평화를 누렸습니다. 그것이 하나님의 원래 디자인이었습니다.

그러한 하나님의 원래 디자인이 깨진 것은 **죄** 때문입니다. 창세기 3장에는 인간이 어떻게 죄를 지었으며 그 결과 어떤 변화가 생겼는지 기록되어 있습니다. 그 사태를 제대로 이해하기 위해서는 다음 구절을 깊이 들여다보아야 합니다.

> 뱀은 여호와 하나님이 지으신 들짐승 중에 가장 간교하니라(창세기 3:1).

하나님이 지으신 세상의 완전한 평화와 조화가 깨어지기 시작한 첫 번째 사건이 여기에 기록되어 있습니다. 그런데 이 구절의 행간을 들여다보면, 인간보다 먼저 하나님께 등을 돌린 것이 뱀입니다. 이 뱀은 하나님께 등을 돌린 '타락한 천사'를 가리킨다는 것이 기독교의 전통적인 입장입니다. 영적 세계에서 먼저 발생했다는 뜻입니다. 그리고 그 균열이 인간 세상에도 퍼진 것입니다.

이 타락한 천사를 성경에서는 '사탄', '마귀', '악마', '바알세불' 등으로 부릅니다. 사탄의 명령을 받아 일하는 부하들을 '귀신'이라고 부르는데, 귀신은 주로 복수로 사용되고, 사탄과 마귀는 단수로 기록하고 있습니다.

여러분 중에는 제가 지금 동화나 전설 혹은 신화 이야기를 하고 있다고 느끼실 분이 있을 것입니다. '악마'나 '마귀' 혹은 '귀신'이라는 단어들은 어릴 때부터 들어 왔던 동화나 전설 이야기를 떠오르게 하기 때문입니다. 그렇기 때문에 성경에서 이런 단어들이 나오면 지레 외면하거나 무시합니다.

예수님에게 사탄은 엄연한 실재였습니다. 귀신을 쫓아내는 일은 예수님의 주된 사역 중 하나였습니다. 귀신이라는 단어가 동화의 기억을 되살려 내기 때문에 저는 '악한 영'이라는 번역을 선호합니다. 성령은 '거룩한 영'이라는 뜻입니다. 거룩한 영이 있다면 악한 영도 있어야 합니다. 사탄과 악한 영의 존재를 인정하지 않으면 복음서의 많은 부분들을 건너뛸 수밖에 없습니다.

한번 곰곰이 생각해 보십시오. 영적 세계 곧 하나님, 하나님 나라, 천사, 성령, 사탄 등에 대해 과학 시대에 사는 우리의 생각이 맞을까요? 그런 것에 대한 예수님의 생각은 과학 이전 시대에나 가능했던 미개한 생각일까요? 물론 우리는 과학적인 연구 결과에 대해 두려움 없이 귀 기울이고, 검증된 사실들은 또한 받아들여야 합니다. 하지만 영적 세계에 대해서는 아직 장담하거나 단언하지 말아야 합니다. 우리가 알지 못하는 것들이 너무도 많습니다. 저는 예수님을 믿는다면 영적 세계에 대한 그분의 세계관도 받아들여야 한다고 믿습니다. 우리가 사는 세상에 사탄과 악한 영의 활동이 계속되고 있다고 믿어야 한다는 뜻입니다.[1]

예수께서 하신 일

누가복음 11장에는 이 문제와 관련하여 아주 중요한 말씀이 나옵니다. 어느 날, 예수님은 귀신에 사로잡혀서 말을 하지 못하는 사람을 만납니다. 언어 장애를 가진 사람은 모두 귀신에 사로잡힌 것이라고 오해하지 마십시오. 병의 원인은 다양합니다. 환경이나 잘못된 습관 혹은 유전적인 요인 때문에 그렇게 된 경우도 있고, 귀신에 사로잡혀서 발생한 경우도 있고, 죄로 인해 생긴 경우도 있습니다. 예수님은 그 원인을 꿰뚫어 보셨고, 원인에 맞는 대응을 하셨습니다.

예수께서 귀신 들린 사람을 치유하는 광경을 본 사람들이 수군거리며 말합니다.

그가 귀신의 왕 바알세불을 힘입어 귀신을 쫓아낸다(누가복음 11:15).

무당이나 점술가들 중에도 귀신 들린 사람을 회복시키는 경우가 있습니다. 그들은 귀신을 '달래어' 그 사람을 놓아주게 만드는 것입니다. 사람들은 예수님도 귀신의 우두머리인 바알세불을 달래서 귀신을 내보낸 것으로 오해했습니다. 그 생각을 아시고 예수님은, 자신은 바알세불과 한패가 되어 내보낸 것이 아니라 '싸워서 쫓아낸' 것이라고 말씀하십니다. 그러면서 이렇게 덧붙이십니다.

그러나 내가 만일 하나님의 손을 힘입어 귀신을 쫓아낸다면 하나님의 나라가 이미 너희에게 임하였느니라(누가복음 11:20).

아담과 하와가 사탄의 유혹에 넘어가 하나님을 등진 이후로 이 세상은 '잠정적으로 그리고 부분적으로' 사탄의 영향권 아래에 들어가게 되었습니다. 예수님이 광야에서 사십 일을 밤낮으로 사탄에게 시험을 받으실 때, 사탄은 예수님을 이끌고 높을 데로 올라가서 세계 모든 나라를 보여주며 이렇게 말합니다.

이 모든 권위와 그 영광을 내가 네게 주리라. 이것은 내게 넘겨 준 것이므로 내가 원하는 자에게 주노라. 그러므로 네가 만일 내게 절하면 다 네 것이 되리라(누가복음 4:6-7).

세상의 모든 권세와 영광은 "내게 넘겨 준 것이므로 내가 원하는 자에게 주노라"는 말은 진실 같은 거짓말입니다. 인간이 사탄의 유혹을 따라 하나님을 등진 이후로 이 세상은 '잠정적으로 그리고 부분적으로' 사탄의 영향권 아래에 들어갔습니다. 그러니 진실처럼 보입니다. 하지만 결국 사탄은 심판을 받고 모든 것은 다시 하나님의 다스림 아래에 들어가게 될 것입니다. 또한 지금도 여전히 하나님의 통치는 우리 가운데, 우리 위에 그리고 우리 안에 역사하고 있습니다. 그러니 거짓말입니다.

부모의 사랑에 권태를 느낀 나머지 못된 친구의 꾐에 넘어가 나쁜 짓을 하고 있는 아이를 생각해 보십시오. 그 아들은 부모의 사랑의 돌봄 안에 있지만, 또한 못된 친구의 영향력 아래에 있습니다. 부모는 타이르기도 하고 혼내기도 하면서 그 아들을 그 친구의 못된 영향력으로부터 꺼내 오기 위해 노력할 것입니다. 하지만 아들이 끝내 고집을 부리고 나쁜 친구를 따라가는 경우도 있습니다. 그럴 때면 완력으로 억지로 해서는 안 되는 일이기에 그 아들이 스스로 뉘우치고 돌아오도록 기다리며 기도하고 호소합니다.

우리 세상이 꼭 그와 같습니다. 아담과 하와는 하나님의 사랑의 손길에 권태를 느끼고 사탄의 유혹을 따라 나섰습니다. 그러자 하나님께서는 타이르기도 하시고 혼내기도 하시면서 인류가 그 길로부터 벗어나도록 힘쓰셨습니다. 하지만 인류는 끝내 자신의 욕망을 따라 살기 위해 사탄의 수하에 들기를 선택했습니다. 그리고 그것이 인류의 영적 유산이 되어 버렸습니다. 그렇기 때문에 회개하고 돌아올 때까지 인간은 사탄의 영향력 아래에서 살아가게 됩니다. 예수께서는 귀신 들린 사람을 고침으로 사탄의 영역 아래 사는 한 사람을 구해 내셨고, 그래서 "하나님의 나라가 이미 너희에게 임하였느니라"고 말씀하신 것입니다.

유혹을 추구하는 인생

귀신 들림의 현상 곧 의학적으로 설명할 수 없는 심리적인 문제가 일어나는 것만이 사탄의 영향권 아래에 있다는 증거는 아닙니다. 사실, 이것은 아주 드문 일입니다. 또한 정신 질환을 일으키는 것은 사탄의 주요 전략이 아닙니다. 사탄이 사용하는 주요 전략은 모든 사람을 진리에 대해 속게 만들어 인생을 허비하게 만드는 것입니다. 그래서 예수님은 사탄을 가리켜 '거짓의 아비'라고 말합니다.

너희는 너희 아비 마귀에게서 났으니 너희 아비의 욕심대로 너희도 행하고자 하느니라. 그는 처음부터 살인한 자요 진리가 그 속에 없으므로 진리에 서지 못하고 거짓을 말할 때마다 제 것으로 말하나니 이는 그가 거짓말쟁이요 거짓의 아비가 되었음이라(요한복음 8:44).

진짜 사기꾼은 속은 줄도 모르게 속게 만듭니다. 그런 점에서 볼 때, 사기꾼 중 최고의 사기꾼은 사탄입니다. 사탄의 영향력 아래에 있는 사람들은 진리에 대해 혼동합니다. 사탄의 속임수는 특히 하나님과 하나님 나라에 대한 진리를 교란시킵니다. 자신이 보고 아는 것이 전부라고 단정하게 만듭니다. 하나님을 믿는 것은 어리석고 헛된 일이라고 믿게 만듭니다. 거짓을 진실로 착각하고 인생을 허비하게 만듭니다.

사탄에게 속아 사는 인생의 모습은 다양합니다. 어떤 사람은 교양이 높고 인품이 훌륭합니다. 냉철한 판단력으로 사리분별을 해가며 살아가는 것 같습니다. 하지만 그런 사람도 사탄의 은밀한 교란 전술로 인해 진리에서 멀어집니다. 어떤 사람은 가끔 혹은 자주 자신도 이해할 수 없는 행동을 하여 낭패를 봅니다. 또 어떤 사람은 무언가에 씌었다고밖에 말할 수 없을 정도로 죄악에 깊이 빠집니다. 정도의 차이는 있지만 모두 사탄의 기만술에 사로잡힌 것입니다.

이렇게 살아갈 경우, 문제는 두 가지입니다. 하나는 한 번뿐인 인생을 허비하게 된다는 것이고, 다른 하나는 그 삶에 대해 하나님 앞에서 심판을 받아야 한다는 것입니다.

당신에게 온전한 정신으로 마지막을 맞는 행운이 주어졌다고 합시다. 누구에게나 그런 행운이 주어지는 것은 아닙니다. 당신이 대단한 행운아여서 차분히 죽음을 준비하게 된다면, 당신은 지나온 인생을 돌아보며 어떻게 느낄까요? 만일 '내 인생이 의미 없이 허비되었구나!' 싶으면 얼마나 낭패스러울까요? 인생이 죽음으로 끝나는 것이라면 그나마 다행일 것입니다. 하지만 성경에서 말하는 대로 생명의 주인이 계셔서 죽은 후에 그분 앞에 서야 한다면, 그리고 그분이 "너는 내가 선물로 준 인생을 어떻게 살았느냐?"고 물으신다면 어떻겠습니까?

그 자리에서 "제게는 잘못이 없습니다. 저는 그저 속았을 뿐입니다"라고 말하겠습니까? 다른 사람에게 핑계 대는 것은 에덴동산에서부터 시작된 인간의 가장 깊은 본성 중 하나입니다. 선악과를 따 먹은 아담에게 하나님께서 "내가 네게 먹지 말라 명한 그 나무 열매를 네가 먹었느냐"고 물으시자, 아담은 "하나님이 주셔서 나와 함께 있게 하신 여자 그가 그 나무 열매를 내게 주므로 내가 먹었나이다"라고 대답합니다(창세기 3:11-12). 즉 "내 뼈 중의 뼈요 살 중의 살이라"(창세기 2:23)고 고백했던 아내뿐 아니라 하나님에게까지 책임을 전가한 것입니다.

겉으로 볼 때 아담의 말이 맞는 듯 보입니다. 하나님이 하와를 지어 주셨고, 하와가 먼저 선악과를 먹자고 했으니까요. 하지만 진실은 아닙니다. 아담이 그렇게 행동한 가장 중요한 이유는 먹고 싶은 그의 욕구에 있었고, 그 욕구를 자극한 사탄에게 있습니다.

아담의 말에 속아 넘어가는 척하면서 하나님은 하와에게 "네가 어찌하여 이렇게 하였느냐"고 물으십니다. 그러자 하와는 뱀에게 책임을 떠넘깁니다. "여자가 이르되 뱀이 나를 꾀므로 내가 먹었나이다"(창세기 3:13). 하와가 아담보다는 덜 비겁합니다. "하나님이 지어 주신 뱀 때문입니다"라고 말하지는 않았으니까요. 뱀 때문이라는 하와의 말도 맞는 듯 보입니다만, 그의 욕구가 가장 중요한 이유였습니다.

하나님 앞에 섰을 때, 우리는 그 무엇도 핑계 댈 수 없습니다. 하나님이 사람처럼 말재간에 넘어갈 분이라면 어찌해 볼 수 있을 것입니다. 하지만 하나님은 우리의 마음속을 우리 자신보다 더 깊이, 더 세밀하게 아시는 분입니다.

또한 우리의 죄에 대해 사탄에게 책임을 떠넘길 수 없음을 우리 자신이 잘 압니다. 우리는 하나님의 뜻을 따라 거룩하게 살아가기보다는 타락한 욕망을 만족시키며 살고 싶어 합니다. 그것을 알기에 사탄은 우리를 속이고 유혹하는 것이고, 우리는 사탄의 거짓말과 유혹에 속아 넘어가 '주는' 것입니다. 우리 스스로 사탄이 우리를 유혹해 주기를 바랍니다. 정신과 의사로서 귀신 들림 현상에 대해 연구했던 스캇 펙은 『거짓의 사람들』이라는 책에서, 인간 스스로 귀신과 거래하여 자신을 넘겨주지 않으면 그런 증상에 걸릴 수 없다고 결론짓습니다. 사탄의 유혹을 핑계 삼아 자신의 욕망을 채우려는 속셈 때문에 결국 그것의 노예가 되는 것입니다. 처음에는 그저 속아 주는 것이었는데, 나중에는 완전히 사로잡히고 맙니다.

지옥은 없다?

사탄, 죄 그리고 심판에 대한 이야기는 결국 지옥에 대한 이야기로 이어집니다. 지옥은 사람들이 가장 듣기 싫어하는 주제 가운데 하나입니다. 들어도 무시하거나 어린아이들을 겁주기 위해서 만들어 낸 이야기라고 여깁니다. 혹은 인류가 아직 미개한 수준에 있을 때 믿었던 것이므로 과학 시대를 사는 사람이라면 그런 유치한 주제로부터 벗어나야 한다고 생각합니다.[2]

또 어떤 사람들은 지옥이 하나님의 성품에 모순된다고 주장합니다.[3] 하나님의 사랑이 완전하고 영원하다면, 그런 분이 지옥을 만들어 놓고 죄인들에게 영원한 고문을 가하신다는 것은 그 성품에 어울리지 않는다는 뜻입니다. 그래서 어떤 사람들은 "지옥은 없다"고 말하고, 또 어떤 사람들은 "지옥은 마침내 텅 비게 될 것이다"라고 말합니다.[4] 하나님의 사랑이 지옥에 떨어진 영혼들까지도 끝내 다 구원하실 것이라는 뜻입니다. 개인적인 소망과 바람을 말하라면, 저도 그랬으면 좋겠다 싶습니다. 하지만 저는 지옥에 대한 기독교의 전통적인 가르침을 무시하지 말아야 한다고 믿습니다.

지옥에 대해 바른 이해를 가지려면, 먼저 지옥에 대한 성경의 묘사들이 비유라는 사실을 기억해야 합니다. 예수님은 지옥을 "풀무 불"(마태복음 13:50) 혹은 "꺼지지 않는 불"(마가복음 9:43)에 비유하셨습니다. 사도 요한은 지옥을 가리켜 "불과 유황으로 타는 못"(요한계시록 21:8)이라고 했습니다. 예수님은 또 다른 곳에서 "거기[지옥]에서는 구더기도 죽지 않고 불도 꺼지지 아니하느니라"(마가복음 9:48)고 하셨습니다. 이 표현들을 글자 그대로 해석해서는 안 됩니다. 마지막 표현대로라면 지옥은 '구더기의 천국'이 되고 맙니다. 지옥의 구더기들이 영생하며 인간의 몸을 파먹을 수 있기 때문입니다. 지옥에 대한 이 모든 묘사는 지옥의 고통을 전하기 위한 비유입니다.

우리가 지옥을 진지하게 다루어야 하는 데는 이유가 있습니다. 지옥에 관해 가장 많은 말씀을 하신 분이 바로 예수님이기 때문입니다. 예수님을 하나님의 아들로 신뢰한다면, 사탄과 악한 영에 대한 그분의 말씀을 받아들여야 한다고 앞에서 말한 적이 있습니다. 마찬가지 이유로, 지옥에 대한 그분의 말씀도 귀담아들어야 합니다.

지옥에서의 심판이 과연 하나님의 성품에 모순되는 것일까요? 우리가 믿는 하나님은 인격 곧 생각하고 느끼고 판단하고 결정하고 울고 웃는 분이라는 것을 앞에서 살펴보았습니다. 또한 그분은 완전한 의미에서 거룩하시고 공의로우시며 진실하십니다. 그런 하나님이, 일생 동안 그분이 주신 귀한 생명을 받아 사탄의 유혹을 빌미로 삼아 자신의 타락한 욕망을 따라 허비한 사람을 인자한 미소로 맞아 주시며 모든 것을 없던 것으로 묵인해야 옳을까요?

지난 2015년 6월 17일, 미국 사우스캐롤라이나 주 찰스턴 지역의 임마누엘 교회에서 끔찍한 살인 사건이 일어났습니다. 평소 흑인에 대해 증오심을 가지고 있던 스물한 살의 백인 청년이, 수요일 아침에 성경공부를 하고 있던 목사와 교인 아홉 명을 총으로 살해했습니다. 일 년 반 동안의 재판 끝에 범인이 사형 선고를 받았습니다. 그는 마지막 순간까지 자신의 범행에 대해 전혀 반성하지 않았습니다. 그가 썼다는 글은 참으로 공포스럽습니다.

분명하게 말하건대, 나는 내가 한 일에 아무런 후회를 느끼지 않습니다. 미안한 마음도 없습니다. 나는 내가 죽인 무고한 사람들에 대해 단 한 방울의 눈물도 흘리지 않았습니다. 나 자신이 불쌍하여 한 방울 눈물을 흘리기는 했습니다. 꼭 해야만 하는 일을 처음 한 사람이 바로 나라는 점에서 나 자신이 불쌍했기 때문입니다.

이 사람이 사형을 당한 뒤에 심판자 앞에 선다고 합시다. 과연 당신이라면 하나님께서 이 사람을 어떻게 해야 옳다고 생각하십니까?

제가 이 책의 원고를 마지막으로 손질하고 있는 동안에 화성연쇄살인 사건의 진범이 특정되고 두 주일 만에 범인이 자신이 한 일이라고 자백을 했다고 합니다. 지금까지 밝혀진 것만 해도 살인 14건에 강간 30여 차례가 된다고 합니다. 경찰은 그가 그 외에도 더 많은 범죄를 저질렀을 것이라고 추측합니다. 그가 여성들에게 저지른 소행은 너무도 엽기적이어서 기자들조차 제대로 묘사하지 못합니다. 그렇게 사악한 죄악을 저질렀으면서도 그는 20년 동안 태연하게 무기수로 복역하면서 세상에 다시 나오기를 기다렸던 것입니다. 이 사람도 죽은 후에 심판자 앞에 서게 될 것입니다. 과연 당신이 하나님이라면 이 사람에게 어떤 처벌을 내릴 것 같습니까?

하나님이 "고생했구나. 너도 희생자가 아니더냐? 오죽하면 그렇게 살았겠느냐? 이리 와서 편히 쉬어라"고 말씀하실까요? 지옥이 하나님의 성품에 어울리지 않는다고 믿는 사람들은 하나님이 이렇게 하셔야 한다고 생각하는 것입니다. 하나님이 그와 같이 하신다면, 당신은 "하나님의 사랑은 참으로 크고 넓구나!" 하면서 찬양하겠습니까? 저 같은 사람도 그의 말에 치를 떨고 격분하는데, 저와는 비교할 수 없을 만큼 거룩하신 하나님은 얼마나 더 그러실까요?

하나님이 정말 하나님이시라면, 심판과 지옥은 존재해야 합니다. 심판과 지옥은 하나님의 성품에 모순되는 것이 아니라 그 반대입니다. 하나님의 성품에 대한 성경의 계시가 맞다면, 심판과 지옥은 있어야 더 논리적입니다. 사탄의 유혹을 빌미로 자신의 욕망을 따라 산 사람이 지옥에서 어떤 벌을 받게 될 것인지에 대해서는 자세히 알 수 없습니다. 성경에 나와 있는 묘사들은 모두 비유이기 때문입니다. 가끔 꿈이나 환상에서 지옥을 보았다며 자세히 묘사하는 사람들이 있는데, 그것 역시 그 사람에게 비추어진 영상일 뿐입니다.

C. S. 루이스는 "지옥은 하나님으로부터 영원히 분리된 상태다"라고 정의한 적이 있습니다.[5] 저도 지옥에 대해 달리 정의해 볼 수 없을까 생각해 보았습니다. 우리가 보통 말로 표현할 수 없는 행복을 맛볼 때 "이건 천국이야!"라고 말하지 않습니까? 그때 맛보는 그 감정이 최대치가 된 상태, 그리고 그 상태가 영원히 지속되는 것이 천국일 것입니다. 반면, 견디기 힘든 고통을 겪을 때 "아, 지옥이 따로 없네!"라고 말합니다. 그때 맛보는 그 감정이 최대치가 된 상태, 그리고 그 상태가 영원히 지속되는 것이 지옥일 것입니다. 우리의 영원한 운명이 그렇게 갈릴 수 있다면, 가볍게 흘려 넘길 일이 아닙니다.

두려워할 것을 두려워하라

혹시 여러분 중에는 제가 소위 '스케어 택틱'(scare tactics, 공포 분위기를 조성하여 무언가를 하도록 만드는 전략)을 사용하고 있다고 생각하는 분들이 있을지 모릅니다. 저는 겁을 주려는 게 아니라 진실을 말하고 있는 것입니다. 이것은 '불편한 진실'입니다. 왜 불편합니까? 그 진실을 받아들이면 두려움이 생기고, 두려움이 생기면 불편하기 때문입니다.

진실을 앎으로 생기는 두려움은 좋은 것입니다. 처음 운전을 시작하는 사람에게 가장 필요한 것이 무엇입니까? 바로 사고에 대한 두려움입니다. 또한 질병에 대한 두려움을 가져야 입맛에 따라 먹지 않고 습관에 따라 살지 않습니다. 실패에 대한 두려움이 있어야 게으름을 피우지 않고 노력합니다. 국민에 대한 두려움이 있어야 권력을 가진 사람들이 함부로 말하고 행동하지 않습니다.

그렇다고 그것이 극심한 공포감으로 연결되어서는 안 됩니다. 생각을 마비시키고 손과 발에 힘이 빠지게 하여 무력화시키는 것이 바로 공포감이기 때문입니다.

믿음의 길에서 **건강한 두려움**은 반드시 필요합니다. 어찌 보면 두려움이 우리를 구원한다고 할 수 있습니다. 사탄의 속임수와 하나님 앞에서의 심판과 지옥에 대한 건강한 두려움은 우리가 최악의 운명에 미끄러져 들어가는 것을 막아 줍니다. 그 두려움을 버리게 하는 것이 사탄의 전략 중 하나입니다. 그 두려움을 벗어 버리면 우리의 인생은 도로 위에서 아슬아슬하게 곡예 운전을 하는 자동차와 같게 됩니다. 운이 좋으면 진창에 박히는 것이고, 운이 나쁘면 대형 사고를 일으킵니다.

그래서 말씀드립니다. 이 책을 읽으시는 분 가운데 아직 예수 그리스도를 영접하지 않은 분이 있다면, 이 문제를 붙들고 심각하게 씨름해 보시기 바랍니다. 그리고 늦기 전에 결단하십시오. 사탄의 영향력 아래에서 인생을 허비하다가 지옥의 심판에 처하는 최악의 시나리오를 피하십시오. 더 늦기 전에 하나님께서 주신 한 번뿐인 귀한 인생을 허비하는 일을 멈추시기 바랍니다. 하나님의 영향력 아래에서 남은 인생을 값지게 사용하고 마침내 하나님 품에 이르는 삶으로 돌아서시기 바랍니다.

여러분 중 다수는 예수 그리스도를 주님으로 모시고 살아오셨을 것입니다. 잘하셨습니다. 하지만 안심해서는 안 됩니다. 베드로가 믿는 이들에게 간곡히 권면한 말씀이 있습니다.

근신하라. 깨어라. 너희 대적 마귀가 우는 사자같이 두루 다니며 삼킬 자를 찾나니(베드로전서 5:8).

예수 그리스도를 주님으로 영접한 사람 중에도 사탄에 대해 '공포감'을 가지는 사람들이 있습니다. 믿는 사람이 사탄과 악한 영에 대해 공포감을 가지는 것은 마치 벌레를 보고 비명을 지르며 두려워 떠는 어른처럼 어리석은 일입니다. 벌레와 사람이 만나면 누가 떨어야 합니까? 벌레가 떨어야 하는 것 아닙니까?

예수 그리스도 안에 머물러 있는 한, 사탄은 우리를 어찌하지 못합니다. 오히려 사탄과 악한 영이 그리스도의 사람을 두려워합니다. 하지만 벌레에 물리면 상처가 날 수도 있고 심각한 질병에 걸릴 수도 있습니다. 그래서 조심해야 합니다. 우리는 사탄의 유혹과 속임수를 조심해야 합니다. 방심했다가는 제 발로 하나님의 영역을 벗어나 사탄의 영역으로 옮겨 가는 낭패를 보게 됩니다. 그 사람에게는 다시금 심판과 지옥의 문이 열리는 것입니다.

믿는다는 것은 단지 마음에 위로나 받고 착하고 바르게 살고 잘 믿어 복 받는 정도에서 그치는 것이 아닙니다. 물론 우리의 믿음에는 그런 차원이 있습니다. 하지만 그것과는 비교할 수 없이 절대적이고 영원한 의미가 있습니다. 예수께서 바로 그 진실을 알려 주셨고, 그 길을 열어 주셨습니다. 그래서 복음이요, 구원입니다. 하나님을 등진 채 그대로 살아간다면 심판과 지옥에 처하게 되는 것이 우리 모두의 운명이었습니다. 예수 그리스도께서 그 운명에서 건짐을 받는 길을 열어 주셨습니다.

그러므로 아직 건짐받지 못했다면 더 이상 미루지 마십시오. 회개하고 복음을 믿으십시오. 이미 건짐받았다면 감사하십시오. 구원받은 사람답게, 영원한 나라를 약속받은 사람답게 이 땅에서 살아가도록 힘쓰십시오. 그리고 아직도 하나님을 등진 채 영원한 멸망을 향해 가는 영혼들을 하나님의 눈으로 바라보십시오. 그럴 때 우리는 그들의 구원을 위해 마음 담아 기도하며 복음을 전하게 될 것입니다.

주님께서 우리 모두를 구원하시고 우리를 통해 더 많은 이들을 구원하게 되기를 간절히 기도드립니다.

1. 당신은 절대적인 자유를 누리고 있다고 생각합니까? 당신의 삶을 지배해 온 가장 큰 힘은 무엇이었다고 생각합니까? '속이는 자'의 영향력이 자신의 삶에 어떻게 나타났는지를 생각해 봅시다.

2. 지옥의 존재가 하나님의 성품에 어울리지 않는다는 주장에 대해 당신은 어떻게 생각합니까? 그 주장이 맞는 것 같지만 실은 그렇지 않다는 사실에 수긍이 됩니까? 수긍이 안 된다면 왜 그렇습니까?

우리를 통치하시는 하나님,
우리를 구원하소서.
우리에게 주신 구원을 지키소서.
우리를 통해
잃어버린 영혼들을 구원하여 주소서.
예수 그리스도의 이름으로 기도합니다. 아멘.

5
진실로 그러하다
인간의 실존

하나님 앞에 서면

지금까지 우리가 나눈 이야기를 잠시 정리해 보면 다음과 같습니다.

- 우리가 '하나님'이라고 부르는 신이 존재한다고 믿을 수밖에 없는 충분한 이유가 있다.
- 그런 신이 존재한다면, 우리가 경험하는 세상을 넘어 초월적인 세계 곧 예수께서 말씀하신 '하나님 나라'가 존재해야 옳다.
- 우리는 그 나라 혹은 그 차원에서 살도록 창조되었는데, 이제는 '죄'로 인해 '다른 세상'이 되어 버렸다.
- 이 모든 일의 배후에는 '사탄'이라고 불리는 악한 영적 세력이 있

으며, 인간은 사탄의 유혹과 속임수를 빌미로 하나님을 등졌다. 그로 인해 인간은 악한 영의 영향력 아래에 살게 되었다.

- 하나님이 지정의를 가진 인격이라면, 각 사람에게 준 한 번의 생을 어떻게 살았는지에 대해 결산하실 것이 분명하다. 따라서 사탄의 영향력 아래 사는 모든 인간은 마지막 심판대 앞에서 하나님의 진노를 직면하고 '지옥'의 운명에 처할 수밖에 없다.

부정하고 싶고 외면하고 싶지만 이것이 진실입니다. 우리의 믿음은 이 진실을 인정하고 받아들이는 것에서 시작합니다.

문제를 해결하는 데 가장 중요한 것은 정직하고 진실하게 자신이 처한 상황을 파악하는 것입니다. 자신의 몸에 어떤 이상이 있는지를 제대로 알아야만 원인을 찾아내고 완치의 기쁨을 얻을 수 있습니다. 가령 부부 관계에 문제가 생기면, 불편하고 거북하고 귀찮아도 현실을 대면하고 원인을 찾아야 합니다. 지금 상태가 정상이 아니라는 사실을 먼저 인정해야 합니다.

그와 마찬가지로, 우리는 사탄의 유혹과 속임수를 빌미로 자신의 인생을 허비하고 타락한 욕망을 따라 살고 있다는 사실을 인정해야 합니다. 그런 삶으로 하나님의 진노를 쌓고 있다는 사실을 깨달아야 합니다. 하나님 나라와는 아무 상관 없이 살고 있다는 사실을 알아야 합니다. 이 모든 진실에 눈 질끈 감고 자신은 제대로 살고 있다고 스스로를 속인다면, 결국 돌이킬 수 없는 운명을 마주하게 됩니다.

그러므로 더 늦기 전에 차분히 앉아서 자신을 돌아보아야 합니다. "나는 과연 제대로 살고 있는가?" 우연히 태어나 적당히 살다가 죽으면 그만인 인생이라면 그런 질문은 필요 없습니다. 하지만 만일 하나님이 존재하신다면 이 질문을 피해서는 안 됩니다. 분명한 답을 얻을 때까지 붙들고 씨름해야 합니다.

하나님을 배제한 채 "나는 과연 제대로 살고 있는가?" 하고 물었을 때, "이 정도면 괜찮지 않나?"라고 답할 분들이 분명 있을 것입니다. "나만큼 사는 사람 있으면 나와 보라고 해"라고 말할 분들도 적지 않을 것입니다. 그렇게 말할 자격이 없는 사람들이 그렇게 말하는 경우도 많지만, 실제로 그렇게 사는 분들도 적지 않습니다. 하나님을 고려하지 않으면 그렇게 생각할 수 있습니다.

하지만 하나님 앞에서 스스로에게 이 질문을 던진다면 대답이 전혀 달라집니다. 하나님을 배제했을 때, 우리는 그저 도토리 키 재기 하는 것에 불과합니다. 선생님이 잠시 자리를 비운 초등학교 1학년 교실을 생각해 보십시오. 아이들은 서로를 비교하면서 자기가 더 똑똑하다고 다툽니다. 하지만 선생님이 교실 문을 열고 들어오는 순간 그 다툼은 끝이 납니다. 선생님의 지식에 비하면 학생들은 다 고만고만하기 때문입니다.

우리는 본능적으로 나보다 못한 사람을 보고 비교하게 마련입니다. 그러니 그렇게 호언장담하는 것이지요. 하지만 하나님의 존재를 인정하고 그 앞에 서면, 그 모든 교만이 자취를 감춥니다. 하나님의 절대 거룩, 절대 진리, 절대 순결 앞에 서면, 우리 자신이 얼마나 더럽고 추한지를 깨닫게 되기 때문입니다. 그제 야 비로소 우리는 제대로 살고 있는지에 대한 바른 답을 얻을 수 있습니다.

죄 권하는 세상

우리의 죄된 실존에 대해 사도 바울은 로마서 1장과 2장에서 다룹니다. 그는 1장에서 이방인의 삶의 상태를 다룹니다. 하나님 을 알 만한 것들이 이방인들에게 주어졌는데, 그들은 사탄의 유 혹과 속임수를 빌미로 자신의 타락한 욕망을 따라 살기를 선택 했다는 것입니다. 그래서 바울은 이렇게 말합니다.

하나님의 진노가 불의로 진리를 막는 사람들의 모든 경건하지 않음 과 불의에 대하여 하늘로부터 나타나나니(로마서 1:18).

'진리'는 하나님에 관한 진리입니다. 그 진리가 모든 사람에 게 드러났다는 것입니다. 여기서 '막다'라고 번역된 헬라어 '카 테코'는 '억압하다' 혹은 '무시하다'라고 번역할 수 있습니다. 왜 하나님에 관한 진리를 억압하고 무시합니까? 불경건함과 불의 함을 더 좋아하기 때문입니다. 그 결과가 무엇입니까? 바울은 이 렇게 말합니다.

하나님을 알되 하나님을 영화롭게도 아니하며 감사하지도 아니하고 오히려 그 생각이 허망하여지며 미련한 마음이 어두워졌나니. 스스로 지혜 있다 하나 어리석게 되어(로마서 1:21-22).

오늘 우리 시대의 모습과 얼마나 닮았는지요? 요즈음에는 하나님을 믿지 않는 것이 자랑거리가 되었습니다. 대학가에서, 그리고 지성인으로 자처하는 사람들 사이에서 하나님을 믿고 의지하는 것은 그 사람의 지성을 의심할 요소로 취급되고 있습니다. 신을 부정하고 자신이 스스로 신이 되어 살아가는 것을 지혜로운 것으로 생각합니다. 실상은 생각이 허망하여지고 미련한 마음이 어두워진 것임을 모릅니다.

이러한 인간의 선택과 의지에 대해 하나님은 어떻게 하셨습니까? 바울은 '내버려 두셨다'는 표현을 사용합니다. "마음의 정욕대로 더러움에 내버려 두사"(로마서 1:24)라고도 했고, "그들을 그 상실한 마음대로 내버려 두사"(로마서 1:28)라고도 했습니다. 하나님이 처음부터 그렇게 하신 것이 아닙니다. 끝내 고집을 버리지 않자 그대로 내버려 두는 길을 택하신 것입니다.

말썽을 부리는 자녀를 키우는 부모의 입장에서 생각해 보시면 이해가 될 것입니다. 자녀를 키우다 보면 한 번쯤은 "저 아이가 사람이 아니라 차라리 물건이었다면 얼마나 좋았을까?"라는 생각이 들게 마련입니다. 물건이라면 내가 원하는 대로 할 수 있기 때문입니다. 하지만 인격은 그렇게 하지 못합니다. 부모가 영향을 미칠 수는 있지만 강제할 수는 없습니다. 그 아이는 아이대로 자신의 의지로 판단하고 선택하게 되어 있습니다. 때로는 호소하고 때로는 위협하고 때로는 타일러 보지만, 어떤 경우에는 내버려 두는 것이 유일한 방법입니다. 스스로 뉘우치고 돌아서기를 기다리는 것입니다.

죄를 고집하는 인간에게 하나님이 그렇게 하셨습니다. 그 결과, 인간은 더 깊이 죄악 속에 빠졌습니다. 부모가 내버려 두는 것을 기회로 알고 더 엇나가는 자식과 같습니다. 그것이 인간의 본성입니다. 그 결과는 어떻습니까?

곧 모든 불의, 추악, 탐욕, 악의가 가득한 자요 시기, 살인, 분쟁, 사기, 악독이 가득한 자요 수군수군하는 자요 비방하는 자요 하나님께서 미워하시는 자요 능욕하는 자요 교만한 자요 자랑하는 자요 악을 도모하는 자요 부모를 거역하는 자요 우매한 자요 배약하는 자요 무정한 자요 무자비한 자라(로마서 1:29-31).

바울은 인간의 죄가 얼마나 다양하며 또한 얼마나 심한지를 강조하고 있습니다. 조금만 생각해 봐도 우리는 이 말씀에서 열거한 것에서 얼마든지 더할 수 있습니다. 바울은 마지막으로 이렇게 말합니다.

그들이 이 같은 일을 행하는 자는 사형에 해당한다고 하나님께서 정하심을 알고도 자기들만 행할 뿐 아니라 또한 그런 일을 행하는 자들을 옳다 하느니라(로마서 1:32).

오늘 우리 시대에는 더욱 그렇게 되었지만 바울이 살던 당시에도 사람들은 죄를 부끄러워하기는커녕 죄를 자랑하고 두둔하고 조장했습니다. 그 결과 인류가 하나님의 무서운 진노 앞에 서야 할 상황에 처했다는 것이 바울의 진단이었습니다.

의인은 없나니

하나님을 알면서도 그 지식을 억압하고 죄 가운데 빠져 사는 이방인들의 상황이 이러했다면, 유대인들은 어떠했을까요? 바울은 2장에서 그 문제를 다룹니다. 1절에서 그는 "그러므로 남을 판단하는 사람아"라는 말로 시작합니다. 스스로 의롭다고 생각하고 이방인들을 비판하는 유대인을 염두에 두고 하는 말입니다.

유대인들은 이방인들과 비교하여 스스로를 의롭다고 생각할 만한 요소들을 가지고 있었습니다. 그들은 아브라함의 자손으로 선택받은 백성입니다. 하나님께서는 그들에게 십계명과 율법을 주셨고, 성전을 주셨으며, 모든 민족 가운데 제사장 백성으로서 가장 영예로운 직분을 주셨습니다. 그러니 이방인들을 심판하고 정죄할 만하다고 생각했던 것입니다

바울은 이러한 유대인들의 자부심을 무참하게 깨뜨려 부숨

니다. 이방인들이 하나님에 관한 진리를 억압했다면, 유대인들은 진리를 회피하고 있다는 것입니다. 또한 이방인들이 알면서도 모른 척했다면, 유대인들은 안다고 하면서도 행하지 않고 있다는 것입니다. 그래서 바울은 이렇게 말합니다.

> 유대인이라 불리는 네가 율법을 의지하며 하나님을 자랑하며 율법의 교훈을 받아 하나님의 뜻을 알고 지극히 선한 것을 분간하며 맹인의 길을 인도하는 자요 어둠에 있는 자의 빛이요 율법에 있는 지식과 진리의 모본을 가진 자로서 어리석은 자의 교사요 어린아이의 선생이라고 스스로 믿으니 그러면 다른 사람을 가르치는 네가 네 자신은 가르치지 아니하느냐. 도둑질하지 말라 선포하는 네가 도둑질하느냐(로마서 2:17-21).

어떻게 보면 유대인들이 이방인들보다 죄질이 더 나쁘다고 할 수 있습니다. 하나님의 뜻이 유대인들에게는 부정할 수 없는 방식으로 드러났고, 그들은 하나님을 알고 믿고 섬긴다고 생각했습니다. 하지만 정작 살아가는 방식에서는 이방인과 다를 바가 없었습니다. 이방인들은 드러내 놓고 죄를 지었고, 유대인들은 은밀히 죄를 지었을 뿐입니다. 이방인들은 죄를 자랑하고 두둔했고, 유대인들은 쉬쉬하면서 죄를 지었습니다.

그래서 바울은 "유대인이나 헬라인이나 다 죄 아래에 있다"(로마서 3:9)고 결론짓습니다. 그러면서 시편 14:1의 말씀을 인용합니다.

> 기록된 바 의인은 없나니 하나도 없으며 깨닫는 자도 없고 하나님을
> 찾는 자도 없고 다 치우쳐 함께 무익하게 되고 선을 행하는 자는 없
> 나니 하나도 없도다(로마서 3:10-12).

하나님의 기준으로 볼 때, 의인은 하나도 없고 선한 일을 하
는 사람도 없다는 뜻입니다. 이방인 중에도 없고 유대인 중에도
없습니다. 바울 시대에도 없었고 오늘 우리 시대에도 없습니다.
저도 그렇고 당신도 그렇습니다. 아담과 하와 이래로 인간은 모
두 하나님의 진노 아래 있게 되었습니다. 지금처럼 살아간다면
우리 중에 하나님의 심판대에서 무죄 선고를 받을 사람은 하나
도 없고, 지옥의 운명을 피할 사람도 하나도 없습니다. 그것이 인
간 존재의 불편한 진실입니다.

내 안에 선한 것이 없다

때로 그런 말을 듣습니다. "하나님이 정말 살아 계시다면 악
한 사람들을 모두 쓸어버리면 좋겠습니다. 하나님이 전능하시다
면 그러실 수 있을 텐데 왜 안 그러시는지 모르겠습니다."

주변에 그렇게 말하는 사람이 있으면 걱정하지 말라고 답해
주시기 바랍니다. 때가 되면 하나님이 그렇게 하실 것입니다. 그
렇게 말하는 분들에게 제가 정작 묻고 싶은 질문은 이것입니다.

"하나님이 그렇게 하신다면, 당신은 그 대상에서 제외될 것이라고 믿습니까?"

많은 사람들이 아무 근거도 없이 자신은 옳게 살고 있다고 생각합니다. 문제는 자신이 아니라 다른 사람들에게 있다고 생각합니다. 정말 그럴까요?

그 사람이 쓸어버려야 한다고 생각하는 악한 사람들을 모조리 쓸어버렸다고 가정해 봅시다. 그러면 과연 이 세상에 낙원이 회복될까요? 노아의 홍수 이후에 어찌 되었는지를 생각해 보시기 바랍니다. 아담과 하와 이후에 절대적으로 선한 사람은 존재하지 않았습니다. 인간에게는 누구나 죄의 씨앗이 숨어 있기 때문입니다.

이런 점에서 본다면 세상에는 두 종류의 사람밖에 없습니다. 이미 범죄자가 된 사람과 아직 되지 않은 사람입니다. 여러분 대다수는 후자에 속할 것입니다. 그렇다면 당신은 범죄자가 된 사람보다 본성이 더 선합니까? 범죄자가 된 사람들은 처음부터 당신보다 더 악했습니까? 아닙니다. 그들은 당신과 다를 바 없는 사람들입니다. 어쩌면 전에는 당신보다 더 착하고 선하고 의로웠을지도 모릅니다. 다만 선한 본성을 발휘할 기회를 얻지 못한 것입니다. 오늘 당신이 범죄자로 구속되어 있지 않다면, 그렇지 않을 수 있는 상황에 있기 때문입니다. 물론 당신과 같은 상황, 아니 더 좋은 상황에서도 악하게 사는 사람들도 많습니다. 인간의 내면에는 언제나 죄의 본성이 고개를 들 기회를 찾고 있기 때문입니다.

동양 철학에서는 인간의 본성과 관련해서 '성선설'과 '성악설'이 대립해 왔습니다. 이 문제에 대한 성경의 답은 무엇일까요? 인간은 원래 선하게 지어졌는데, 사탄의 유혹과 속임수를 빌미로 죄를 택함으로 인해 타락했습니다. 그러니 성선설도 맞고 성악설도 맞습니다. 잃어버린 선한 본성을 완전히 되찾을 때까지 인간은 본성적으로 악합니다. 그래서 인간은 '선하게 살 줄 아는 악한 존재'입니다. 낙관론자들은 반대로 말합니다. 인간은 '악해질 수 있는 선한 존재'라고 말입니다.

성경이 말하는 '죄인'은 바로 이런 뜻에서 하는 말입니다. 우리 중에 범죄자는 없을지 모릅니다. 하지만 우리 모두는 죄인입니다. 인간이 만든 법에 저촉되는 것이 범죄인 반면, 성경이 말하는 죄는 하나님의 기준에 못 미치는 것을 말합니다. 인간의 법정에 서면 우리가 무죄 판결을 받을지 모르겠습니다만, 하나님의 법정에 선다면 우리 중에 무죄 판결을 받을 사람이 아무도 없습니다.

예수께서는 이 점에 대해 아주 분명하게 말씀하셨습니다.

너희가 악할지라도 좋은 것을 자식에게 줄 줄 알거든 하물며 너희 하늘 아버지께서 구하는 자에게 성령을 주시지 않겠느냐(누가복음 11:13).

여기서 '너희'는 제자들을 가리킵니다. 예수님은 제자들이 본성적으로 악하다고 말씀하십니다. 이것은 악한 일을 했다는 뜻이 아닙니다.

또 어떤 관리가 예수께 와서 "선한 선생님이여, 내가 무엇을 하여야 영생을 얻으리이까"(누가복음 18:18)라고 물었습니다. 그때 예수께서 이렇게 대답하십니다.

네가 어찌하여 나를 선하다 일컫느냐. 하나님 한 분 외에는 선한 이가 없느니라(누가복음 18:19).

여기서 예수님은 선하다고 말할 만한 사람은 아무도 없다고 분명하게 말씀하십니다. 인간은 누구나 죄인입니다. 본성이 악한 존재들입니다. 예수님은 그 점에 대해 아무 의심이 없었습니다. 아담과 하와가 하나님을 등지고 죄를 택함으로 인해 인간에게 죄를 탐하는 본성이 유전되어 왔기 때문입니다. 본성이 악한 존재들이지만, 잘 교육받고 환경이 받쳐 주었을 때 선하고 바르게 살도록 노력하는 것이 인간입니다. 하지만 선한 행동이 인간의 악한 본성을 고치지는 못합니다. 그 악한 본성은 상황이 갖춰지는 순간 흉측한 모습을 드러냅니다.

한없이 작아지신 하나님

예수님이 활동하셨던 당시 갈릴리에서 소요 사태가 일어난 적이 있습니다. 그때 유다 지방의 총독이었던 빌라도가 군인들을 보내어 잔인하게 진압합니다. 예수께서 이 말씀을 전해 들으시고 말씀하십니다.

너희는 이 갈릴리 사람들이 이같이 해 받으므로 다른 모든 갈릴리 사람보다 죄가 더 있는 줄 아느냐. 너희에게 이르노니 아니라. 너희도 만일 회개하지 아니하면 다 이와 같이 망하리라(누가복음 13:2-3).

당시 유대인들은 어떤 재난을 당하면 그 사람의 숨겨진 죄 때문에 하나님의 징벌을 받은 것이라고 생각했습니다. 예수께서는 그렇지 않다고 하시며 놀라운 반전의 말씀을 주십니다. 이 말씀 속에 숨겨진 뜻은 이런 것입니다.

이런 변을 당해서는 안 될 정도로 의로운 사람은 하나도 없다. 하나님이 지금 각자의 죄에 맞는 벌을 하신다면 이보다 더한 징벌을 당할 수 있음을 기억하여라. 너희가 지금 아무 문제 없이 살고 있다고 해서 죄가 없거나 죄가 작아서 그렇다고 착각하지 마라. 하나님께서 참으시고 기다리시기 때문이다. 그러므로 늦기 전에 깨닫고 회개하여라.

하나님을 믿지 못하겠다는 사람들이 제기하는 질문 중에 이런 질문이 있습니다. "하나님이 전능하시고 사랑이 충만하시다면, 왜 착한 사람들이 아무 이유 없이 고난당하는 일이 일어납니까?"

사실, 갑작스러운 자연재해나 총기 사건으로 인해 아무 이유도 없이 생명을 잃는 일을 접할 때면 그런 질문이 생깁니다. 믿는 사람들에게도 그런 질문이 생기는데 믿지 않는 사람은 더 말할 것도 없습니다.

정당한 질문인 것 같지만 이 질문의 전제에 문제가 있습니다. 이 질문에는 인간이 근본적으로 선하다는 전제가 깔려 있습니다. 특별히 악한 사람들은 몰라도, 선하게 사는 보통 사람들은 그런 운명을 당해서는 안 된다고 생각합니다. 하나님이 살아 계시다면 그런 일이 일어나게 내버려 두어서는 안 된다는 것입니다. 그런 비극이 거듭 일어난다는 사실은 하나님이 존재하지 않다는 증거이거나, 존재한다면 인간 세상에 무관심하다는 뜻이거나, 관심이 있다면 무능력하다는 뜻이라고 말합니다. 그것이 바로 무신론자들의 논리입니다.

이것은 강력한 논리인 것처럼 보이지만 그 전제가 잘못되었습니다. 인간은 근본적으로 악합니다. 하나님의 기준으로 본다면, 인간은 집행이 유예된 사형수와 같습니다. 그러므로 어떤 재난을 당해도 "내가 왜 이런 일을 당해야 합니까?"라고 하나님께 항변할 수 없습니다. 오히려 "올 것이 왔구나!"라고 생각해야 옳습니다. 그런 운명을 피했다고 해서 다행으로 여길 것이 아닙니다. 조금 앞서거나 뒤서는 것뿐입니다. 결국 우리 모두는 이 지상에서 당하는 모든 불행과는 비교할 수 없이 무서운 하나님의 심판 앞에 서야 합니다. 그것을 알고 회개하라는 것입니다.

여러분 중에는 제가 지금 하는 말이 도무지 와 닿지 않거나 거북하게 들리는 분들이 있을 것입니다. 사실, 저 또한 이 진실이 거북하고 받아들이고 싶지 않습니다.

왜 그런지 아십니까? 우리가 너무도 오랫동안 인간 중심의 사고에 젖어 있었기 때문입니다. 르네상스와 계몽주의 시대 이후로 인간은 스스로를 우주의 중심으로 생각하게 되었고, 발전된 현대 문명은 인간이 운명의 주인인 것처럼 생각하게 만들었으며, 현대 심리학과 교육학은 인간 본성을 한없이 긍정하게 만들었습니다. 그 결과, 현대인은 스스로를 돌아보고 반성하는 법을 잊었습니다. 눈 질끈 감고 자신에게 아무 문제 없다고 우기며 살아갑니다. 그러니 인간은 근본적으로 선하고 근본적으로 죄가 없다고 생각하는 경향이 점점 굳어진 것입니다.

게다가 우리는 하나님을 한없이 작게 만들어 놓았습니다. 그분에게는 초월적인 면도 있고 친밀한 면도 있습니다. 심판자로서 무시무시한 면도 있고 구원자로서 인자한 면도 있습니다. 엄마처럼 그 품에 안겨 쉬기도 하지만 두려워 떨 때도 있습니다. 양면을 다 보아야 합니다. 불행하게도, 그동안 교회는 그중 한 면만을 강조해 왔습니다. 경외의 대상인 하나님에 대해서는 침묵하고, 친밀하고 인자하신 하나님만을 강조했습니다. 그로 인해 하나님은 너무도 작아졌습니다. 아무렇게나 대해도 되는 대상처럼 취급받고 있습니다. 하나님께 대한 두려움을 망각했습니다. 온 우주의 우주를 창조하시고 운행하시는 창조주의 위대하심을 잊어버리고 말았습니다.

이렇게 하나님은 최대한 작게 만들어 놓고 인간은 할 수 있는 한 크게 부풀려 놓았습니다. 그래서 작은 일만 생겨도 인간은 하나님께 시비를 겁니다. 하나님이 어떤 분이신지 안다면, "왜 접니까?"라는 질문은 할 수가 없습니다. 그런데 우리는 하나님이 어떤 분인지를 망각하고, 자신이 알고 생각하고 이해하는 것이 전부인 것처럼 여깁니다. 자신이 생각하는 정의가 전부라고 여깁니다. 하나님의 처사가 자신의 생각에 언제나 맞아떨어져야 한다고 여깁니다. 자신이 짓는 죄에 대해서 거듭 용서해 주셔야 하고, 자신이 행한 작은 선행에 반드시 보답해 주셔야 한다고 여깁니다. 하나님이 너무도 작아진 것입니다. 그것은 우상이지 하나님은 아닙니다.

어쩌면 지금 저는 부질없는 일을 하고 있는지도 모릅니다. 제가 지금 어렵사리 말씀드리고 있는 이 모든 사실은 하나님 앞에 진실하게 서는 순간 다 알게 되는 것들입니다. 하나님 앞에 서게 될 때 저절로 환히 드러나기 때문입니다. 반면, 하나님의 임재 앞에 진실하게 서기 전까지 제가 지금 드리고 있는 이 말씀은 귀에 잘 들어오지 않을 것입니다.

회개하게 하는 은혜

진실한 믿음은 언제나 하나님 앞에 서는 것으로 시작됩니다. 하나님을 하나님으로 알고 그 앞에 서면, 자신의 죄성을 깨닫게 되고 몸서리치게 됩니다. 그때 진실한 믿음은 시작됩니다.

이 지점에서 잠시 책을 내려놓고 하나님의 임재 앞에 머물러 보시기 바랍니다. 눈을 감고 잠잠히 있으면서 성령께서 당신을 조명해 주시기를 구하십시오. 성령께서 우리의 마음에 빛을 비추어 주실 때, 우리는 비로소 우리 자신의 진상을 보게 됩니다. 우리가 보지 못하는 우리의 참 모습을 보게 해주시는 은혜를 영어로 'convicting grace' 곧 '회개하게 하는 은혜'라 부릅니다. 그것이 은혜인 이유는 그때에야 비로소 우리의 모습이 진실로 그러하다는 사실을 인정할 수 있기 때문이며, 구원의 출발점이 되기 때문입니다.

요즈음 공항 검색대를 통과하다 보면 전신스캐너가 설치되어 있는 것을 볼 수 있습니다. 앞으로는 병원에서도 전신스캐너를 이용하여 병을 찾아내게 될 것이라고 합니다. 지금도 부분적으로 사용되고 있습니다만, 전신스캐너 앞에 가만히 서 있기만 해도 몸 안에 숨어 있는 병이 훤히 드러난다는 사실은 생각만 해도 신기한 일입니다. 이 기술이 보편화되면 치료시기를 놓치는 바람에 안타까워하는 일은 생기지 않을 것입니다.

하나님의 임재 앞에 서는 것이 그와 같습니다. 하나님 앞에 머물러 있으면 성령께서 빛을 비추어 주십니다. 그 빛은 엑스선

이나 감마선과는 비교할 수 없을 정도로 정확하고 세밀하게 모든 것을 드러냅니다. 그렇기에 성령의 조명을 받을 때 우리는 자신의 죄성을 깨닫고 두려워 떱니다. 자신의 죄가 얼마나 심각한지, 그리고 그 죄에 대한 하나님의 진노가 얼마나 무서운지를 깨닫기 때문입니다.

그런 깨달음에 이르고 보면 영적 진실이 보입니다. 그 누구보다도 그것을 절실하게 깨달았던 사도 바울은 그 진실을 이렇게 정리합니다.

> 모든 사람이 죄를 범하였으매 하나님의 영광에 이르지 못하더니(로마서 3:23).

새번역 성경은 이 부분을 "모든 사람이 죄를 범하였습니다. 그래서 사람은 하나님의 영광에 못 미치는 처지에 놓여 있습니다"라고 번역합니다. 이것이 하나의 추상적인 지식이나 이론이 아니라 바로 자신에 관한 진실이라는 것을 깨달아야 합니다. 그것은 우리 스스로 생각하여 알 수 있는 것이 아니라, 하나님의 임재 앞에서 성령께서 비추어 주심으로만 제대로 알 수 있고 진실로 인정할 수 있는 일입니다.

그러므로 지금 책을 내려놓고 하나님 임재 앞에서 성령께 구하시기 바랍니다. "성령님, 내 마음을 비추어 주셔서 나의 죄를 깨닫게 해주십시오"라고 기도하십시오. 간절히 구하십시오. 그리고 성령의 비추심을 기다리십시오. 그렇게 할 때 성령께서 당신의 마음을 만지셔서 "오, 주님, 진실로 그러합니다. 제가 죄인입니다"라고 고백하는 은혜를 주실 것입니다. 지금 당장 그런 체험이 주어지지 않는다 해도 실망할 것은 없습니다. 계속 그런 마음으로 기도하면 됩니다. 그러면 필경 성령께서 죄를 깨닫게 하는 은혜를 주실 것입니다. 그것은 성령께서 모든 사람에게 일어나기를 바라시는 일이기 때문입니다.

1. 자신의 죄성을 심각하게 느껴 본 적이 있습니까? 언제 어떤 계기로 그렇게 느꼈습니까?

2. 인간의 본성에 대한 성경의 판단을 당신은 어떻게 느낍니까? 동의한다면 왜 그렇습니까? 동의가 안 된다면 왜 그렇습니까?

함께 드리는 기도

우주를 창조하시고 운행하시는 하나님,
우리가 하나님을 하나님으로 보게 하소서.
하나님 앞에 서서 우리의 참 모습을 보게 하소서.
진실하게 깨닫게 하시고
진실하게 회개하게 하소서.
예수 그리스도의 이름으로 기도합니다. 아멘.

II

구원이란
무엇인가

6
내게는 소망이 없다
문제의 본질

유토피아는 가능한가

앞에서 언급했듯이, 지금 우리는 인간을 분수없이 과대평가하는 시대에 살고 있습니다. 전쟁 없던 지난 반세기 동안 인간에 대한 낙관주의가 더욱 심해졌습니다. 인간의 지성과 의지와 능력에 대해 더욱 과신하게 되었습니다. 이제는 더 이상 세계 전쟁과 같은 어리석은 일은 일어나지 않을 것이라고 생각할 정도로 인간이 고상해졌다고 생각하는 것입니다.

하지만 그것이 거대한 착각이라는 사실이 요즈음 여러 가지 일로 증명되고 있습니다. 얼마 전까지만 해도 '세계화'라는 이상이 세계 모든 민족과 국가를 하나로 만들어 줄 것이라고 기대하지 않았습니까? 유럽에서 실현된 '국경이 필요 없는 세상'이 머지않아 전 세계로 퍼져 영구한 평화가 지구촌에 자리 잡을 것이라고 생각했습니다.

하지만 영국이 유럽연합을 탈퇴하고 극단적인 국수주의가 유럽 여러 나라에 전염병처럼 퍼지며 그 환상이 깨어지고 있습니다. 영국연합도 언제 분리될지 모르고, 스페인도 세 나라로 갈라질 상황 가운데 있습니다. '나부터 살고 보자'는 철학이 우리가 사는 세상을 갈기갈기 찢어 놓고 있습니다. 얼마 전, 구 소련의 마지막 서기장 고르바초프가 한 언론 인터뷰에서 "미국을 비롯한 강대국들의 움직임이 마치 제3차 세계대전을 향해 가고 있는 듯하다"며 염려를 털어놓았습니다.

과거에 '교양'이라는 이름으로 꾹꾹 눌러 놓았던 비열한 야만성이 개인적으로 혹은 집단적으로 험악하게 표출되고 있습니다. 미국 위스콘신 주에서 주점을 운영하는 백인 부부가 얼마 전에 한 TV 프로그램에서 인터뷰를 했습니다. 그들은 전국에 방송되는 줄 알면서도 부끄러움 없이 "미안하지만 우리는 인종차별주의자입니다"라고 말했습니다. 사실, 인종차별주의자가 아닌 사람이 없습니다. 인간의 본성 안에는 나와 다른 사람에 대한 본능적인 거부감이 있습니다. 다만, 그것이 잘못된 것임을 알고 억압하고 거부하는 것입니다. 지금까지는 그렇게 하는 것이 옳다고 믿고 살아왔는데, 이제는 마음속에 숨겨 두었던 증오심을 아무렇지도 않게 표출합니다.

인간의 본성이 이렇습니다. 앞에서 말했듯이, 인간은 '선하게 살 줄 아는 악한 존재'입니다. 교육과 훈련으로 어느 정도 선하게 될 수는 있습니다. 또한 상황과 조건이 받쳐 주면 상당히 고매한 존재로 변화될 수 있습니다. 하지만 그것으로 악한 본성을 고칠 수는 없습니다. 훌륭한 인격자가 추악한 범죄자로 전락하는 것은 한순간의 일입니다. 반면, 한 인간이 선하게 변화하는 데에는 많은 시간과 노력이 필요합니다. 그렇게 노력해도 뿌리까지 변화되지는 않습니다. 인간의 본성이 그런 것입니다.

하나님의 커트라인

과거에 어느 교우에게서 들은 이야기가 생각납니다. 먼저 세상을 떠난 부인의 시신을 장지에 모시고 나서 돌아오는 길에 그가 이렇게 말했습니다. "제 아내는 참 훌륭한 사람이었지요. 만일 바르게 사는 것이 천국 가는 기준이라면, 우등생으로 갈 만한 사람이었습니다."

배우자에게 이런 칭찬을 들을 만한 사람이 얼마나 될까요? 제가 보기에도 고인은 매사에 바르고 정확한 분이었습니다. 오해하지는 마십시오. 그렇게 가정했을 뿐, 하나님 나라는 선행으로 가는 것이 아니라는 사실을 그분도 알았습니다. 아내가 선하고 바르게 살았다는 사실을 강조하기 위해 그렇게 표현한 것입니다.

흠 없이 살았다고 자부하는 분들을 보면, 대개 살면서 남에게 신세 지지도 않고 폐를 끼치지도 않았다는 뜻인 경우가 많습니다. 그것은 그분이 선하고 바르게 살았다는 뜻이기보다는 여러 면에서 능력이 있던 사람이라는 뜻입니다. 그런 분들은 자기 기준에 따라 바르게 살았을지는 몰라도, 다른 각도에서 보면 냉담하고 무심하고 자기만 아는 사람일 수 있습니다. 선해지려는 인간의 노력이 맺는 열매란 알고 보면 별것 아닙니다.

많은 사람들이 이렇게 말합니다. 만일 하나님이 계시고 최후의 심판이라는 것이 있다면, 그 사람이 어떻게 살았는지를 기준으로 판단해야 공정하지 않겠느냐는 것입니다. 얼핏 들으면 일리가 있어 보입니다. 대학 입학자를 결정할 때 시험을 치러서 점수대로 판정하는 것처럼, 하나님도 각 사람의 선행 점수를 기준으로 심판하는 것이 가장 공정해 보입니다. 정말 그럴까요?

저는 대학에서 10년 동안 가르치면서 점수로 심판하는 일을 지치도록 해보았습니다. 그럴 때마다 과연 내 평가가 공정한지를 질문하지 않을 수 없었습니다. 특히 낙제점을 주어야 할 때마다 고민했습니다. 59점 이하가 낙제점인데, 낙제점을 받은 학생들의 명단을 두고 '1점이 부족하다는 이유로 59점짜리를 낙제시키는 것이 옳은가?' 하고 고민합니다. 그러다가 50점 이상 받은 학생들에게 10점씩 올려 주어 구제해 줍니다. 그렇게 하고 안심하는 순간, 또 마음이 편치 않습니다. 49점을 받은 학생이 생각나기 때문입니다.

하나님이 우리 각자의 인생 점수를 따져 심판하신다면 과연 커트라인을 어떻게 잡아야 공평할까요? 커트라인을 잡았다고 합시다. 그러면 턱걸이로 심판을 통과한 사람도 있을 것이고, 아슬아슬하게 통과하지 못한 사람도 있을 것입니다. 과연 두 사람의 차이가 영원한 운명을 좌우할 만큼 큰 것일까요? 심판에서 떨어진 사람은 과연 그 결과에 승복할 수 있을까요?

인생 점수로 심판해야 한다는 생각에는 또 다른 문제가 있습니다. 우리가 볼 때는 아주 의로운 사람과 아주 불의한 사람, 매우 선한 사람과 매우 악한 사람이 어느 정도 구분이 됩니다. 하지만 우리 눈에도 선한지 악한지를 판단하기 어려운 사람들이 더 많습니다. 그렇다면 하나님의 눈에는 어떨까요?

하나님의 절대적인 기준에서 보면 우리의 선과 악은 별 차이가 없습니다. 땅에 발을 딛고 걸어 다닐 때는 키 큰 사람과 작은 사람이 차이가 나는데, 한 층만 올라가 내려다보면 별 차이가 없습니다. 하나님이 보실 때 인간은 모두 다 낙제점을 받은 존재들입니다. 100점 만점에 90점 받은 인간을 합격시키고 10점 받은 인간을 불합격시키는 것은 정당해 보일지 모릅니다. 하지만 만점이 10,000점이라면, 90점을 합격시키고 10점을 불합격시키는 것이 옳다고 할 수 있을까요?

앞에서 말한 그 부부는 높은 기준을 정해 놓고 그것을 철저히 지키셨습니다. 아무 기준 없이 마구잡이로 살아가는 사람들에 비하면 높은 덕성이지만, 하나님의 기준에서는 별 차이가 없습니다. 또한 그러한 선행이 그 사람의 죄된 본성을 고치지 못합니다. 바르고 선하게 살았다고 해도 내면의 죄성은 그대로 남아 있습니다. 그 남편은 아내를 칭찬하였지만, 정작 그 아내 자신은 하나님 앞에서 늘 "저는 죄인입니다"라고 고백하며 사셨습니다. 우리가 선 자리에서 스스로의 노력으로 하나님의 기준에까지 이르기에는 그 거리가 너무 멀다는 사실을 알았기 때문입니다.

마틴 로이드 존스가 말년에 이렇게 말했다고 합니다.

> 현재의 나에 관해서라면 중요한 것은 단 한 가지, 주님과의 관계와 주님을 아는 지식입니다. 그 외에는 다른 어떤 것도 중요하지 않아요. 우리의 모든 의는 더러운 누더기와 같습니다. 우리의 최고 선행조차도 더럽혀져 있어요. 우리는 은혜로 구원받은 죄인입니다. 우리는 오로지 자비에 빚진 자들입니다.[1]

그가 늘 하나님 앞에서 자신의 내면을 철저하게 살피면서 거룩하게 살기 위해 힘써 왔음을 알기에 이 말이 더 깊은 울림을 만들어 냅니다. 저 자신의 영적 여정에서도 그 사실을 거듭거듭 경험합니다. 진실로 우리 안에는 선한 것이 하나도 없습니다.

문제는 우리를 오염시키고 있는 죄의 복합적인 성격에 있습니다. 죄에 대해 제대로 알려면 적어도 다음의 세 가지 차원을 알아야 합니다.

- 1차원: 잘못된 행실
- 2차원: 타락한 본성

• 3차원: 하나님과의 깨어진 관계

비유하자면, 잘못된 행실은 시든 나뭇잎, 피다 만 꽃 그리고 부실한 열매라고 할 수 있습니다. 우리가 생각, 말, 눈빛, 몸으로 행하는 잘못된 행실을 말합니다. 그런데 나뭇잎과 꽃과 열매가 부실한 이유는 나무줄기가 양분과 수분을 제대로 공급해 주지 못하기 때문입니다. 마찬가지로, 우리의 본성이 타락해 있기에 행실에 문제가 생기는 것입니다. 그리고 나무줄기에 문제가 있다면 뿌리를 살펴볼 필요가 있습니다. 마찬가지로, 우리의 본성을 타락하게 만든 더 깊은 원인을 살펴보아야 합니다.

제가 자주 걷는 산길에 가끔 아름드리나무가 폭풍을 맞아 쓸려 넘어져 있는 것을 봅니다. 쓰러진 나무는 그 이후에도 수년 동안 봄이면 새싹이 돋고 꽃도 피웁니다. 그러기 위해 그 나무는 쓰러진 상태에서 얼마나 애를 썼겠습니까? 대지에 붙어 있는 몇 가닥의 뿌리로 물기와 양분을 끌어 올려 생명을 연장했던 것입니다. 보통 여러 해 동안 그렇게 버티면서 살지만, 줄기가 속으로부터 썩고, 이파리와 꽃과 열매가 점점 부실해져 감에 따라 그 나무는 결국 죽고 맙니다. 대지로부터 뿌리 뽑힌 나무는 자신의 노력으로 스스로를 살려 낼 수 없습니다.

우리도 마찬가지입니다. 우리는 생명의 근원이신 하나님의 대지로부터 뿌리 뽑힌 존재들입니다. 사탄의 유혹과 속임수를 빌미로 우리 스스로 하나님의 땅에서 벗어난 것입니다. 폭풍에 뿌리 뽑힌 나무는 곧바로 일으켜 다시 심어 놓으면 살아날 수 있습니다. 하지만 시간이 흘러 죽음의 세력이 나무를 지배한 다음에는 다시 심어도 살아날 수 없습니다. 마찬가지로, 하나님의 땅에서 벗어나 사탄의 영향권 아래에서 살기를 선택한 인간은 이미 죽음의 세력에 지배당한 상태에 있습니다. 그렇기에 우리 자신의 노력으로 생명을 되찾을 수 없습니다.

행실을 고치는 것만으로는 안 되는 이유, 선행을 쌓아서 하나님께 무죄 판결을 받을 수 없는 이유, 그리고 하나님의 영광에 못 미치는 '처지'에서 우리 스스로의 노력으로 벗어나지 못하는 이유가 여기에 있습니다. 잘못된 행실만이 문제가 아니라 죄에 물든 우리의 본성도 문제이기 때문입니다. 우리의 본성을 죄에 물들게 만든 더 근원적인 문제도 있습니다. 우리의 존재가 생명의 근원인 하나님으로부터 분리되어 있습니다. 이 세 가지 문제를 다 고치지 않으면 죄의 문제는 해결되지 않습니다.

가장 근원적인 차원에서부터 시작해야 합니다. 뽑혀진 나무의 뿌리가 다시 대지에 심기듯, 우리의 존재가 하나님의 땅으로 돌아가야 합니다. 그러면 우리의 타락한 본성이 치유될 수 있고, 잘못된 행실도 고칠 수 있습니다.

다른 길이 있다

바울은 율법을 철저하게 지킴으로 이 일을 이룰 수 있을 것이라고 믿었습니다. 그래서 세속적인 성공에 보다 유리했던 고

향 다소를 떠나 예루살렘으로 유학을 왔습니다. 그는 율법에 대한 열심에 있어 가장 앞서 있던 바리새파에 입회했고, 당시 최고의 율법학자 가말리엘의 문하생으로 들어가 훈련받았습니다. 그는 율법을 완벽하게 지킴으로써 죄의 문제를 돌파하는 것을 생의 목적으로 삼았습니다. 하나님을 기쁘게 할 수 있는 일이면 무엇이든 앞장서서 행했습니다. 그렇게 열심을 다하면 될 줄로 알았습니다.

"달리는 속도도 중요하지만 달리는 방향이 더 중요하다"는 말이 있습니다. 바울은 당시 누구보다 열심을 다했지만, 방향이 틀렸음을 알지 못했습니다. 아무리 노력해도 영혼에 드리운 어두운 그림자는 지워지지 않았습니다. 하나님의 진노를 벗어날 수 있다는 확신이 들지 않았습니다. 그럴수록 바울은 그 번민을 잊기 위해 더 발버둥쳤습니다. 그는 예수 믿는 사람들을 잡아들이기 위해 대제사장의 친서를 가지고 다마스쿠스로 원정을 나섭니다.

바울은 예수를 따르는 사람들이 얼마나 허무맹랑한 주장을 하고 있는지를 잘 알고 있었습니다. 그들이 믿고 전한 복음은 너무도 허황된 것이었습니다. 바울이 참을 수 없었던 그들의 복음의 핵심은 이런 것이었습니다.

- 나사렛 출신의 예수라는 청년이 십자가에 달려 죽었는데, 하나님이 그를 죽은 자들 가운데서 사흘 만에 일으키셨다.

- 이로써 나사렛 예수는 단순한 인간이 아니라 하나님의 아들임이 증명되었다. 그는 죄의 문제를 해결하기 위해 하나님이 보내 주신 구원자다. 그는 모든 인류의 죄에 대한 하나님의 진노를 짊어지고 십자가에서 죽임을 당하셨다.
- 따라서 그를 영접하고 믿으면 모든 죄를 용서받고 하나님의 자녀로 회복되며 성령의 선물을 받고 새 사람이 된다. 그 사람에게는 영원한 생명과 부활이 약속되어 있다.

죄의 문제를 해결하여 하나님으로부터 의롭다는 인정을 받기 위해 바울은 그동안 얼마나 많은 희생을 하고 얼마나 많은 노력을 기울였는지 모릅니다. 만일 예수 믿는 자들의 말이 옳다면, 자신의 그 모든 노력이 수포로 돌아갑니다. 그런 노력과 희생 없이 믿는 것만으로 죄의 문제를 해결받고 하나님 앞에 설 수 있다니, 이런 망발이 없다고 생각했을 것입니다. 더는 그냥 두고 보아서는 안 되겠다고 생각했고, 그래서 예수의 추종자들을 잡아들이는 일에 앞장을 섰습니다.

그런데 다마스쿠스로 가는 길에 그의 인생 궤도가 바뀌게 됩니다. 부활하신 예수님을 만난 것입니다. 그 순간, 그동안 율법으로 가리고 살았던 자신의 실상이 낱낱이 드러납니다. 그동안의 그 많은 노력이 자신의 죄의 문제에 조금도 도움이 되지 않았음을 깨닫습니다. 성령의 조명을 받고 보니 자신의 죄가 너무도 무겁고 컸습니다. 그래서 그는 항복합니다. 그때 십자가에서 흘린 그분의 보혈이 그가 그동안 붙들고 씨름하던 죄의 문제를 한순간에 씻어 주는 것을 경험합니다. 그 보혈의 은혜만이 자신을 하나님 앞에 두려움 없이 설 수 있게 만든다는 사실을 확인한 것입니다.

이후로 바울이 전한 복음은 이론이나 교리가 아닙니다. 그 자신이 직접 체험한 사건입니다. 예수 그리스도의 사건이 곧 복음이었습니다. 그 복음으로 인해 그의 인생이 뒤집어졌습니다. 복음 안에서 그가 평생 씨름하던 문제를 해결받았습니다. 그제야 그는 언제든지 하나님 앞에 설 수 있다는 구원의 확신을 얻었습니다. 그래서 바울은 이렇게 말합니다.

그리스도 예수 안에 있는 속량으로 말미암아 하나님의 은혜로 값없이 의롭다 하심을 얻은 자 되었느니라. 이 예수를 하나님이 그의 피로써 믿음으로 말미암는 화목제물로 세우셨으니(로마서 3:24-25).

하나님의 영광에 이르지 못하는 처지에 있는 우리가 그 영광에 닿는 길은 우리 편에서 만들 수 없습니다. 오직 하나님 편에서 그 길을 만들어 주셔야만 가능합니다. 바울은 하나님께서 이미 예수 그리스도를 통해 그 길을 활짝 열어 주신 것을 알지 못했습니다. 아니, 믿지 못했습니다. 인간의 노력이 아니라 하나님의 은혜로 구원받는다는 것은 인간의 존엄성을 모독하고 하나님을 모독하는 일이라고 생각했습니다. 그러다가 부활하신 주님을 만나고는 모든 것이 뒤집혔습니다. 인간이 죄의 문제를 해결받는 것은 오직 하나님께서 은혜로 열어 주신 길을 의지하는 수밖에 없음을 깨달은 것입니다.

하나의 이름

예수님의 수제자였던 베드로는 대제사장과 모든 유대 지도자가 모인 자리에서 예수님에게 일어난 일에 대해 설명하면서 이렇게 결론짓습니다.

다른 이로써는 구원을 받을 수 없나니 천하 사람 중에 구원을 받을 만한 다른 이름을 우리에게 주신 일이 없음이라(사도행전 4:12).

'예수 외에 다른 이름으로 구원받을 수 없다'는 말은 점점 위험한 말이 되어 가고 있습니다. 실은 베드로 시대에도 이 말은 위험한 말이었습니다. 지난 이천 년 동안 이 말이 위험하지 않았던 적은 없습니다. 하지만 지금은 더욱 위험한 말로 취급받습니다. 정치적으로 올바르지 않으며 혐오 범죄를 유발시키는 발언이라고 여기기 때문입니다. 머지않아 이렇게 말하는 것을 법으로 금지할지도 모르겠습니다.

사실, 이 표현에는 약간의 오해의 소지가 있습니다. 모든 종교는 구원을 약속하기 때문입니다. 유교는 인간으로서의 예(禮)를 알고 그 예를 따라 사는 것을 구원이라고 생각합니다. 불교에서는 깨달음에 이르러 해탈하는 것이 구원이라고 가르칩니다. 무당과 점쟁이의 종교는 귀신에게 잘 보여 이 땅에서 복 받고 잘 사는 것을 구원이라고 생각합니다. 이슬람교는 신을 기쁘게 하는 삶을 살아 결국 낙원에서 복을 누리는 것을 구원이라고 가르칩니다. 유대교는 하나님의 뜻에 순종하여 의를 쌓아 하나님의 심판을 면하는 것을 구원이라고 가르칩니다. 그러니 모든 종교에 구원이 있다고 말해야 옳습니다. 다만, 종교마다 제시하는 구원이 다릅니다.

예수님은 인간의 문제가 죄에 있다고 봅니다. 죄로 인해 인간은 하나님의 영광에서 멀리 떨어져 있게 되었습니다. 그로 인해 한 번의 고귀한 인생을 허비하고 마침내 하나님의 진노에 이르는 것이 죄에 물든 인간의 운명입니다. 인간은 이 상태로부터 스스로의 힘으로 벗어날 수 없습니다. 그래서 하나님께서는 그분의 아들을 보내서서 인류의 모든 죄의 짐을 지고 자신을 속죄제물로 바치게 하셨습니다. 죄의 문제를 해결할 길을 하나님 편에서 열어 주신 것입니다.

그래서 우리는 예수 그리스도를 믿어 죄의 문제를 해결받고 하나님의 자녀로 회복됩니다. 하나님과의 깨어진 관계가 회복되면 성령께서 우리를 거듭나게 하십니다. 그로써 죄의 세 가지 차원이 모두 해결됩니다. 하나님의 자녀가 된 우리는, 이 땅에서 거룩하게 살아 하나님의 뜻을 이루고, 죽어서 하나님 나라에 이르며, 예수께서 재림하실 때 그분의 부활에 참여합니다. 이것이 예수께서 주시는 구원입니다.

앞의 말씀에서 베드로가 사용한 표현을 다시 주목해 보십시오. "구원을 받을 만한 이름", 바로 이것이 기독교가 다른 종교와 차이 나는 지점입니다. 다른 모든 종교는 그 종교의 가르침을 따라 '행함으로' 그 종교가 약속하는 구원을 얻는다고 말합니다. 반면, 기독교는 예수라는 분을 '의지함으로' 구원을 얻는다고 말합니다. 석가모니도, 공자도, 마호메트도, 모세도 '배워야 할 대상'이라는 점에서 동일합니다. 반면, 예수님은 가장 먼저 '의지해야 할 대상'입니다. 그분을 믿고 의지하는 것이 구원을 얻는 길이며, 그 점에서 예수는 역사에 유일무이한 이름이라는 것입니다.

당신은 지금 어떤 상태에 있습니까? 아직 자신의 죄성을 인정하지 못하고 있습니까? 내가 죄인이라는 사실이 받아들여지지 않습니까? 믿음의 길에 처음 들어선 분도 그럴 수 있고, 오래 믿었어도 그럴 수 있습니다. 믿음은 하나님과 어떤 관계에 있는지에 의해 결정되는 것입니다.

그렇다면 하나님의 임재 앞에서 다시 한번 진지하게 자신을 돌아보시기 바랍니다. 성령께서 여러분의 진면목을 보게 해주시기까지 기다리십시오. 그리고 "진실로 그러하다!"고 인정하게 되는 순간이 오면, 예수의 이름을 부르십시오. 그 이름을 의지하십시오. 그분을 통해서 하나님께 활짝 열린 길로 돌아가 하나님의 사랑을 발견하시기 바랍니다.

여러분 중에는 자신의 죄성을 인정하고 예수 그리스도의 이름을 의지하여 구원의 기쁨을 맛보신 분들도 있을 것입니다. 그렇다면 더 자주 십자가 아래에 머물러 지금도 십자가에서 우리에게 넘쳐흐르는 보혈의 은혜를 구하시기 바랍니다. 하나님과 더 친밀하게 되도록, 흐려진 영혼이 맑게 치유되도록, 그리고 눈빛과 말과 행실에서 사랑의 향기가 더 진하게 풍기기를 소원하며 기도하십시오. 그러면 예수의 이름 안에 있는 능력을 매일 경험하며 살아가게 될 것입니다.

1. 죄의 세 가지 차원을 자신에게 적용하여 생각해 봅시다. 당신은 스스로를 죄인이라고 인정할 수 있습니까?

2. 죄에 무력한 인간의 실존 상태를 당신은 그동안 어떻게 경험해 왔습니까? 이 상태에서 누군가 구원해 줄 사람이 필요하다는 사실을 당신은 인정합니까?

함께 드리는 기도

하나님의 아들 예수 그리스도시여,
모든 왕의 왕이시고, 모든 주의 주님이시여,
제 마음을 주님께 엽니다.
제게 오셔서 저의 주님이 되어 주시고
저의 왕이 되어 주소서.
예수 그리스도의 이름으로 기도합니다. 아멘.

7
그 길은 예수로 통한다
구원의 길

나는 벌레다

과거에 어느 교우에게 들은 이야기입니다. 그는 이민 와서 처음 몇 년 동안 미국 생활에 적응도 잘 안 되고 사업도 시원치 않아서 잠 못 이루는 날이 많았습니다. 어느 날, 밤새 뒤척이던 중에 문득 교회에서 새벽에 모여 기도를 한다는 이야기가 생각났습니다. 그는 한국에서는 한 번도 교회에 나가 본 일이 없었습니다. 상황이 절박했던지, '어차피 잠을 못 잘 바에는 거기라도 한번 가봐야겠다' 하는 마음이 들었습니다. 그래서 이른 새벽 가까운 교회에 가서 뒷자리에 앉게 되었습니다.

모임 시간이 되어 불이 켜지고 교인들이 첫 찬송을 불렀습니다. 그분도 의자에 비치된 찬송가를 펼쳐 다른 사람들의 찬양을 들으며 가사를 눈으로 읽었습니다. 그런데 가사를 따라 읽다가 빈정이 상해 버렸습니다. 그때 부른 찬송가 143장 「웬 말인가 날 위하여」의 첫 절 가사가 이렇습니다.

웬 말인가 날 위하여 주 돌아가셨나
이 벌레 같은 날 위해 큰 해 받으셨나

해도 해도 너무했지요! 난생 처음 교회에 발을 들여놓은 사람에게 "너는 벌레와 다름없어!"라고 말하는 것 아닙니까? 그분은 속으로 '뭐, 이따위 종교가 다 있어!'라고 생각했다고 합니다.

이것이 그저 우연에 불과할까요? 우리는 이와 같은 일을 하나님의 섭리라고 부르며 또한 성령의 역사라고 부릅니다. 우리 하나님은 유머와 해학이 넘치는 분입니다. 심심하고 따분한 것을 견디지 못하시는 분입니다. 하나님이 하시는 일들을 주의 깊게 관찰하다 보면, 우리는 자주 그분의 유머와 해학에 허를 찔리곤 합니다. 그날 그 새벽기도회는 그분을 위해 특별히 준비되었던 것입니다.

복음이 진실로 기쁜 소식으로 들리기 위해서는 먼저 자존심을 상하게 하는 이 불쾌한 사실을 받아들여야 합니다. 자신이 얼마나 가망 없는 죄인이며, 또한 죄의 족쇄로부터 스스로를 구할 만한 능력이 자신에게는 없다는 사실을 인정해야 합니다. 지금의 상태에서 그대로 머물러 살아가는 한, 우리 인생은 하나님의 눈에 벌레의 그것과 크게 다를 바 없음을 인정해야 합니다. 자신의 죄성을 진실하게 깨달은 사람은 하나님 앞에서 그렇게 느끼게 되어 있습니다.

이것은 논리적으로 추론해 낼 수 있는 사실이 아니라, 성령의 조명을 받아 깨달아야 하는 사실입니다. 다행스럽게도, 성령께서는 누구에게나 그 빛을 비추어 주십니다. 문제는 우리 편에 있습니다. 그 빛 가운데로 나아가려 하지 않습니다. 그 빛에 드러난 자신의 진상을 인정하려 하지 않습니다.

그러므로 복음을 받아들이기 위해서는 용기가 필요합니다. 자신의 맨얼굴을 대면하고 그 모습 그대로 인정할 수 있어야 합니다. 하나님의 임재 앞에서 진실하게 "그렇습니다. 저는 벌레입니다. 저를 구하소서!"라고 기도할 수 있어야 합니다. 그러면 하나님께서 원래 인간에게 부여해 주셨던 절대적 가치를 회복시켜 주십니다. 진정한 회개를 거친 사람에게 하나님은 "너는 벌레가 아니라, 나의 고귀한 자녀다"라고 말씀해 주십니다.

자신의 참상을 깨닫고 인정하고 구원의 길을 찾는 사람들을 위해 하나님께서는 구원의 길을 열어 두셨습니다. 우리로서는 하나님의 영광에 이를 길이 없기에 하나님께서 우리 쪽으로 그 길을 열어 주셨습니다. 그 길은 예수를 통하여 우리에게 이릅니다. 그래서 사도 바울은 이렇게 말합니다.

우리가 아직 죄인 되었을 때에 그리스도께서 우리를 위하여 죽으심으로 하나님께서 우리에 대한 자기의 사랑을 확증하셨느니라. 그러면 이제 우리가 그의 피로 말미암아 의롭다 하심을 받았으니 더욱 그로 말미암아 진노하심에서 구원을 받을 것이니(로마서 5:8-9).

예수, 한 유대 청년?

복음을 처음 듣는 사람이라면 이 대목에서 질문할 것입니다. "도대체 예수가 누구이기에 그 사람의 피가 우리를 의롭게 한다는 말인가?"

오래 믿은 사람들은 이 질문에 대해 분명한 대답을 가지고 있을 것 같지만, 실은 그냥 덮어 두고 사는 경우가 더 많습니다. 수십 년 예수를 믿었다고 하는 사람도 막상 "예수가 누구입니까? 그 사람이 도대체 무슨 일을 했습니까?"라고 물으면 대개는 횡설수설합니다.

예수라는 이름의 청년이 이천 년 전 팔레스타인 땅에서 태어나 30대 초반에 십자가에 달려 죽임을 당했다는 사실에 대해서는 아무도 이의를 달지 않습니다. 지난 세월 동안 예수님의 존재 자체를 부정하려는 노력이 지속되었지만 모두 실패했습니다. 역사적 증거가 성경뿐이었다면 상황은 달라졌을지 모릅니다. 하지만 성경 외에도 역사적 증거들이 많이 있기 때문에 예수라는 사람이 살았다는 사실은 부정할 수가 없습니다.

그렇다면 예수는 어떤 사람이었고 또한 무슨 일을 했습니까? 그가 어떤 사람이었기에 이천 년 전에 일어난 그 유대 청년의 죽음이 모든 인류의 죄를 해결해 줄 수 있다고 말하는 것입니까? 그 유대 청년과 내가 무슨 관계이기에 그의 피가 내 죄를 씻어 준다고 말하는 것입니까?

아마 여러분 중에도 이 질문에 공감하는 분들이 적지 않을 것입니다. 이 문제는 아무리 생각해도 납득할 수 없고 또한 어떤 논리로도 명쾌하게 설명할 수 없습니다.

이 질문이 풀리지 않는 이유는 예수님에 대해 잘못 생각하고 있기 때문입니다. 그분은 다만 '한 유대 청년'이 아니었습니다. 석가모니, 공자, 맹자, 소크라테스, 모세 같은 위대한 인물도 아니었습니다. 그분은 그 이상이었습니다. 왜 그렇습니까? 바울은 예수님을 이렇게 소개합니다.

이 복음은 하나님이 선지자들을 통하여 그의 아들에 관하여 성경에 미리 약속하신 것이라. 그의 아들에 관하여 말하면 육신으로는 다윗의 혈통에서 나셨고 성결의 영으로는 죽은 자들 가운데서 부활하사 능력으로 하나님의 아들로 선포되셨으니 곧 우리 주 예수 그리스도시니라(로마서 1:2-4).

여기서 바울은 예수님에 대해 세 가지의 중요한 사실을 언급합니다. 첫째, 그분은 하나님께서 선지자들을 통해 약속하신 분입니다. 구약성경에 그 예언들이 기록되어 있습니다. 이 예언에서 하나님은 그분의 백성을 구원하기 위해 한 사람을 기름 부어 보내겠다고 약속하셨습니다. 기름 부음 받은 그 사람을 히브리어로 '메시아' 혹은 헬라어로 '그리스도'라고 부릅니다. 예수님이 바로 그분이라는 것입니다.

둘째, 그분은 다윗의 후손으로 태어나셨습니다. 구약성경의 예언에 따르면, 메시아로 태어날 사람이 충족시켜야 할 최소한의 인간적 조건은 다윗 가문에서 태어나는 것이었습니다. 예수님의 부모 요셉과 마리아는 모두 다윗의 후손입니다.

셋째, 그분은 죽은 자들 가운데서 부활하심으로 하나님의 아들로 입증되셨습니다. 부활에 대해 바울은 이렇게 말합니다.

이는 그리스도께서 죽은 자 가운데서 살아나셨으매 다시 죽지 아니하시고 사망이 다시 그를 주장하지 못할 줄을 앎이로라(로마서 6:9).

그 누구도 부활이라는 것이 있는 줄 몰랐습니다. 유대인들 중에 바리새파 사람들만 부활을 믿었는데, 그 부활은 세상 끝날에 일어날 일이었지, 역사의 한복판에서 한 사람에게 일어날 줄은 아무도 몰랐습니다.

그저 죽음으로 모든 것이 끝난다고 생각했습니다. 그것이 모든 인류가 가는 길이라고 생각했습니다. 그런데 예수님은 예외였습니다. 그분은 죽은 자들 가운데서 살아나셨습니다. 앞에서 말했듯이, 죽은 상태에서 다시 살아 있는 상태로 돌아간 것이 아니라 죽기 이전과는 전혀 다른 상태로 나아간 것입니다. 그것을 바울은 "신령한 몸"(고린도전서 15:44)이라고 불렀습니다. 누구도 예상하지 못했고 상상할 수 없었던 사건입니다. 그 사건은 예수님이 하나님의 아들이라는 사실을 확인시켜 주었습니다.

이 세 가지 사실은 모두 나사렛 예수가 '한 유대 청년'이 아니었음을 증언합니다. 따라서 십자가에서의 죽음은 한 인간의 죽음이 아니라, 메시아로 오신 하나님의 아들의 죽음이었던 것입니다. 그래서 십자가에서 흘린 그분의 피를 '보혈'이라고 부릅니다. 메시아로 오신 하나님의 아들의 피이기 때문입니다.

주의 깊은 이라면 예수가 누구인지를 판단하는 문제에서 부활이 결정적인 요소라는 사실을 눈치챘을 것입니다. 부활이 사실이 아니라면, 예수님은 위대한 정신을 가지고 살았던 '한 유대 청년'이라고 보아도 상관없습니다. 하지만 부활이 사실이라면, 예수님은 그 이상이어야 합니다. 부활의 사실을 있는 그대로 인정해야 하는 이유에 대해서는 시작하는 장에서 자세히 다루었습니다. 부활이 잘 믿어지지 않는 것은 당연한 일입니다. 우리가 경험해 본 일이 아니기 때문입니다. 우리의 본성이 그렇습니다. 본적이 없는 것을 어떻게 믿겠습니까?

지난 이천 년 동안 부활이 거짓이라는 것을 입증하기 위해 수많은 이들이 도전했습니다. 리처드 도킨스를 중심으로 새롭게 부흥한 현대 무신론자들도 할 수만 있었다면 부활의 사실을 부정하는 증거와 논리를 제시했을 것입니다. 하지만 아직도 그 노력은 성공하지 못했습니다. 앞에서 살펴보았듯이, 제자들과 초대 교인들에게 일어난 그 급격하고도 철저한 변화, 즉 죽음이 두려워 숨어 있던 사람들이 갑자기 돌변하여 부활을 전파하고 다닌 변화는, 죽은 예수님의 시신에 어떤 변화가 일어나 제자들로 하여금 하나님 나라와 영원한 생명을 확신하게 만들었다는 가설 외에는 다른 어떤 가설로도 설명될 수 없습니다.

그래서 우리는 사도신경을 따라 이렇게 믿고 고백합니다.

장사한 지 사흘 만에 죽은 자 가운데서 다시 살아나시며,

하늘에 오르사 전능하신 하나님 아버지 우편에 앉아 계시다가,

저리로서 산 자와 죽은 자를 심판하러 오시리라.

십자가에서 죽으신 그분

그러므로 예수님에 대한 믿음에서 부활을 인정하느냐 마느냐는 매우 중요한 문제입니다. 알고 보면, 부활을 믿지 않는다는 것은 예수를 믿지 않는 것과 다르지 않습니다. 예수님의 진짜 정체를 보게 해주는 것이 바로 부활이기 때문입니다.

부활을 빼고 본다면, 예수님에 대해 우리는 이렇게 말할 수 있습니다. "그분은 비천한 유대인 부부에게서 태어나 서른 살쯤 되었을 때 세례 요한에게 크게 영향을 받고 갈릴리에서 유대교 갱신 운동을 시작합니다. 그분은 탁월한 지혜와 신비한 능력으로 많은 이들에게 영향을 미칩니다. 그분의 명성은 삽시간에 갈릴리와 사마리아와 유대 지방으로 퍼져 나갑니다. 그분은 마침

내 '세상의 배꼽'이라고 여겨졌던 예루살렘으로 진출했으나, 불행하게도 일주일도 못 되어 유대 지도자들의 고발을 받아 로마 총독에게 처형당합니다."

부활을 부정하면 예수님에 대해 말할 수 있는 것이 이 정도입니다. 물론 그것만으로도 훌륭한 분이라고 할 수 있습니다. 그분은 비참한 운명을 피할 수도 있었으나 십자가 위에서 장렬하게 죽임을 당했습니다. 그분은 유혹과 위협에 흔들리지 않고 자신의 신념을 따라 살아가는 본을 남겼습니다. 그러니 위대한 인물이라 할 수 있습니다. 하지만 그 정도의 인물은 어느 나라에서든 찾을 수 있습니다. 그뿐 아니라, 그 정도의 인물이라면 그분의 죽음이 모든 인류의 죄를 해결할 수 없습니다.

하지만 부활을 받아들이고 예수님을 본다면 상황이 완전히 달라집니다. 그분은 하나님이 선지자들을 통해 약속하신 메시아 곧 하나님의 아들로서 십자가에 달려 죽으신 것입니다. 그 죽음은 하나님의 아들께서 모든 인류의 죄를 대속하기 위해 자신을 제물로 드린 것입니다. 그래서 바울은 이렇게 말합니다.

이 예수를 하나님이 그의 피로써 믿음으로 말미암는 화목제물로 세우셨으니 이는 하나님께서 길이 참으시는 중에 전에 지은 죄를 간과하심으로 자기의 의로우심을 나타내려 하심이니(로마서 3:25).

그런 죽음이었기에 예수께서는 십자가에서의 죽음을 앞두고 두려워 떠셨습니다(마가복음 14:33). 체포되기 전 겟세마네 동산에서 그분은 땀이 피가 되도록 기도하셨습니다(누가복음 22:44). 생각해 보면, 이렇게 두려워하시는 것이 이상합니다. 예수님은 처음부터 그런 운명이 기다리고 있음을 알고 예루살렘에 오셨습니다. 십자가형보다 더 잔인한 형벌에도 두려움 없이 죽어 갔던 위인들은 많이 있었습니다. 그런데 왜 예수님은 마지막 순간에 이렇게 두려워 떠셨을까요?

20세기에 가장 신뢰받고 존경받았던 기독교 지도자 존 스토트가 『그리스도의 십자가』에서 잘 논증한 것처럼, 그분이 마셔야 했던 잔에는 인류의 모든 죄에 대한 하나님의 진노가 담겨 있었기 때문입니다.[1] 그분은 십자가에서 한 인간의 몫의 고통을 당한 것이 아니라, 인류 전체가 당해야 할 몫의 고통을 감당한 것입니다. 그분은 그 사실을 미리 알고 준비하셨습니다만, 겟세마네 동산에서 기도 중에 그 잔에 담긴 진노를 대면하고 두려움을 느끼셨습니다. 하나님의 아들 예수께서 두려움을 느낄 정도로 인류의 죄는 심각했고, 그에 대한 하나님의 진노는 무서웠다는 뜻입니다.

부활에 대한 믿음으로 예수님의 말씀과 행적을 읽으면 모든 의문이 풀립니다. 예수님의 말씀은 탁월한 종교적 지식과 지혜가 아니라 하나님 나라의 비밀이었습니다. 그분에게서 터져 나왔던 능력은 인간이 부릴 수 있는 신통력이 아니라 하나님의 아들의 능력이었습니다. 예수님이 세례 요한에게 세례를 받으신 것은 하나님의 아들로서 인류의 죄를 짊어지는 예식이었습니다. 나중에야 드러난 사실이지만, 그분의 탄생도 특별했습니다. 선지자들을 통해 약속된 메시아의 탄생이니 특별한 것은 당연한 일입니다.

마음으로 믿고 입으로 시인하면

이런 까닭에 "구원의 길은 예수로 통한다"고 말하는 것입니다. 예수님은 우리의 구원을 위해 하나님께서 보내신 분입니다. 그분은 삼 년 동안의 가르침과 행적을 통해 하나님 나라를 보여 주셨고, 십자가에 달려 죽으심으로 그 나라에 이르는 길을 여셨습니다. 이런 까닭에 "예수께서는 바로 나의 죄를 위해 죽으셨습니다"라고 말하는 것입니다.

이런 말을 들으면 사람들은 반문합니다. "나와 아무 상관 없는 예수가 어떻게 나를 대신해 죽습니까?" 부활을 믿지 않으면 그렇게 말할 수 있습니다. 하지만 부활을 믿고 보면 예수님과 내가 무관하지 않다는 것을 알 수 있습니다. 요한복음에 의하면, 하나님의 아들은 성부 하나님의 창조 사역에 함께하셨습니다(요한복음 1:1-5). 즉 예수 그리스도는 나를 지으신 분입니다. 또한 그분은 아버지 하나님의 뜻에 순종하여 십자가에 달려 진노의 잔을 마심으로 나를 위해 구원의 길을 여셨습니다. 그러니 아주 깊은 차원에서 나는 그분과 관계가 있습니다. 그 관계는 부모와의 관계보다 더 근원적이고 깊습니다.

예수 그리스도는 바로 나의 구원을 위해 오셨습니다. 그분은 구원의 길을 가르치시고, 자신의 생명을 바쳐 십자가에서 구원의 길을 여셨습니다. 십자가에서 흘린 그분의 보혈은 하나님의 보좌에서 지금도 그리고 영원히 흐르고 있습니다. 자신의 죄성을 깨닫고 스스로 자신을 구원할 수 없다는 사실을 인정하고 그 보혈에 의지하면, 그것이 나의 내면으로 흘러 들어와 나의 죄를 씻어 주고, 나를 오염시키는 뿌리 깊은 죄성을 치료해 줍니다.

예수님의 피로 충분합니다. 나의 모든 죄를 씻기에도 충분하고, 인류의 모든 죄를 씻기에도 충분합니다. 어떤 사람은 이렇게 말합니다. "하나님께 문제 안 될 만큼 작은 죄도 없고, 하나님께서 용서하지 못할 만큼 큰 죄도 없다." 이 말을 바꾸면 "보혈로 씻지 않아도 될 만큼 사소한 죄도 없고, 보혈로 씻을 수 없을 정도로 큰 죄도 없다"라고 할 수 있습니다. 왜 그렇습니까? 하나님의 아들의 희생이기에 그렇고, 하나님께서 약속한 것이기에 그렇습니다.

그 피로 인해 우리는 하나님의 자녀로 회복됩니다. 우리가 예수 그리스도를 주님으로 영접하고 그분의 보혈의 공로를 의지할 때, 하나님은 우리를 의롭다고 인정해 주시고 자녀로 받아 주십니다. 이제는 더 이상 하나님의 진노를 두려워하지 않고 그분의 사랑을 누리며 살아가게 됩니다. 그래서 바울은 이렇게 말합니다.

그러면 이제 우리가 그의 피로 말미암아 의롭다 하심을 받았으니 더욱 그로 말미암아 진노하심에서 구원을 받을 것이니 곧 우리가 원수 되었을 때에 그의 아들의 죽으심으로 말미암아 하나님과 화목하게 되었은즉 화목하게 된 자로서는 더욱 그의 살아나심으로 말미암아 구원을 받을 것이니라(로마서 5:9-10).

구원은 하나님의 자녀로 회복되어 자녀로서 하나님과 함께 살아가는 것입니다. 그것을 바울은 '화해'라고 부릅니다. 회개하지 않은 상태에 있는 사람은 누구나 '하나님의 원수'입니다. 그 사실에 대해 이사야는 이렇게 말했습니다.

오직 너희 죄악이 너희와 너희 하나님 사이를 갈라놓았고 너희 죄가 그의 얼굴을 가리어서 너희에게서 듣지 않으시게 함이니라(이사야 59:2).

우리가 하나님의 원수였다고 말하는 이유가 여기에 있습니다. 우리의 죄가 우리로 하여금 하나님께 나아갈 수 없게 만들었습니다. 그런 우리를 위해 하나님께서는 예수 그리스도의 보혈로 죄의 장벽을 허물고 죄의 흔적을 씻는 길을 여셨습니다. 그 보혈의 은혜 안에서 우리는 하나님과 화해하게 되고 하나님의 자녀로 살아가게 되었습니다. 그 삶은 결국 하나님의 영원한 생명으로 이어집니다. 그리고 예수께서 다시 오실 때 새 하늘과 새 땅에서 예수님의 부활에 참여하게 됩니다. 그것이 구원의 완성입니다.

하나님의 아들 예수 그리스도께서 자신의 고귀한 생명을 바쳐 열어 놓으신 구원의 길이 여기 있습니다. 십자가는 그 길을 가리킵니다. 두 팔을 활짝 벌려 우리를 부릅니다. 하늘로 향하는 길을 열어 놓았으니 나에게 오라고 부르십니다. 이 부름에 당신은 어떻게 응답하겠습니까?

여러분 중 아직 예수 그리스도를 주님으로 영접하지 않은 분이 있다면 더 미루지 않기를 바랍니다. 바울의 권면을 들어 보십시오.

네가 만일 네 입으로 예수를 주로 시인하며 또 하나님께서 그를 죽은 자 가운데서 살리신 것을 네 마음에 믿으면 구원을 받으리라. 사람이 마음으로 믿어 의에 이르고 입으로 시인하여 구원에 이르느니라(로마서 10:9-10).

마음으로 믿고 입으로 고백하는 것이 하찮아 보일지 모릅니다. 예수 그리스도를 통해 얻는 구원이 얼마나 큰 것인지를 생각하면 또한 그 구원이 인간의 노력으로는 결코 얻을 수 없는 것이라는 사실을 생각하면, 마음으로 믿고 입으로 고백하는 것이 너무도 쉬워 보일 수 있습니다.

하지만 모든 것의 시작은 마음으로 믿고 입으로 고백하는 것입니다. 마음에 변화가 일어나 진실하게 믿고 그것을 입으로 고백할 정도가 되면 구원은 시작되는 것입니다. 그것이 진실하면 그 믿음과 고백은 삶 전체를 바꿀 것입니다. 그러므로 하나님께 의롭다 함을 받고 하나님의 품에 받아들여졌다는 확신이 들 만큼 진실하게 믿고 고백할 수 있기를 기도로써 구하시기 바랍니다.

혹시 이미 예수 그리스도를 주님으로 받아들였습니까? 그것은 한 번의 사건으로 끝나는 것이 아닙니다. 매일 그 믿음이 새로워져야 합니다. 매일 믿음을 점검하십시오. 당신의 믿음에는 부활까지 포함되어 있습니까? 십자가에 달려 죽으셔서 나를 구원하시고 죽은 자들 가운데서 부활하셔서 나를 거룩하게 하시는 그분의 이름을 의지하고 삽니까? 지금도 그분의 보혈이 나에게 흘러 들어오도록 주님께 의지하고 있습니까?

그렇게 해야 합니다. 그래서 "나에게는 예수님이 전부입니다", "나의 소망은 오직 예수님께 있습니다", "나는 예수밖에 자랑할 것이 없습니다"라고 고백하기에 이르러야 합니다. 그럴 때 우리는 진실로 그 이름의 능력을 경험하며 이 땅에서 천국을 누리는 삶을 살아갈 수 있습니다.

1. 예수님이 부활하셨다는 사실을 이제 받아들일 수 있습니까?
   아직 못 받아들이겠다면 그 이유는 무엇입니까?

2. 예수님의 희생이 나의 죄를 위한 희생이었다는 말이 왜 진실
   일 수 있는지 나누어 봅시다. 십자가가 있다면 앞에 놓고 그
   진실을 믿게 해달라고 기도해 봅시다.

함께 드리는 기도

구원의 길을 여신 하나님,
우리 마음을 만지셔서
주님의 부활을 믿게 하소서.
그리하여 주님의 보혈의 능력을 믿게 하시고
그 능력으로 새로워지게 하소서.
예수 그리스도의 이름으로 기도합니다. 아멘.

8
구원은 계속된다
믿음의 여정

영원히 죽는다는 것

지금 우리는 기독교 신앙이 말하는 믿음이 무엇인지에 대해 하나씩 생각해 보고 있습니다. 앞에서 우리는 우리가 하나님이라고 부르는 신이 존재한다는 사실에 대해, 하나님을 등진 인간은 구제 불능의 죄인이라는 사실에 대해, 그리고 예수 그리스도께서 구원의 길을 열어 주셨다는 사실에 대해 살펴보았습니다. 하나님의 아들 예수께서, 사탄과 죄의 노예가 되어 인생을 허비하다가 결국 영원한 심판에 직면하게 될 운명에서 우리를 구원해 주셨습니다.

죽을병에 걸린 사람을 생각해 보십시오. 그런 병에 사로잡히면 살아도 산 것이 아니다 싶을 때가 많습니다. 사람으로서 누리던 기본적인 것을 포기해야 합니다. 마땅히 해야 할 일들도 하지 못합니다. 게다가 그 병으로 인해 죽음의 그림자는 점점 가까이 다가옵니다. 이런 상황에 처하면 그것으로부터 빠져나오는 일에 모든 노력을 기울이게 됩니다. 죽고 사는 일 앞에서는 그 어느 것도 중요하지 않습니다.

이와 마찬가지로, 우리가 사탄과 죄의 노예로 살고 있음을 안다면, 그 상태로부터 벗어나기 위해 모든 노력을 기울여야 합니다. 그 상태에서는 살아도 산 것이 아니고, 결국 영원한 죽음에 이르기 때문입니다.

로마서 6장에서 사도 바울은 믿지 않는 사람을 "죄의 종"이라고 말합니다. 더 정확히 말하면 "죄의 노예"라고 할 수 있습니다(6절, 16절, 17절). '종'과 '노예'는 동의어처럼 사용되지만 어감에서 다소 차이가 있습니다. '노예'는 주인에게 철저하게 매인 상태를 의미합니다. 사탄과 죄의 손아귀에 들어가면, 노예처럼 속박당하게 되어 있습니다. 그것을 바울은 이렇게 말합니다.

너희가 그때에 무슨 열매를 얻었느냐. 이제는 너희가 그 일을 부끄러워하나니 이는 그 마지막이 사망임이라(로마서 6:21).

여기서 바울은 사탄과 죄의 노예로 사는 삶의 본질을 "사망"이라는 단어로 표현합니다. 이 단어에는 두 가지 의미가 담겨 있습니다.

첫째, 살아도 산 것이 아니라는 뜻입니다. 산다는 게 무엇입니까? 잘 먹고, 잘 마시고, 잘 노는 것이 제대로 사는 것입니까? 물론 그럴 수 없을 때는 그것을 간절히 바랍니다. 불면증 때문에 시달리는 날이 길어지면 사는 것 같지 않습니다. 그러다가 어느 날 깊이 자고 나면 다시 살맛이 납니다. 입맛이 떨어져 산해진미가 앞에 있어도 구역질만 나는 상황에 처한다면 제대로 산다고 하기 어렵습니다. 그러다가 입맛이 돌아와 죽 한 그릇을 단숨에 해치우고 나면 '아, 이런 맛에 살지!' 싶습니다. 혹시 어떤 이유로든 요즈음 제대로 살고 있지 못하다고 느끼는 분이 있다면, 주님께서 그 사정에서 속히 풀어 주시기를 기도합니다.

그런데 맛있게 먹고 늘어지게 자고 코가 비뚤어지도록 마시고 기분이 째지도록 놀아 보면 어떻던가요? 그런 나날이 반복되면 살맛이 점점 커지던가요? 그 반대가 아니던가요? 금세 공허감이 몰려오고 '사는 게 이런 것인가? 이게 전부인가?' 하고 의문이 생기지 않던가요?

저의 은사 중 한 분이 은퇴 후에 미국 남부 도시에 와서 살고 계십니다. 몇 년 전에 그를 방문했는데, 얼마 전부터 교회를 개척하여 목회를 시작했다는 소식을 저에게 전해 주었습니다. 제가 "아니, 은퇴한 것이 언제인데 또 목회를 시작하셨습니까?"라고 여쭈었더니 그가 이렇게 대답합니다. "은퇴 후에 미국 와서 처음에는 좋았지. 늦게까지 자고, 거나하게 브런치를 먹고, 친구들과 같이 그린에 나가 골프 치고, 사우나에 가서 목욕하고, 집에 와서 맛나게 저녁식사를 하고, 피곤해져서 푹 자고. 그런 생활을 반복하는데, 너무 좋더라고. 그런데 몇 달이 지나니 질리더군. 마치 돼지가 된 기분이었어. 내가 그래도 신앙인이요 목사인데, 이렇게 사는 게 맞나 싶더라고. 그래서 교회를 개척하여 목회를 시작했어. 몇 년 하다가 후배에게 물려줘야지."

이러한 예는 미국 중산층의 영적 질병을 들여다보게 합니다. 재산은 점점 많아지는 반면 사는 맛은 점점 감소하니, 그 문제를 해결하기 위해 더 많은 소비를 하고 더 많은 쾌락을 찾습니다. 그러면서 죄악을 쌓아 갑니다.

바울이 로마서에서 편지를 쓰고 있는 대상인 로마 교인들도 과거에 그렇게 살았습니다. 바울은 그들이 과거의 삶에 대해 지금 "부끄러워한다"고 말합니다. 하나님을 알고 영적인 눈을 뜨고 보니 자신들의 과거가 "살았다고는 하나 죽은" 상태였음을 깨달은 것입니다. 자신들은 즐긴다고 생각했는데, 실은 학대하고 있었습니다. 자신들은 사는 길을 찾고 있었는데, 실은 죽는 길로 질주하고 있었습니다.

둘째, 죄의 노예로 사는 인생은 결국 영원한 죽음에 이른다는 뜻입니다. 한 번의 고귀한 인생을 허비하고 죽음을 쌓으며 산 것에 대해 마땅한 보응을 받는 것입니다. '영원한 죽음'이라는 말은 죽은 다음 그 상태에 영원히 머문다는 뜻이 아닙니다. 그런 것이라면 눈 질끈 감고 한 번 죽어 버리면 됩니다. '영원한 죽음'은 죽음의 상태 곧 공포와 절망과 고통의 상태가 영원히 지속된다는 뜻입니다. 우리는 그것을 지옥이라고 부릅니다. 그러니 이게 얼마나 불행한 일입니까? 살아 있는 동안에는 사는 것 같지 않게 살다가 죽어서는 죽음의 상태를 영원히 겪게 되니 말입니다.

구원받은 이후

구원받는다는 말은 이러한 상태와 운명으로부터 구출받는 것을 말합니다. 여러분 중에는 "구원받은" 분 곧 예수 그리스도를 주님으로 영접하고 사탄과 죄의 족쇄로부터 해방되어 하나님의 자녀로 회복되어 살아가고 있는 분이 있을 것입니다. 지금 죽어 하나님 앞에 간다고 해도 그리스도 예수의 공로로 인해 그 품에 안길 믿음이 그에게 있습니다. 이것을 '구원의 확신'이라고 합니다.

반면 오래도록 믿었어도 그런 고백을 하기에 주저하시는 분이 있을 것입니다. 여기에는 여러 가지 이유가 있는데, 진실로 예수 그리스도 앞에 무릎 꿇지 못했기 때문일 수도 있고, 자기 자신에 대한 신뢰를 다 버리지 않았기 때문일 수도 있습니다.

어떤 경우이든 예수 그리스도를 믿는다고 하면서 구원의 확신이 없다면, 예수 그리스도의 능력을 의심하는 것이나 다름없습니다. 생각해 보십시오. "나는 구원받을 자신이 없어!"라고 말하는 것은 구원이 나 자신에게 달려 있다고 믿는다는 뜻입니다. 지금까지 제가 드린 말씀의 요지가 무엇입니까? 구원은 내 능력이 아니라 예수 그리스도께서 주시는 것이라는 사실입니다. 그러므로 만일 그리스도 예수가 하나님의 아들이심을 안다면, 오직 그분에 대한 믿음으로 인해 "나는 주님께서 나를 구원해 주실 수 있다고 믿습니다!"라고 고백해야 옳습니다.

또한 여러분 중에는 이 구원의 복음을 알아보는 중에 있는 분도 있을 것입니다. 부디, 예수 그리스도를 통해 진정으로 구원을 주실 분을 만날 수 있기를 기도합니다. 그분 안에서 얻는 구원의 기쁨을 맛보시기 바랍니다.

지금 어떤 상태에 있든 상관없이, 이 책을 읽는 당신이 구원의 확신에 이르기를 기도합니다. 그 믿음으로 바울처럼 "이는 내게 사는 것이 그리스도니 죽는 것도 유익함이라"(빌립보서 1:21)고 고백할 수 있기를 기도합니다.

동시에 꼭 기억할 것이 있습니다. 그것이 우리가 받을 구원의 시작이라는 사실입니다. 예수 그리스도를 통해 죄의 문제를 해결받고 언제든지 하나님의 품에 안길 만한 믿음을 가지는 것이 중요합니다만, 그것으로 끝이 아닙니다.

앞에서 든 죽을병에 걸린 사람의 예를 다시 생각해 볼 때, 그 사람이 완치 판정을 받고 나서 다 됐다고 생각하고 마음 놓고 아무것이나 먹고 마시고 쾌락을 즐긴다면 어떻게 되겠습니까? 죽을병에서 건짐받고 나서 그렇게 사는 사람이 의외로 많습니다.

죽을병에서 완치되는 것은 중요한 일입니다. 하지만 그 이후에 더 중요한 과제가 기다리고 있습니다. 회복된 건강을 계속 유지하고 건강한 몸으로 의미 있는 일을 해야 합니다.

예수님은 사탄과 죄의 노예 상태로부터 우리를 구하고는 "이제 됐지? 이제부터는 네가 알아서 마음대로 살아가라"고 하지 않으십니다. 불행하게도, 예수 그리스도의 구원의 은혜를 경험하고 나서 그렇게 살아가는 사람들이 있습니다. 보혈의 공로로 구원받은 것으로 다 되었다고 생각합니다. 천국 가는 티켓을 손에 쥐었으니 이제는 어떻게 살아도 상관없다는 것입니다. 그렇게 생각하는 사람들을 향해 바울은 이렇게 묻습니다.

그런즉 어찌하리요. 우리가 법 아래에 있지 아니하고 은혜 아래에 있으니 죄를 지으리요. 그럴 수 없느니라(로마서 6:15).

오늘날에도 그와 같은 생각을 가진 사람들이 많습니다. 예수 그리스도를 믿으면 과거의 죄뿐 아니라 현재와 미래의 죄까지도 미리 모두 용서받는다고 가르치면서, 죄로부터 구원을 얻은 뒤에는 그 어떤 죄를 범해도 구원을 잃지 않는다고 말합니다. 이 교리는 병든 영혼을 가진 사람들에게 아주 매력적입니다. 그래서 그토록 많은 사람들이 그토록 쉽게 이단에 넘어가는 것입니다. 안타깝게도 정통이라고 자부하는 교회에서조차 이렇게 가르치는 것을 봅니다.

물론 예수 그리스도의 보혈의 공로는 우리가 미래에 지을 죄에 대해서도 효력을 가집니다. 하지만 참된 그리스도라면 믿음 안에 머물러 살아야 하고, 또한 자신의 죄를 인정하고 진실하게 회개해야 합니다. 예수님의 보혈을 믿는 것은 미래에 지을 죄에 대해서 보험을 들어 놓는 행위가 아닙니다.

또 어떤 사람들은, 천국에 갈 티켓을 확보했으니 이제 남은 것은 하나님의 능력으로 복을 받아 누리는 일만 남았다고 생각합니다. 이 사람들이 말하는 복은, 돈 많이 벌고 자식 잘되고 건강하게 오래 사는 것입니다. 그것이 인생의 목적이 되고 또한 신앙의 목적이 됩니다. 많은 교회에서 그동안 그렇게 가르쳐 왔습니다. 내세에서의 구원은 따 놓았으니 이제는 현세에서 누릴 것만 남았다고 생각하는 것입니다. 그것이 그들을 죄로 인도합니다.

이러한 생각에 대한 바울의 대답은 "그럴 수 없느니라"입니다. 이것은 헬라어 "메 게노이토"를 번역한 것입니다. "메 게노이토"는 절대적인 부정을 뜻할 때 사용합니다. 영어 성경은 "By no means!" 혹은 "Absolutely Not!"으로 번역합니다. 제가 번역한다면 "말도 안 됩니다!"라고 할 것입니다. 천부당만부당하다는 뜻입니다.

거룩함의 열매

예수님은 우리를 사탄과 죄의 노예 상태로부터 건져 놓고 손을 떼지 않으십니다. 그분의 소유로 삼으십니다. 이때 우리의 소유권이 바뀝니다. 바로 '그리스도의 종'이 되는 것입니다.

이 지점에서 "아니, 어차피 노예 상태가 변하지 않는다면, 구원은 무슨 의미입니까?"라고 묻고 싶은 분이 있을지 모르겠습니다.

　인간의 본성에 대해 오해하면 그런 질문이 나옵니다. 인간에게는 절대적인 자유를 누릴 만한 능력이 없습니다. 절대 자유가 가능하다는 생각은 사탄의 속임수입니다. '나는 아무에게도 속하지 않은 독립적인 존재다'라고 생각하게 만들고는 자신의 노예로 만드는 것입니다. 하지만 진실은 그 반대입니다. 피조물인 인간은 누구에게든 의존하지 않고는 살 수 없습니다. 인간에게 가장 좋은 상태는 인간을 인간 되게 하는 힘에 속하는 것입니다. 예수님은 우리를 해방시키고 치유하고 온전하게 하시는 분이기에, 그분에게 속하는 것만이 인간이 인간답게 되는 길입니다.

　예수께서는 십자가를 통하여 우리를 구원하시고 그분의 것으로 만들어 그 구원을 완성해 가십니다. 바울은 예수께서 우리에게 이루어 주시는 구원에 대해 이렇게 정리합니다.

　　그러나 이제는 너희가 죄로부터 해방되고 하나님께 종이 되어 거룩함에 이르는 열매를 맺었으니 그 마지막은 영생이라(로마서 6:22).

　이 말씀에 의하면 예수께서 우리에게 주시는 구원은 세 단계로 진행되며 완성됩니다.

　첫째, 죄로부터 해방되는 단계

둘째, 거룩함에 이르는 열매를 맺는 단계

셋째, 영생의 단계

예수 그리스도의 보혈의 공로를 힘입어 죄에서 해방되는 것은 구원의 시작입니다. 무엇이든 시작이 제일 중요하지요. 그래서 "시작이 반이다"라는 속담도 있지 않습니까? 하지만 그것이 다는 아닙니다. 구원받은 이후에 우리는 예수 그리스도의 종으로 살아갑니다. 그리스도 예수께 전적으로 의지하고 그분의 다스림 아래서 살아가는 것입니다. 그러면 "거룩함에 이르는 열매"가 맺힙니다.

열매의 비유를 잠시 생각해 보십시오. 우리는 보통 포도나무가 포도열매를 맺는다고 말합니다. 그런데 그 말이 딱 맞는 말은 아닙니다. 포도나무는 단지 하나님이 창조해 주신 원리대로 양분과 수분을 뽑아 올릴 뿐입니다. 그러면 햇빛의 도움으로 광합성 작용이 일어나고, 그로 인해 꽃이 피고 열매가 맺힙니다. 어찌 보면 포도나무는 열매를 맺는 도구라 할 수 있습니다. 포도나무 속에 있는 무엇인가가 열매를 만들어 내는 것입니다. 그런 맥락에서 예수님은 "나는 포도나무요 너희는 가지라"(요한복음 15:5)고 말씀하셨습니다.

바울은 거룩함이 '열매'라고 했습니다. 즉 우리가 노력하여 거룩함을 쌓아 나가는 것이 아니라는 뜻입니다. 그리스도 안에 든든히 거하여, 그분에게서 영적인 양분을 끌어 올리는 것이 우리가 할 일입니다. 그러면 주님께서 우리를 통해 거룩함의 열매를 만들어 내십니다. 예수 그리스도는 우리를 죄에서 구원하신 분일 뿐만 아니라, 성령을 통해 지금 우리 가운데 역사하셔서 우리의 마음과 생각과 뜻과 행동을 변화시키시는 분입니다.

바로 이것이 예수 그리스도를 주님으로 영접하여 구원의 확신을 얻은 이후 하나님 품에 이를 때까지 우리에게 일어나야 하는 일입니다. 그리스도를 알기 전에 우리의 가장 심각한 문제는 죄였습니다. 그렇기 때문에 구원받고 나서 우리가 가장 경계할 것도 죄입니다. 죄에 대한 가장 좋은 대책은 거룩함의 열매를 맺는 일입니다. 거룩한 삶은 우리의 구원을 든든하게 지켜 줍니다.

그뿐 아니라, 우리는 거룩함 안에서 진정한 성취와 만족과 기쁨과 행복을 맛보게 됩니다. 하나님께서 우리를 원래 그렇게 지어 놓으셨기 때문입니다. 감리교의 창시자이자 거룩한 삶에 대해 가장 잘 알고 있었던 사람 중 하나인 존 웨슬리는 "거룩함 안에서 맛보는 행복"(Happiness in Holiness)이라는 말을 자주 했습니다. 타락한 마음은 죄악에서 행복을 맛보려 하지만, 그것은 행복이 아니라 불행입니다. 반면 믿음 안에서 거듭난 사람은 거룩함 안에서 진정한 행복을 맛봅니다. 거룩함에서 얻는 기쁨을 맛보고 나면, 죄를 즐기며 맛보았던 행복감이 얼마나 공허하고 추한 것이었는지를 깨닫습니다.

영생의 의미

위에서 인용한 바울의 말씀에 의하면, 십자가에서 시작된 구원은 거룩한 삶을 통해 영원한 생명으로 완성됩니다. 그다음 절에서 바울은 이렇게 부연합니다.

> 죄의 삯은 사망이요 하나님의 은사는 그리스도 예수 우리 주 안에 있는 영생이니라(로마서 6:23).

죄를 주고 얻을 대가는 사망입니다. 앞에서 말했듯이, 하나님을 등지고 죄를 즐기는 삶은 죽음을 쌓는 것입니다. 평생 죽음을 추구하며 죽음을 쌓고 살았으니 죽고 나서 진짜 죽음, 영원한 죽음을 대가로 받는 것입니다. 죄로 인생을 망친 것에 대한 정당한 보응입니다. 그래서 바울은 "삯"이라는 단어를 사용합니다. 그 거래에 대해 불평할 이유가 전혀 없습니다.

반면, 그리스도 예수 안에 머물러 거룩함의 열매를 맺은 사람은 **영생**을 '선물'로 받습니다. 그것은 거룩한 삶에 대한 '대가'가 아닙니다. 우리가 이 세상에서 아무리 많은 선을 쌓는다 해도 영원한 생명에 해당하는 분량의 선을 쌓을 수는 없습니다. 그리스도 예수 안에서 얻는 영원한 생명의 가치를 온 우주에 비한다면, 우리가 이 땅에서 쌓을 수 있는 거룩한 삶의 양이란 티끌처럼 미미한 것입니다. 그렇기 때문에 그것을 선물이라고 하는 것입니다.

'영생'에 대해 말하면 믿지 않는 사람들이 보이는 전형적인 반응이 있습니다. "당신이나 영원히 사세요. 나는 이생으로 만족하렵니다."

이런 말을 한 번쯤 들어 보셨을 것입니다. 사람들 중에는 영원히 살고 싶은 사람도 있지만, 많은 사람들이 몇 십 년 생을 누리다 죽어 사라지면 그뿐이며 그것만으로도 충분하다고 생각합니다. 그러면서 믿는 사람들을 비난합니다. "당신들은 참 욕심도 많습니다. 그렇게 살고도 더 살려 합니까?"

전에 섬기던 교회에서 만났던 분이 생각이 납니다. 그분은 아주 강한 남성이었는데 과거에 군인으로서 상당한 성공을 맛본 분이었습니다. 그분의 서재에는 한국군을 대표하여 존 F. 케네디 대통령과 악수하는 사진이 걸려 있었습니다. 그렇게 능력과 자존심이 강한 분이었기에 그는 그 누구에게도 고개를 숙일 줄 모르셨습니다. 아내의 권유와 호소로 인해 늘그막에 교회에 나오기는 했지만, 늘 탐색하는 상태에 머무르셨습니다. 그리스도를 주님으로 모셔 들이기가 어려웠던 것입니다.

그분이 말년에 암을 겪었습니다. 그로 인해 몇 개월 동안 고생하다 돌아가셨습니다. 그때 문병 가서 "이제는 주님을 영접하고 그분을 의지하십시오"라고 권면을 드렸습니다. 그러자 그분이 대답하십니다. "내가 일제 강점기와 한국 전쟁을 겪으면서 수많은 고초를 통과해 이제까지 살았습니다. 내 몸에 박힌 총알이 몇 개였는지 아십니까? 그런 몸으로 지금까지 산 것만으로도 저는 충분합니다. 더 바랄 것이 없습니다."

저는 그분의 말씀에서 배울 것이 있다고 믿습니다. 하나님이 어떤 분인지 알고 또한 자신이 어떤 존재인지를 안다면, 이 땅에서 살도록 주어진 이 목숨만으로도 우리는 감사해야 합니다. 불행하게도, 우리 중에는 매일 주어지는 삶의 기회를 재앙이요 저주처럼 느끼는 이들이 있습니다. 그렇게 느끼게 만드는 상황이 있습니다. 물질적인 조건일 수도 있고, 마음의 질병 때문일 수도 있습니다. 그분들에게 주님의 은총이 있기를 기도합니다. 하지만 제대로 본다면 어떤 조건에서든 산다는 것은 감사해야 할 복입니다. 그러므로 자신에게 주어진 인생에 겸허히 감사하는 그분의 태도는 존경할 만합니다.

하지만 그분이 잘못 생각했던 것이 있습니다. 그분뿐 아니라 많은 이들이 다음과 같은 오해를 합니다.

첫째, 영생은 우리가 원하고 바라기 때문에 존재하는 것이 아닙니다. 부정하고 거부한다고 없어지는 것이 아닙니다. 예수 그리스도를 죽은 자들 가운데서 살리신 하나님이 정말 계시다면, 이생이 전부일 수가 없습니다. 이생이 끝나면 우리는 새로운 세상에 태어나게 되어 있습니다. 원하든 원하지 않든 우리는 영원한 생명 아니면 영원한 죽음으로 나아갑니다. 십 개월 동안 어머니 모태에 있던 태아가 모태와는 전혀 다른 세상으로 태어나는 것처럼 말입니다.

만일 태중에 있는 아이가 "나는 이곳에서 산 것으로 만족해.

나는 태어지 않아도 돼"라고 말한다면 얼마나 애석한 일입니까? 그렇게 말한다고 해서 새로운 세상에 태어나지 않는 것이 아닙니다. 만일 태중에서 그렇게 생각한 아이가 있다면, 태어난 후에 자신에게 열린 놀라운 세상을 보고 민망함을 느낄 것입니다. 앞에서 말한 그 교우가 만일 구원받았다면, 하나님 앞에 이르러 "아이고, 하나님! 제가 몰랐습니다. 이런 세상이 있을 줄은 꿈에도 몰랐습니다"라고 말했을 것입니다. 바라지도 않았고 기도하지도 않았던 영생의 선물을 받고는 '이걸 받아도 되나?' 하고 당황했을 것입니다.

둘째, 영생은 죽고 나서 계속되는 것이지만, 또한 지금 이곳에서 믿음으로 맛보는 것이기도 합니다. 구원받은 사람들은 죽고 나서 하나님의 차원으로 옮겨 가서 영생을 누릴 것입니다. 하지만 '지금 여기서' 영생을 맛보며 살아가는 것이 믿음의 비밀입니다. 하나님을 등지고 죄를 낙으로 알고 죽음을 쌓고 사는 삶은 이미 영원한 죽음을 맛보며 사는 것입니다. 반면, 예수 그리스도 안에서 하나님의 자녀로 회복되어 거룩함의 열매를 맺고 사는 삶은 영원한 생명을 누리는 것입니다. 영생은 이 땅에서의 생명을 영원히 이어 가고 싶은 욕심이 아니라, 하나님 안에서 참된 생명의 맛을 누리며 살려는 거룩한 열망입니다.

구원이 무엇인지 제대로 안다면

예수 그리스도 안에서 받는 구원의 선물은 이토록 깊고 넓고 신비롭습니다. 그것을 그저 "예수 천국, 불신 지옥"이라는 말로 축소시키는 것은 하나님의 아들 예수 그리스도를 작게 만드는 일입니다. 우리가 예수님을 주님으로 영접해 들일 때 그분이 우리에게 그리고 우리를 통해 이루실 모든 일에 대해 우리는 다 알 수 없습니다. 예수님은 우리의 내면과 외면을 모두 장악하십니다. 우리의 과거와 현재와 미래를 모두 다스리십니다. 예수님 안에 있는 우리에게 그분이 마련하신 것이 얼마나 놀라운지를 지금의 우리는 상상도 할 수 없습니다. 그래서 바울은 에베소 교인들을 위해 기도하면서 이렇게 말합니다.

> 너희 마음의 눈을 밝히사 그의 부르심의 소망이 무엇이며 성도 안에서 그 기업의 영광의 풍성함이 무엇이며 그의 힘의 위력으로 역사하심을 따라 믿는 우리에게 베푸신 능력의 지극히 크심이 어떠한 것을 너희로 알게 하시기를 구하노라(에베소서 1:18).

예수님이 그런 분임을 안다면 그분께 기꺼이 인생을 맡길 수 있을 것입니다. 존 웨슬리가 그의 '언약의 기도'에서 고백한 것처럼, 자신에 대한 희망과 신뢰를 내려놓고 겸손히 기도할 것입니다.

주님,
저는 더 이상 저의 것이 아니라 주님의 것입니다.

주님의 뜻 가운데, 주님 원하시는 곳에 저를 두소서.

수고의 자리에도 두시고, 고난의 자리에도 두소서.

주님께서 원하시는 대로

사용하기도 하시고, 물리치기도 하소서.

높이시려거든 높이시고, 낮추시려거든 낮추소서.

저를 채우기도 하시고, 비우기도 하소서.

모든 것을 가지게도 하시고, 모든 것을 가져가기도 하소서.

주님의 기쁨을 위해 기꺼이 마음 다해

모든 것을 주님 손에 내어놓습니다.

영광스럽고 복되신 성부, 성자, 성령 하나님,

주님은 저의 것이며, 저는 주님의 것입니다.

그렇게 되게 하소서.

제가 이 땅에서 맺은 언약이

하늘에서도 맺어지게 하소서.

아멘.

매일 이렇게 고백하고 이런 믿음으로 산다면, 그 믿음은 우리를 사탄과 죄의 노예 상태에서 해방시켜 줄 뿐 아니라, 성령께서 우리의 삶을 변화시켜 거룩함의 열매를 맺으며 살게 될 것입니다. 그렇게 매일 영생을 맛보고 살다가 죽어 하나님 나라에서 영생에 이르게 됩니다. 그것이 바로 구원입니다.

1. 구원의 확신, 즉 언제 죽어도 하나님 품에 안길 수 있다는 확신을 가지고 산다면 무엇이 달라질까요? 구체적으로 생각해 봅시다.

2. 당신 자신에게서 보고 싶은 변화가 있다면 무엇입니까? 당신 스스로 그 변화를 만들어 내지 못하는 이유는 무엇입니까? 믿음의 여정이 그런 변화를 가능하게 한다는 사실에 대해 당신은 어떻게 느낍니까?

기도

본문에 인용된 존 웨슬리의 '언약의 기도'(192-193쪽)를 함께 고백하십시오.

9
구원은 크고 넓다
우주적 구원

관계의 법칙

앞 장에서 저는 로마서 6:22-23을 바탕으로 구원의 세 단계에 대해 나누었습니다. 구원은 죄로부터 해방되는 것이고, 거룩함의 열매를 맺는 것이며, 영생에 이르는 것이라고 했습니다. 여기서 사도 바울은 한 개인이 예수 그리스도를 주님으로 영접할 때 일어나는 변화에 대해 말하고 있습니다.

구원은 개인의 내면에서 시작되는 것입니다. 그래서 믿음에 대해 물을 때 영어로 "Do you have a personal relationship with God?"이라고 묻습니다. "Personal relationship"은 '인격적 관계' 혹은 '개인적 관계'라고 번역할 수 있는데 두 가지 뜻이 다 포함되어 있습니다. 개인적인 관계에서만 인격적인 관계가 일어날 수 있기 때문입니다. 믿음은 하나님과 일대일의 관계를 가지는 것입니다.

모든 관계가 그렇습니다. 인격적인 관계는 개인적인 만남에서 시작합니다. 저는 목사로서 보통 동시에 여러 교우들을 만나곤 합니다. 그 관계만으로도 충분히 의미 있고 감사한 일입니다. 하지만 거기서 한 걸음 더 나아가 교우 한 분 한 분 일대일로 만나 개인적인 관계를 가지기를 힘써 왔습니다. 그래야만 더 깊은 인격적 관계로 나아갈 수 있기 때문입니다. 일대일로 만나 개인적인 관계를 가지는 것이 부담스럽고 위험스럽게 느껴질 수도 있습니다. 일대일로 만나면 자신을 숨기는 것이 훨씬 어려워지기 때문입니다. 하지만 그런 부담과 위험을 감수하지 않으면 인격적인 관계로 나아갈 수 없습니다.

하나님을 예배하는 일도 그저 회중의 한 사람으로서 예배할 수 있습니다. 그것만도 귀한 일이지만 하나님과 의미 있는 관계로 나아가려면 단독자로서 하나님 앞에 서야 합니다. 그때 우리는 하나님 앞에 바로 설 수 없는 죄인임을 깨닫게 되고 그래서 구원자를 찾게 됩니다. 예수 그리스도는 하나님 앞에서 두려워 떠는 우리를 붙들어 주고 하나님과 우리 사이를 가로막고 있는 죄의 장벽을 제거해 주십니다. 예수 그리스도의 보혈의 공로를 힘입어 우리 각자는 하나님 앞에 다시 서서 그분의 자녀로 살아갑니다.

오늘날 지구상에는 약 77억 명의 인구가 살고 있습니다. 하나님은 나를 77억분의 1의 가치로 대하시는 것이 아니라, 이 지구상에 단 하나밖에 없는 존재인 양 대하십니다. 아우구스티누스는 하나님의 사랑에 대해 말하면서 이렇게 고백했습니다.

오, 전능하시고 좋으신 하나님,
주님은 우리 개개인을 돌보실 때 마치 한 사람뿐인 양 돌보시고,
또한 모든 사람을 돌보실 때도 꼭 한 사람에게 하시듯 돌보십니다.[1]

예수께서 양 아흔아홉 마리를 두고 잃어버린 양 한 마리를 찾아 나선 목자의 비유를 말씀하실 때 바로 이 진실을 전하신 것입니다(누가복음 15:1-7). 한 목자에게 백 마리의 양이 있다면, 그 목자는 100분의 1의 가치로 각각의 양을 대하는 것이 아니라 한 마리 한 마리를 그에게 있는 전부인 것처럼 대합니다. 인간을 대하시는 하나님의 마음이 그렇다는 것입니다.

이 대목에서 "그게 어떻게 가능합니까?"라고 반문하고 싶은 분이 있을지 모르겠습니다만, 그것이 바로 사랑의 신비입니다. 자녀가 둘 이상 있는 분들은 그 진실을 체험하고 있거나 체험했을 것입니다. 자녀가 둘이 있다고 해서 부모가 자신의 사랑을 절반씩 나누어 사랑하는 것은 아니지 않습니까? 유산은 나누고 쪼개야 하지만 사랑은 그렇지 않습니다. 부모의 사랑이 100이라면, 큰아이에게도 100을 주고 작은아이에게도 100을 줍니다. 그렇게 하지 않는 부모가 있다면 뭔가 문제가 있는 것입니다.

하나님의 사랑도 그와 같습니다. 구원은 우선적으로, 내가 하나님과 개인적인 관계를 맺고 그 관계 안에서 살아가는 것입니다. 나에게 가장 중요하고 우선적인 일은, 사탄과 죄의 노예 상태로부터 해방되어 거룩함의 열매를 맺으며 영생을 맛보고 마침내 영생에 이르는 것입니다. 예수 그리스도를 주님으로 영접하고 주님 안에 머물러 살아갈 때, 그 모든 선물이 무상으로 주어집니다. 그래서 '은혜'라고 부릅니다.

그 은혜를 맛보고 그 안에 잠겨 살면 변화가 일어납니다. 세상을 보는 눈이 달라집니다. 자기 자신에게만 붙들려 있던 눈을 돌려 이웃을 돌아봅니다. 자신만의 싸움에 사로잡혀 있던 상태에서 벗어나 이웃의 싸움, 그리고 이 세상에 가득 찬 싸움을 봅니다. 내가 구원받고 하나님의 은혜를 경험하고 나니 다른 사람의 구원에 관심이 생깁니다. 모든 인간을 구원하시려는 하나님의 열심을 느낍니다. 나 혼자 구원받는 것이 다가 아님을 깨닫는 것입니다.

인간의 가장 근원적인 문제는 '이기심'입니다. 그것이 원죄의 본질이라고 말하기도 합니다. 이기심을 극복하는 것이야말로 한 개인의 행복에서, 그리고 우리가 사는 세상이 평화로워지는 데 가장 근원적인 해결책입니다. 그런데 아직도 이기심에 대한 해결책은 나오지 않고 있습니다. 과학 문명과 기술이 인간의 상상의 한계를 훨씬 뛰어넘은 이 시점에도 이기심의 문제는 해결되기는커녕 더욱 악화되고 있습니다.

사실 해결책이 없는 것이 아닙니다. 성경은 이미 오래전에 이기심을 해결하는 유일한 길이 하나님께 돌아가는 것임을 가르쳤습니다. 예수 그리스도를 통해 하나님의 자녀로 회복되고 그 안에서 구원의 은혜를 체험하면, 자신에게만 붙들려 있던 눈이 이웃을 보고, 자신의 이익만을 위해 움직이던 마음이 이웃을 위해 그리고 하나님을 향해 움직이기 시작합니다. 그것이 유일한 해결책인데, 그 해결책을 인정하지 않고 있습니다. 아니, 어쩌면 해결하고 싶지 않은 것인지도 모르겠습니다. 사람들의 말과 행동을 보면 정말 그럴 뜻이 없는 것 같습니다.

구원을 갈망하는 피조물

바울은 부활하신 주님을 만난 뒤에 세상을 보는 눈이 달라졌습니다. 주님을 만나기 이전까지 그는 자신의 능력으로 자신을 높이 들어 올려서 하나님으로부터 합격 인정을 받으려고 분투했습니다. 그에게 제일 중요한 관심사는 자신에게 있었습니다.

그러다가 부활하신 주님을 만나 그분의 보혈의 공로로 값없이 의롭다고 인정받게 되었습니다. 자신의 능력으로 자신을 구원하려 할 때는 그의 눈이 오직 자신에게만 고착되어 있었습니다. 그런데 예수 그리스도의 은혜를 통해 값없이 구원의 선물을 받고 보니, 더 이상 자신만을 바라볼 이유가 없었습니다. 그제야 그는 눈을 돌려 그를 구원하신 주님을 바라보았고, 주님을 죽은 자들 가운데서 부활시키신 하나님을 보았으며, 다른 사람들의 영혼을 보았습니다. 그래서 그는 이렇게 고백합니다.

> 누구든지 그리스도 안에 있으면 새로운 피조물이라. 이전 것은 지나
> 갔으니 보라, 새것이 되었도다(고린도후서 5:17).

그리스도 안에 있으면 새로운 존재가 됩니다. 그것을 "거듭
난다"고 합니다. 거듭남의 증거는 죄악을 즐기던 사람에게서 맺
히는 거룩함의 열매입니다. 나무의 겉모습은 동일한데 맺는 열
매가 달라진 것입니다. 그렇게 새로운 존재가 되면 세상을 보는
눈이 달라집니다. 자기중심적으로 세상을 보던 사람이 하나님의
시각으로 세상을 봅니다. 물질만 보던 사람이 영적인 세계를 보
기 시작합니다. 눈앞에 보이는 것만 생각하던 사람이 이제는 하
나님의 거대한 구원의 역사를 생각합니다.

이렇듯 바울은 예수 그리스도 안에서 구원의 은혜를 경험하
고 나서 하나님의 시각으로 세상을 보았습니다. 하나님의 눈으
로 세상을 보니, 죽음 가운데 살면서 영원한 죽음을 향해 걸어가
고 있는 사람들의 운명이 그의 마음을 아프게 했습니다. 낙원으
로 창조된 이 세상이 죄악으로 인해 생지옥으로 변해 가는 상황
이 그의 마음을 아프게 했습니다. 죽음의 세력 아래에서 신음하
는 것은 하나님을 떠난 인간만이 아니었습니다. 하나님께서 창
조하신 모든 생명이 신음하며 하나님의 구원을 기다리고 있음을
알고 바울은 이렇게 말합니다.

피조물이 고대하는 바는 하나님의 아들들이 나타나는 것이니 피조물이 허무한 데 굴복하는 것은 자기 뜻이 아니요 오직 굴복하게 하시는 이로 말미암음이라(로마서 8:19-20).

여기서 "하나님의 아들들이 나타나는"이라는 말은 예수께서 다시 오실 때를 가리킵니다. 그날이 오면 하나님의 자녀 된 사람들이 모두 나타나 예수님의 부활에 참여할 것입니다. 그때 이 세상의 모든 것은 변화되어 하나님의 창조 목적대로 회복될 것입니다. 사도 요한은 환상 중에 그날이 임하는 것을 보며 이렇게 적었습니다.

내가 새 하늘과 새 땅을 보니 처음 하늘과 처음 땅이 없어졌고 바다도 다시 있지 않더라(요한계시록 21:1).

천사의 타락과 인간의 범죄로 인해 하나님의 피조세계는 하나님이 원래 지으신 낙원의 상태를 잃었습니다. 인간의 죄악에 대한 심판을 피조세계가 같이 감당하게 된 것입니다. 그것이 창세기 3장의 가르침입니다. 따라서 인간의 구원은 곧 피조세계의 구원이기도 합니다. 바울은 영적 차원에 들어가 그 사실을 알아본 것입니다. 인간만이 아니라 온 피조세계가 새 하늘과 새 땅이 임하기를 갈망하고 있다는 사실을 깨달은 것입니다. 그래서 바울은 이렇게 말합니다.

그 바라는 것은 피조물도 썩어짐의 종노릇 한 데서 해방되어 하나님의 자녀들의 영광의 자유에 이르는 것이니라(로마서 8:21).

온 피조세계가 "썩어짐의 종노릇"에 매여 있다는 것입니다. 이것은 생명 있는 모든 존재가 어쩔 수 없이 썩어지게 되어 있다는 뜻이며, 인간의 죄로 인해 고통받고 있다는 뜻입니다. 바울은 이어서 이렇게 말합니다.

피조물이 다 이제까지 함께 탄식하며 함께 고통을 겪고 있는 것을 우리가 아느니라. 그뿐 아니라 또한 우리 곧 성령의 처음 익은 열매를 받은 우리까지도 속으로 탄식하여 양자 될 것 곧 우리 몸의 속량을 기다리느니라(로마서 8:22-23).

예수 그리스도 안에서 구원의 은혜를 맛보고 거듭난 바울은 깊은 영적 차원에서 온 우주적인 신음소리를 들었습니다. 하나님께서 창조하신 모든 존재가 새 하늘과 새 땅이 임하기를 갈망하며 부르짖고 있습니다. 예수 그리스도를 통해 인간의 내면에서 시작된 구원이 모든 피조물에게 이루어질 날을 기다리고 있습니다.

신음이 깊어지다
당신은 이 우주적인 신음을 들어 본 일이 있습니까? 느껴 본

적이 있습니까? 하나님을 떠나 사는 사람들은 내면에서 죽음을 느끼면서 참된 생명을 향해 신음합니다. 죄를 행복으로 알고 즐기지만 내면 깊은 곳에서는 신음하며 울부짖습니다. 그 고통을 잊기 위해 때로는 술로, 때로는 마약으로, 때로는 일로, 때로는 여행으로 시간을 흘러보내지만, 내적 갈등은 더 심해질 뿐입니다.

예수 그리스도 안에서 구원의 길을 찾은 사람들도 신음하기는 마찬가지입니다. 구원의 경험을 하고 나면 구원받지 못한 영혼들을 긍휼히 여기게 되고, 또한 구원이 완성되는 날을 속히 보기를 소망하게 되기 때문입니다. 바울은 자신이 개인적으로 누리는 구원에 대해 이렇게 말한 적이 있습니다.

하나님의 나라는 먹는 것과 마시는 것이 아니요 오직 성령 안에 있는 의와 평강과 희락이라(로마서 14:17).

예수 그리스도 안에 머물러 살면 내면에서 "의와 평강과 희락"을 맛보게 됩니다. 또한 그런 사람들이 교회로 모이면 그 모임 안에서 의와 평강과 희락을 맛보게 됩니다. 그것이 지금 누리는 구원의 경험입니다. 그것이 세상 어느 곳에서나 가능하다면 얼마나 좋겠습니까? 갈등과 분쟁이 심해지고 있는 세상에 의와 평강과 희락이 찾아온다면, 전쟁과 테러를 모의하고 있는 지하 동굴마다 의와 평강과 희락이 다스린다면, 굶주림과 전염병과 내전으로 인해 하루도 평안히 잠자리에 들 수 없는 아프리카 땅에 의와 평강과 희락이 자리를 잡는다면, 그리고 내가 매일 출근하여 일하는 직장에 의와 평강과 희락 넘친다면 얼마나 좋겠습니까?

바로 그날이 온다는 것입니다. 예수 그리스도 안에서 구원을 경험한 사람은 그날이 올 것을 믿습니다. 자신이 개인적으로 경험하고 있는 구원의 현실이 모든 피조물에게 미치고 그 모든 것이 완전해질 날이 올 것을 믿습니다. 우리는 이미 우리에게 이루어진 구원에 감사하며 그 구원이 완성될 날을 기다리며 이 땅에서 살아갑니다. 그래서 믿는 사람도 신음합니다. 완전한 것이 있음을 알았고 또한 그것을 믿기에 불완전한 상태를 경험하며 신음하는 것입니다.

이미 구원을 받았고 거듭났지만 아직 완전하지 못한 자신으로 인해 신음합니다. 죄로부터 자유로워지기는 했지만 때로 죄에 넘어지는 자신의 연약함으로 인해 신음합니다. 거룩함의 열매를 맺고 있지만 때로 옛 사람의 습성이 나올 때에도 신음합니다. 이 한계와 연약함을 완전히 벗어날 것을 사모하며 신음합니다.

하나님을 등지고 사탄의 속임수와 유혹을 빌미로 삼아 죄악을 즐기며 죽음의 삶을 살면서 영원한 죽음을 향해 가고 있는 사람들을 보며 우리는 또한 신음합니다. 특히 사랑하는 사람들이 그렇게 살아가는 상황은 그 신음을 더욱 깊게 만듭니다. 아무 관계가 없는 사람이라도 그 얼굴에서 죽음의 그늘이 보일 때마다 마음이 아픕니다. 하나님께서 그 사람을 어떻게 창조하셨고 또한 그리스도 예수께서 그 사람을 어떻게 변화시키실지 알기에 마음이 아픕니다.

또한 우리는 죽음의 잔치를 벌이고 있는 이 세상의 현실을 보면서 신음합니다. 하나님께서 이 세상을 어떤 상태로 지으셨는지 알기에, 그리고 새 하늘과 새 땅이 임하면 어떤 상태가 될 것인지 알기에 싸움판이 되어 버린 이 세상의 모습으로 인해 신음하고 부르짖습니다. 사도 요한은 새 하늘과 새 땅이 임할 때 우리 세상이 어떻게 될 것인지를 환상 중에 보았습니다. 보좌에서 울리는 큰 음성이 이렇게 말합니다.

보라, 하나님의 장막이 사람들과 함께 있으매 하나님이 그들과 함께 계시리니 그들은 하나님의 백성이 되고 하나님은 친히 그들과 함께 계셔서 모든 눈물을 그 눈에서 닦아 주시니 다시는 사망이 없고 애통하는 것이나 곡하는 것이나 아픈 것이 다시 있지 아니하리니 처음 것들이 다 지나갔음이러라(요한계시록 21:3-4).

이런 날이 장차 올 것을 우리는 믿습니다. 그것을 믿기에 분열과 싸움과 술수와 배신과 협잡과 내전과 테러와 전염병과 전쟁과 불의와 부정과 부패와 거짓이 가득한 이 세상을 보면서 신음하고 부르짖습니다. "마라나타! 우리 주여, 어서 오시옵소서!"(고린도전서 16:22)라고 말입니다.

거기서 한 걸음 더 나아가, 우리는 모든 피조물의 신음과 탄식소리를 듣습니다. 인간의 죄악으로 인해 고통당하는 생명으로 인해 신음하고 절규합니다. 얼마 전 한국에 잠시 방문했을 때, 아프리카 열병이 발생하여 수많은 돼지를 도살하여 땅에 파묻는 모습을 TV에서 보았습니다. 이런 모습을 보면서 아픔을 느끼지 않는다면, 인성이 죽어 있는 것은 아닌지 돌아보아야 합니다. 게다가 하나님을 믿는 사람이라면 더 깊은 아픔을 느껴야 합니다. 인간의 죄악으로 인해 고통당하는 피조세계의 신음소리를 들을 줄 알아야 합니다. 끝도 없는 인간의 육식 소비가 대량사육제도를 만들어 낸 것이고, 대량사육제도가 그런 재앙을 만들어 낸 것입니다. 이것은 모든 생명의 주인이신 하나님께서 마음 아파하실 일입니다.

인간의 죄에 대한 형벌을 피조세계가 겪고 있다는 말은 추상적인 이론이 아닙니다. 우리의 일상생활에서 매일 일어나고 있는 현실입니다. 점점 심해지는 자연재해도 피조세계의 몸부림입니다. 북극의 빙하가 녹아내려 갈 곳을 찾지 못하고 파리하게 여위어 가는 북극곰의 모습에서 그 신음과 절규를 듣습니다. 얼마 전에는 바다에 떠다니는 플라스틱이 위장에 가득 쌓여 죽은 고래의 모습이 뉴스로 전해졌습니다. 그 모습에서 신음소리가 들리지 않습니까?

혼자만의 문제가 아니다

구원은 나 혼자의 문제가 아닙니다. 물론 구원은 한 개인의 내면에서 시작합니다. 하나님 앞에 단독자로 서는 것에서 구원은 시작됩니다. 하지만 나에게 미친 그 구원 사건은 온 우주를 회복하시려는 하나님의 구원 계획 때문에 가능해진 것입니다. 나를 대하실 때 하나님은 이 세상에 나 하나밖에 없는 것처럼 대하시지만, 나에게 미친 구원은 하나님의 영원하고도 우주적인 계획 안에서 받은 은혜임을 기억해야 합니다.

예수 그리스도를 주님으로 영접하고 하나님의 자녀로 회복되면, 나는 하나님의 거대한 구원의 드라마 안에 들어가는 것입니다. 태초에 천지를 창조하시고 그 안에 인간을 두시면서 시작하신 드라마입니다. 순조롭게 진행되어야 했을 그 드라마는 일부 천사가 하나님께 반역하고 그 결과로 인간이 하나님께 등을 돌림으로써 틀어졌습니다. 하지만 하나님은 이스라엘 민족을 선택하여 구원의 길을 여셨고, 그 길은 여러 번의 우회로를 거쳐 하나님의 아들 예수 그리스도께 이르렀습니다. 하나님은 교회를 통해 구원의 역사를 이어 가시다가 예수께서 재림하시는 날 모든 것을 회복시키실 것입니다.

그러므로 예수 그리스도를 주님으로 영접한 사람은 하나님의 거대한 가족의 일원이 됩니다. 혼자 구원받고 천국 가는 것이 아니라, 이 땅에서 구원받은 사람들과 함께 천국을 실험해 갑니다. 그것이 바로 교회입니다. 한 지역 교회에 속하여 운명을 함께해야 하는 이유가 여기에 있습니다. 그렇게 이 땅에서 천국을 실험하다가 죽어서 하나님 나라에 이릅니다.

그때 그곳에 이르면 자신이 속한 하나님의 가족이 얼마나 대단한 것인지를 깨닫게 될 것입니다. 믿음 안에서 죽은 모든 사람과 한 가족이라는 사실을 알게 되기 때문입니다. 사도신경에서 "거룩한 공교회"와 "성도가 서로 교통하는 것"을 고백하는 이유가 여기에 있습니다.

이 모든 구원의 드라마는 예수께서 재림하시고 새 하늘과 새 땅이 임함으로 완성됩니다. 우리의 최종적인 소망은 새 하늘과 새 땅에서 예수 그리스도의 부활에 참여하는 것입니다. 오염되고 훼손된 하늘과 땅이 새 하늘과 새 땅을 입고, 불완전한 우리의 몸이 신령한 몸을 입는 것입니다.

드라마나 영화의 줄거리나 주요 장면 혹은 결말을 미리 알려주어 흥미를 크게 떨어뜨리는 것을 영어로 '스포일링'(spoiling)이라고 부릅니다. 미리 결과를 알게 되면 보는 재미가 사라집니다. 이것은 구경꾼의 입장에서의 상황입니다. 하지만 등장인물들의 사정은 전혀 다릅니다.

드라마 같은 삶을 사는 사람에게는 결말이 매우 중요합니다. 매일같이 치열한 전쟁으로 인해 숨 막히는 나날을 지내고 있는데, 그 결말이 실패라면 더 이상 싸울 맛이 나지 않을 것입니다. 반면, 그 결말이 승리라면 버티고 싸울 수 있을 것입니다. 그래서 바울은 이렇게 말합니다.

우리가 소망으로 구원을 얻었으매 보이는 소망이 소망이 아니니 보는 것을 누가 바라리요. 만일 우리가 보지 못하는 것을 바라면 참음으로 기다릴지니라(로마서 8:24-25).

그리스도인의 소망은 나 혼자 믿다가 죽고 나서 나 혼자 천국 가는 것이 아니라 하나님의 거대한 구원 드라마에 참여하는 것이고, 하나님의 영원한 가족이 되는 것이며, 믿음 안에서 살았던 모든 성도와 하나가 되는 것이고, 새 하늘과 새 땅에서 예수 그리스도의 부활에 참여하여 영원히 사는 것입니다. 그것이 성경이 말하는 구원입니다. 그것이 지금 우리가 성령을 통해서 경험하는 구원의 미래 모습입니다. 그 소망은 지금 우리 눈에 보이지 않으며, 참되고 영원한 것입니다.

그런 소망이 있기에 그리스도인은 거룩함의 열매를 맺기 위해 자신의 믿음을 챙기는 한편 이웃을 돌아봅니다. 사탄과 죄의 노예가 되어 죽음 가운데 살며 영원한 죽음을 향해 가는 사람들을 생명으로 인도하기 위해 노력합니다. 그래서 전도하는 것이고, 그래서 선교하는 것입니다.

전도와 선교에 나서기를 원하는 사람은 먼저 다른 사람의 내면에서 울리는 신음소리를 듣는 연습을 해야 합니다. 그 신음소리로 인해 자신의 마음에 아픔이 느껴져야 합니다. 제가 아는 선교사님들 중에 이웃의 신음소리에 귀 기울이는 예민하고도 겸손한 마음을 가진 분들이 있습니다. 그런가 하면, 선교에 열심이다 싶은 분들 중에는 이웃의 고통과 괴로움에 대한 예민성 없이 공로심만 가지고 일하는 분들이 있습니다. 그것은 본인에게도 해롭고 받는 사람에게도 해롭습니다. 한국 교회가 그동안 선교에 많은 공헌을 했지만, 신음소리에 귀 기울이는 마음 없이 열정만 가지고 행함으로 인해 끼친 해악도 만만치 않습니다.

이웃의 신음에 예민하게 반응하는 사람들은 하나님께서 회복시키실 새 하늘과 새 땅을 생각하며 이 세상을 변화시키기 위해 노력합니다. 구원의 확신을 가진 사람들은 세상 돌아가는 것에서 마음과 눈을 떼고 살지 않습니다. 그렇다고 해서 정치 뉴스에 눈과 코를 박고 살아가지도 않습니다. 눈을 감고 새 하늘과 새 땅을 생각하되, 그 눈으로 세상 돌아가는 상황을 바라봅니다. 그러고는 하나님 나라의 정의와 평화와 사랑이 이 세상에 이루어지도록 기도하고 또한 헌신합니다. 인간의 욕망으로 인해 훼손되어 가는 피조세계를 회복하고 보존하는 일을 위해서도 할 일을 찾습니다.

고난에 참여하는 영광

그렇게 사는 삶은 결코 안전하고 형통하고 평탄하지 않습니다. 죄악이 가득한 세상에서 거룩함의 열매를 맺는 것도 그렇고, 이웃을 전도하고 선교하는 것도 그렇고, 이 땅에 하나님 나라의 정의가 실현되도록 노력하는 것도 그렇습니다. 때로 오해를 받기도 하고, 반대를 경험하기도 하며, 박해를 당하기도 합니다.

그것을 가장 심하게 경험한 사람이 바울입니다. 그는 하나님 나라를 위해 받는 고난을 가리켜 "그[그리스도]와 함께 영광을 받기 위하여 고난도 함께 받아야 할"(로마서 8:17) 것이라고 규정합니다. 그러면서 이렇게 말합니다.

생각하건대 현재의 고난은 장차 우리에게 나타날 영광과 비교할 수 없도다(로마서 8:18).

믿는 분들에게 묻습니다. 당신에게는 이런 소망이 있습니까? 이 소망이 늘 살아 있어서 거룩함의 열매 맺기에, 이웃의 신음소리에 응답하여 전도하고 선교하는 일에, 하나님 나라의 기준으로 세상을 변화시키는 일에, 그리고 훼손되어 가는 피조세계를 보호하는 일에 힘쓰고 있습니까? 그런 삶으로 인해 기꺼이 감수하고 있는 손해와 불편과 오해와 비난과 박해가 당신의 삶에 있습니까?

그리스도인이라고 말하면서도 이 모든 것은 안중에도 없고 예수의 능력으로 이 땅에서 편히 살아가 죽어서 천국 가려는 마음으로 믿음 생활을 하고 있다면, 참으로 불행하고 부끄러운 일입니다. 그것은 하나님을 너무도 작게 만드는 일이고, 우리 주 예수 그리스도를 우상으로 만드는 일이며, 우리를 구원한 복음의 명예를 더럽히는 일입니다.

얼마나 많은 사람들이 오늘날 교회가 전파하는 복음을 조롱하고 있습니까? 복음과 구원의 그 영원하고도 우주적인 크기와 넓이를 우리 스스로 사소하고 초라한 우상의 종교로 추락시켜 놓았기 때문입니다. 부디, 우리의 믿음이 본래의 모습으로 그 깊이와 넓이와 높이가 회복되기를 기도합니다. 복음의 영광을 회복하고 참된 소망으로 그리스도의 고난에 참여할 수 있기를 기도합니다.

나 혼자 죄로부터 자유함을 받고 거룩함의 열매를 맺으며 영생을 맛보다가 영생에 이르는 것도 알고 보면 놀라운 복음입니다. 하지만 그것은 복음이라는 거대한 그림 안에 있는 하나의 작은 조각에 불과합니다. 그 조각만으로도 의미가 있지만, 전체 그림 안에 둘 때 그 조각은 비로소 의미를 가집니다.

여러분 중에는 아직 구원의 확신을 얻지 못한 분들도 있을 것입니다. 다시 권합니다. 예수 그리스도의 이 복음을 진지하게 생각해 보십시오. 창조로부터 새 하늘과 새 땅에 이르는 하나님의 거대한 구원의 역사를 보시기 바랍니다. 믿지 않는 것은 그 드라마에 들어가지 못하는 것입니다. 예수 그리스도를 통해 하나님의 영원한 가족을 발견하시기 바랍니다.

저의 간절한 소망은 우리 모두가 복음 안에 담긴 구원의 크기와 넓이를 제대로 알아, 참된 소망을 품고 어떤 손해와 불편과 고난에도 굴하지 않으며, 거룩함의 열매를 맺고 구원의 복음을 전하며, 이 땅에 하나님 나라의 정의가 실현되도록 노력하고 피조세계를 돌보는 일을 지속하는 것입니다. 그것은 곧 그리스도의 고난에 참여하는 영광이며, 장차 우리에게 나타날 영광과는 비교할 수 없이 작은 것입니다.

1. 기독교가 제시하는 구원이 한 개인의 문제가 아니라 우주적인 문제라는 사실에 대해 어떻게 느낍니까? 이것은 그동안 당신이 알던 기독교와 어떻게 다릅니까?

2. 당신은 기독교 신앙이 개인의 영혼 문제뿐 아니라 우리 세계가 직면하고 있는 문제에 대한 해결책이라는 사실에 대해 어떻게 생각합니까?

함께 드리는 기도

나의 주님,
우리의 주님,
온 세상의 주님,
우리의 마음을 열어 주시고
우리의 마음을 겸손하게 해주셔서
구원을 갈망하는 신음,
이 땅의 불행을 아파하는 신음으로
이웃을 보게 하시고 세상을 보게 하소서.
주님의 나라를 위해 일하게 하소서.
예수 그리스도의 이름으로 기도합니다. 아멘.

III
지금 여기서,
어떻게 구원의 삶을
살 것인가

10
그 안에 머물러 산다
내주와 동행

그 기쁜 소식

최근에 당신이 들은 '기쁜 소식'은 무엇입니까? 바라고 원하던 직장에 들어가게 되었습니까? 몇 년 동안 준비한 시험에 합격했습니까? 자녀에게 좋은 일이 생겼습니까? 조직검사 결과 아무 문제 없다는 소식을 들었습니까? 그것이 무엇이든 축하드립니다.

혹은 지금 당신이 기다리고 있는 기쁜 소식은 무엇입니까? 원하는 직장에 지원서를 내놓고 합격 통지서를 기다리고 있습니까? 임신 소식을 기다리는 젊은 부부도 있을 것이고, 자녀의 결혼 소식을 기다리는 부모도 있을 것입니다. 부디, 기쁜 소식이 속히 당신에게 전해지기를 기도합니다.

때로 피곤하고 지치기 쉬운 인생 여정에서 크고 작은 기쁜 소식들은 살맛 나게 해주는 활력소가 됩니다. 마음이 가난하고 소박할수록 기쁨을 느낄 가능성이 더 높아지는 것을 보면 다행한 일인 듯싶습니다. 물질은 불공평하지만 기쁨은 공평합니다. 다만 아쉬운 점은 그 기쁨이 오래가지 못한다는 것입니다. 어떤 소식은 잠시 마음을 밝혀 주었다가 효력이 다하는가 하면, 또 어떤 소식은 며칠 동안 마음을 즐겁게 하다가 기억 속에서 점점 사라집니다. 결국 약효가 떨어지고, 마음은 다시 어둡고 무거워집니다.

그런 경험을 반복하다 보면 이런 의문이 듭니다. "우리의 마음을 지속적으로 밝혀 주고 가볍게 해주고 따뜻하게 해주는 소식은 없을까? 끊임없이 삶의 활력과 열정을 복돋울 기쁜 소식은 없을까?"

비유하자면, 크고 작은 기쁜 소식들은 목마를 때 떠 마시는 물과 같습니다. 마실 때는 갈증이 해소되는데, 얼마 지나면 다시금 갈증이 고개를 듭니다. 그런데 만일 내 안에 샘이 있어서 생수가 늘 넘쳐흐르고 있다면 어떨까요? 그러면 더 이상 물을 찾아 두리번거리지 않아도 될 것이며, 갈증 자체를 경험하지 않게 될 것입니다. 사실, 예수께서 그런 비유를 사용하여 말씀하신 적이 있습니다.

누구든지 목마르거든 내게로 와서 마시라. 나를 믿는 자는 성경에 이름과 같이 그 배에서 생수의 강이 흘러나오리라(요한복음 7:37-38).

요한은 이 말씀을 기록하면서 "이는 그를 믿는 자들이 받을 성령을 가리켜 말씀하신 것이라"(39절)고 덧붙입니다. 예수님을 믿으면 내면적인 갈증을 근원적으로 해갈해 줄 생수의 샘을 가진다는 것입니다. 결코 효력이 다하지 않는 기쁨의 근원을 가지는 것이지요. 그러면 물을 마시지 않아도 갈증을 느끼지 않게 됩니다.

저는 오래전에 갑상선 항진증으로 고생했던 적이 있습니다. 갑상선 호르몬은 몸의 신진대사를 조절하는 역할을 하는데, 항진증은 호르몬을 너무 많이 분비하여 신진대사를 활성화시키는 질환입니다. 이 질환에 걸리면 가만히 누워 있어도 달리기를 하는 사람처럼 몸에 신진대사가 일어납니다. 그렇기 때문에 아무리 물을 마셔도 계속 갈증이 생깁니다.

우리의 영혼은 마치 갑상선 항진증에 걸린 것처럼 생수를 찾습니다. 하지만 그 질환을 치료하지 않고는 아무리 많은 물을 마셔도 소용이 없습니다. 상황과 형편의 변화에서 경험하는 기쁨과 의미로는 우리의 내면에 참된 만족을 가져다줄 수 없습니다. 예수 그리스도를 우리의 중심에 모셔 들이는 것은 마치 내면에 생수의 근원을 가지는 것과 같습니다. 상황과 상관없이 늘 기쁨과 안식과 평화를 누릴 수 있습니다.

바로 이런 까닭에 예수님에 관한 소식을 '복음' 곧 '기쁜 소식'이라고 부릅니다. 더 정확히 말하자면, '그 복음' 혹은 '그 기쁜 소식'입니다. 영어로 'the Gospel' 혹은 'the Good News'라고 표현하는데, 정관사 'the'를 앞에 붙이고 단어의 첫 문자를 대문자로 쓰는 이유가 있습니다. 이 기쁜 소식은 많고 많은 기쁜 소식 중 하나가 아니라, '특정의 기쁜 소식' 혹은 '가장 기쁜 소식'이기 때문입니다. 이 소식을 제대로 듣게 되면 고갈되지 않는 기쁨을 맛볼 수 있습니다.

우리는 지금까지 '그 복음'의 내용에 대해 하나씩 살펴보았습니다. 하늘과 땅을 창조하신 하나님이 계시다는 증거부터 시작하여, 왜 하나님의 선한 피조세계가 파괴되어 지옥으로 변해가고 있는지, 하나님을 등진 인간이 어떻게 살고 있으며 얼마나 불행한 운명을 향해 가고 있는지, 그 불행한 운명으로부터 우리를 구하기 위해 하나님이 이스라엘을 통해 어떤 일을 하셨는지, 그리고 마침내 아들 예수 그리스도를 통해 무엇을 하셨으며 인류와 피조세계를 위해 장차 어떻게 하실지를 살펴보았습니다. 이 모든 것이 '그 복음'의 내용입니다. 이것이 나에게 기쁜 소식이 되게 만드는 힘이 곧 믿음입니다.

다시 말씀드리지만, 종교마다 제시하는 구원이 다르고 구원에 이르는 길에 대한 처방도 각기 다릅니다. 유교는 '극기복례'(克己復禮) 곧 자아를 극복하고 예로 돌아가는 것이 구원이라고 가르치면서 '수양'(修養)을 구원의 길로 제시합니다. '수신제가치국평천하'(修身齊家治國平天下) 곧 자신을 수양하고 가정을 다스리며 나라를 통치하고 천하를 태평하게 하는 것이 유교의 이상입니다. 한편 불교는 집착에서 벗어나 해탈에 이르는 것이 구원이라고 가르치면서 '구도정진'(求道精進)과 '고집멸도'(苦集滅道)를 구원의 길로 제시합니다.

반면, 기독교에서는 죄에서 벗어나 하나님의 자녀로 회복되어 이 땅에서 거룩함의 열매를 맺으며 '사는 것처럼' 살고 죽어 영생에 이르는 것, 그리고 새 하늘과 새 땅에서 예수 그리스도의 부활에 참여하는 것이 구원이라고 가르칩니다. 그것은 우리 스스로의 노력으로 할 수 없는 일입니다. 우리를 구원하실 수 있는 분에게 의지해야 합니다. 그래서 믿음으로 인해 구원을 얻습니다.

그분 '안에' 믿는다

이렇게 보면, 믿음의 대상이 두 가지입니다. 믿음의 두 단계라고 말할 수도 있습니다.

첫째, 믿음은 '그 복음'을 대상으로 합니다. 하나님께서 태초부터 행하신 모든 일을 인정하고 받아들이는 것입니다. 그래서 예수님은 "복음을 믿으라!"고 하셨습니다. '그 복음'에 속한 모든 일 중 가장 중요한 것이 부활입니다. 부활을 믿으면 복음의 다른 요소들을 믿는 데 아무 문제가 없습니다. 반면, 부활을 믿지 못하면 다른 것들에 대해서도 믿기가 어렵습니다.

둘째, 믿음은 '그 복음'을 완성하신 분을 대상으로 합니다. '그 복음'을 믿는 사람이라면, '그 복음'의 주인공인 예수 그리스도에 대한 믿음으로 나아가게 되어 있습니다. 어떤 사람이 그동안 행한 일을 보고 그 사람을 믿는 것처럼, 예수께서 행하신 일을 보고 그분이 하나님의 아들이심을 인정하고 그분을 의지하는 것입니다.

복음을 믿는 것은 특정의 '사실'에 대해 인정하는 것이고, 예수 그리스도를 믿는 것은 살아 있는 '인격'을 신뢰하고 의지하는 것입니다. 여기까지 나아가야 진짜 믿음입니다. 첫 번째 단계는 머리로 인정하는 것이고, 두 번째 단계는 마음으로 신뢰하고 몸으로 의지하는 단계입니다. 그것을 '인격적 신뢰'(personal trust)라고 부릅니다.

인격적 신뢰를 강조하기 위해 예수님은 독특한 표현을 사용하셨습니다. 헬라어 표현을 직역하면, "나를 믿으라"가 아니라 "내 안에 믿으라"가 됩니다. 우리말로 번역하니 이상하지요? 영어에는 헬라어와 일치하는 표현이 있습니다. "Believe in me"라는 표현입니다. 예수님은 "Believe me"라고 하지 않고 항상 "Believe in me"라고 하셨습니다. 이 두 표현 사이에 어떤 차이가 있을까요?

당신은 저를 믿으십니까? 당신이 제 얼굴을 본 적이 없지만 이 글을 읽고 있는 이유는 저를 믿으시기 때문입니다. 그렇다면 당신은 '제 안에' 믿으십니까?

만일 제가 당신에게 전화를 걸어 이렇게 말한다고 가정합시다. "한 달 동안 시간을 비우시고 저와 함께 시간을 보냅시다. 어디 가서 무엇을 할지는 묻지 마십시오. 그냥 저를 믿고 한 달 동안 사용할 돈만 가지고 저를 따라오십시오." 그 말을 듣고 직장에 휴직계를 내고 여행비를 마련해서 저를 찾아오신다면 '제 안에' 믿는 분입니다.

만일 그런 분이 있다면 저는 좋을까요? 아마도 겁날 것입니다. 인간으로서 다른 사람으로부터 이런 전적인 신뢰를 받을 자격이 있는 사람은 아무도 없습니다. 그것은 그 사람을 우상으로 만드는 일입니다. 그렇게 신뢰하는 사람도 문제이고 그렇게 신뢰의 대상이 되는 사람도 문제입니다. 만일 저를 그렇게 신뢰하는 분이 있다면 저는 사양하겠습니다. 그것은 오직 하나님께만 드려야 할 신뢰요 의지입니다.

그렇게 보면 "Believe in me"라고 말씀하신 것만으로도 예수님이 보통 사람이 아니었음을 알 수 있습니다. 이렇게 말할 수 있는 사람은 사람 이상이거나 정신에 문제가 생겼거나 둘 중 하나입니다.

'그 복음'의 사실들을 진실로 인정하게 되면 예수 그리스도 '안에' 믿을 수 있습니다. 다시 말해, 그분에게 인생을 맡길 수 있습니다. 그럴 만한 분이기 때문입니다. 그 믿음을 가르치기 위해 예수님은 포도나무와 가지의 비유를 사용하셨습니다.

나는 포도나무요 너희는 가지라. 그가 내 안에, 내가 그 안에 거하면 사람이 열매를 많이 맺나니(요한복음 15:5).

가지가 포도나무 줄기 안에 붙어 있는 것처럼 자신을 예수 그리스도 안에 맡기는 것이 믿음입니다. 마음뿐 아니라 몸 전체를 맡기는 것입니다. 들락날락하는 것이 아니라 계속 안에 머무는 것입니다. 그분이 이끄시는 대로 사는 것입니다.

여기서 믿음의 또 다른 특징이 드러납니다. 믿음은 "지속적으로" 의지하는 과정입니다. 헬라어에서 현재형 시제는 지속적인 행동 혹은 반복적인 행동을 의미합니다. 신약성경에서 '믿다'라는 동사를 사용할 때면 거의 예외 없이 현재형으로 되어 있습니다. 진정한 믿음은 인격적인 신뢰의 상태를 "지속하는" 것이라는 뜻입니다. 가지가 줄기 안에 붙어 있는 것처럼 예수 안에 머물러 사는 것입니다.

'복음의 요약'이라고 알려진 말씀이 있습니다. 바로 요한복음 3:16입니다.

하나님이 세상을 이처럼 사랑하사 독생자를 주셨으니 이는 그를 믿는 자마다 멸망하지 않고 영생을 얻게 하려 하심이라.

여기서 "그를 믿는 자마다"에 주목해야 합니다. 여기에는 믿음의 두 가지 요소가 모두 표현되어 있습니다. 첫째, "그를 믿는 자마다"를 직역하면 "그 안에 믿는 자마다"가 됩니다. 이것은 예수 그리스도를 인격적으로 신뢰하고 의지하는 것을 말합니다. 둘째, "믿는"이라는 동사가 현재형입니다. 이것은 인격적 신뢰를 지속하는 것을 말합니다. 예수 그리스도를 주님으로 영접하고 그분을 신뢰하고 의지한 상태에서 살아가면 영생을 얻는다는 것입니다.

예수 그리스도를 주님으로 영접함으로 구원은 시작됩니다. 그러고 나면 주님 안에 계속 머물러 살아가게 됩니다. 예수님이 누구인지 알고 나면 그분을 떠나고 싶지 않습니다. 항상 그분과 동행하기를 힘쓰게 됩니다. 만일 예수님을 나의 구주로 영접했다고 하면서 그분 안에 머물러 살아가기를 힘쓰지 않는다면, 내가 정말 주님을 알고 있는지 의심해 보아야 합니다. 그렇게 주님 안에 머물러 살아갈 때, 주님께서는 우리의 삶을 안으로부터 변화시켜 주십니다.

자유의 기쁨

예수 그리스도 안에 머물러 살아갈 때 우리에게 일어나는 첫 번째 구원의 사건은 죄에서 해방되는 것이라고 했습니다. 그렇다면 그리스도 안에서 죄의 결박으로부터 어떻게 풀려나는지를 잠시 생각해 보겠습니다.

죄가 죄인 줄 알지만 그 죄로부터 벗어날 힘이 없을 때면 참으로 고통스럽습니다. 사도 바울 역시 그런 시기를 거쳤습니다. 하나님의 뜻도 알고 죄가 죄인 줄도 알지만 죄의 유혹과 결박에 사로잡혀 정작 행하기 원하는 의는 행하지 않고 죄를 범하곤 했습니다. 그 시기에 바울은 "오호라, 나는 곤고한 사람이로다. 이 사망의 몸에서 누가 나를 건져내랴"(로마서 7:24)고 절규했습니다. 이것은 죄에 예민한 사람이라면 누구든 경험하는 일입니다.

그러던 바울이 예수 그리스도 안에 머물러 살면서 죄로부터 해방을 경험했습니다. 그래서 그는 이렇게 선언합니다.

그러므로 이제 그리스도 예수 안에 있는 자에게는 결코 정죄함이 없나니 이는 그리스도 예수 안에 있는 생명의 성령의 법이 죄와 사망의 법에서 너를 해방하였음이라(로마서 8:1-2).

이것은 바울이 그리스도 예수 안에서 복음의 능력을 경험하고 나서 쓴 것입니다. 그분 안에 "지속적으로" 머물러 살다 보니 어느새 죄의 족쇄가 풀려 버렸습니다. 과거에는 뿌리칠 수 없을 만큼 강력했던 죄의 유혹이 그 힘을 잃어버렸습니다. 하나님의 뜻을 행하는 데 이제는 아무런 불편도, 방해도 느끼지 않습니다. 그래서 바울은 "우리 주 예수 그리스도로 말미암아 하나님께 감사하리로다"(로마서 7:25)라고 썼습니다.

이 말씀을 읽으면서 '나는 여전히 죄에 짓눌려 사는데……', '나는 왜 그러지?'라고 생각하는 분이 있을 것입니다. 실은 믿는다는 사람들의 절대 다수가 이런 고민을 품고 삽니다. 이런 상태에 머물러 있으면 주일에 교회를 향하는 마음이 꼭 목욕탕에 가는 것 같습니다. 일주일 동안 영혼에 찌든 죄의 때를 씻어 내기 위해 예배 가운데 나아옵니다. 죄로부터 자유하게 하는 복음의 능력을 경험하지 못하고, 매 주일 패배한 영혼으로 예배당 의자에 앉아 죄를 씻어 달라고 기도합니다.

무엇이 잘못된 것일까요? 이 문제에 대해 사도 요한은 먼저 위안이 되는 말씀을 전합니다. 첫 번째 편지 서두에서 그는 이렇게 말합니다.

만일 우리가 죄가 없다고 말하면 스스로 속이고 또 진리가 우리 속에 있지 아니할 것이요(요한일서 1:8).

사도 요한은 "우리"라고 말합니다. 즉 자신까지 포함해서 말하고 있는 것입니다. 이 편지를 쓸 당시에 사도 요한은 거의 성인의 수준에 이르렀을 것입니다. 그럼에도 그는 "죄가 없다고 말하면 스스로 속이는" 것이라고 말합니다. 우리는 새 하늘과 새 땅에서 신령한 몸으로 부활할 때까지 죄에서 완전히 벗어날 수 없습니다. 사도 요한이 이런 말을 했다는 것은 우리에게 크나큰 위안을 가져다줍니다.

그런데 조금 더 읽다 보면 같은 편지에서 그는 전혀 다른 말을 합니다.

그 안에 거하는 자마다 범죄하지 아니하나니 범죄하는 자마다 그를 보지도 못하였고 그를 알지도 못하였느니라(요한일서 3:6).

이게 무슨 일일까요? 같은 편지에서 서로 모순되는 말을 하고 있습니다. 아마도 앞서 한 말을 잊어버리고 반대되는 말을 한 것이거나, 앞서 한 말을 기억하면서도 이렇게 말하고 있는 것이거나 둘 중 하나일 것입니다. 요한이 정신을 잃지 않고서야 첫 번째일 수는 없습니다. 두 번째 경우일 가능성이 높습니다.

그렇다면 이게 무슨 뜻일까요? 여기서도 헬라어의 현재시제가 중요합니다. 앞에서 헬라어의 현재시제는 지속적이고 반복적인 행동을 가리킨다고 했습니다. 그 뜻을 담아 번역하면 이렇습니다.

그리스도 안에 **지속적으로** 거하는 자마다 **지속적으로** 범죄하지 아니하나니 **지속적으로** 범죄하는 자마다 그를 보지도 못하였고 그를 알지도 못하였느니라.

그리스도 안에 거하여 살아가는 사람은 때로 죄에 넘어질 수는 있지만 죄의 습성에 빠져 죄의 노예로 살지는 않는다는 뜻입니다. 예수 그리스도를 알지 못할 때는 죄의 노예가 되어 속절없이 죄를 짓고 살지만, 그리스도 안에 머물러 살아가면 죄의 족쇄가 힘을 잃습니다. 성령께서 죄의 유혹을 이길 힘을 주시기 때문입니다. 때로 죄에 넘어져도 그 죄에 주저앉지 않습니다.

만일 죄인 줄 알면서도 그 죄를 벗어날 마음도 없고 벗어날 힘도 없다면, 그리스도 안에 머물러 살지 않고 있다는 뜻입니다.

혹시 여러분 중에 이 대목에서 걸리는 분이 있을지 모르겠습니다. 죄인 줄 알면서도 즐기고 있는 몸의 죄가 당신에게 있습니까? 혹은 털어 버려야 하는 줄 알면서도 그대로 품고 있는 마음의 죄가 당신에게 있습니까? 죄인 줄도 모르고 죄 가운데 빠져 있다면 더 큰 문제입니다만, 죄인 줄 알면서도 어쩌지 못하고 사는 경우도 많습니다. 우리 마음은 참으로 묘하여 죄인 줄 알면서도 죄가 아닌 척 즐기고 싶어 합니다. 그런 은밀한 욕망 때문에 주님 안에 머물러 있기를 피하는지도 모릅니다.

만일 당신에게 그런 것이 있다면, 더 이상 그 상태에 머물러 살지 않도록 결단하십시오. 그러기 위해 예수 그리스도 안에 머물러 살아가십시오. 저도 경험해 보아서 압니다. 그리스도 예수 안에 머물러 살면, 죄의 족쇄는 썩은 동아줄처럼 힘없이 끊어져 버립니다. 죄로부터 해방된 심령의 기쁨은 그 어떤 기쁨과도 비교할 수 없습니다. 그 거룩한 기쁨을 맛보실 수 있기를 바랍니다.

머물러 살라

모든 것의 열쇠는 **예수 그리스도 안에 지속적으로 머물러 살아**가는 것에 있습니다. 죄로부터 해방되는 것도 그렇고, 거룩함의 열매를 맺는 것도 그렇습니다. 이웃의 감추어진 신음소리를 듣는 것도 그렇고, 그 신음소리에 응답하기 위해 손해와 고난과 박해를 감당하고 전도와 선교를 위해 힘쓰는 것도 그렇습니다. 아무것도 가지지 않았으나 모든 것을 가진 사람처럼 살아가는 것도 그렇고, 나 자신의 관심사에서 벗어나 이웃과 교회와 하나님 나라를 위해 헌신하는 것도 그렇습니다. 마음의 눈이 열려 하나님의 신비를 맛보는 것도 그렇고, 일상생활 가운데서 영생의 기쁨을 맛보는 것도 그렇습니다. 그 모든 것이 그리스도 안에 지속적으로 머물러 사느냐 마느냐에 달려 있습니다.

이 지점에서 "아, 내 믿음의 문제가 그거였구나!" 하고 생각하는 분들이 있을 것입니다. 아니, 모두 그렇게 느끼셨으면 좋겠습니다. 믿으려고 힘껏 노력해 보았지만 이렇다 할 변화가 일어나지 않았던 이유가 여기에 있습니다. 여전히 죄에 넘어지고 옛사람의 못된 습관에서 벗어나지 못하는 이유도, 물질에 대한 욕망에 사로잡혀 있는 이유도, 시기심과 질투심에 자주 짓눌리는 이유도, 작은 것에 일희일비하는 이유도 여기에 있습니다. 어려운 일을 당할 때마다 낙심하고 절망하는 이유도, 그리고 죽음의 공포를 극복하지 못하는 이유도 여기에 있습니다. 결코 사라지지 않는 기쁨의 이유를 가지지 못하고 크고 작은 기쁜 소식에 목매여 살아가는 이유도 여기에 있습니다.

밧모 섬에서 사도 요한에게 주님께서 하신 말씀을 이 대목에서 다시 읽어 봅니다.

볼지어다, 내가 문 밖에 서서 두드리노니 누구든지 내 음성을 듣고 문을 열면 내가 그에게로 들어가 그와 더불어 먹고 그는 나와 더불어 먹으리라(요한계시록 3:20).

여기서도 현재형 동사가 사용되고 있습니다. 우리가 마음의 문을 열 때까지 주님께서는 "지속적으로" 문을 두드리십니다. 마음의 문은 손잡이가 안에만 있습니다. 밖에서는 열 수가 없는데, 자유의지를 보장하려는 하나님의 배려 때문에 그렇습니다. 마음의 문을 다른 사람이 마음대로 열고 닫을 수 있다면 자유는 사라집니다. 하나님조차도 그 자유에 대해서는 침해하지 않으십니다. 그래서 우리가 문을 열기까지 두드리면서 기다리십니다.

여러분 중에 아직 주님께 마음의 문을 열지 않으신 분이 있습니까? 잘 생각해 보십시오. 그동안 당신은 마음의 문을 두드리시는 주님의 노크소리를 들어 오셨습니다. 때로는 크게, 때로는 작게, 때로는 직접, 때로는 간접적으로 주님께서 당신의 마음 문을 두드리는 소리를 들으셨을 것입니다. 그것을 인정하신다면, 이제는 문을 열고 주님을 모셔 들이시기 바랍니다.

문을 열어 주기까지 바깥에서 문 두드리는 사람의 심정을 경험해 보지 않으셨나요? 사춘기 아이가 화가 나서 자기 방으로 들어가 문을 걸어 잠그면 부모로서는 스스로 열고 나올 때까지 기다리는 수밖에 없습니다. 성급한 부모는 손잡이를 부수고라도 들어가려 합니다. 그것은 아이의 마음을 부수는 일입니다. 부모라 해도 아이의 자유의지를 침해해서는 안 됩니다. 하나님도 하지 않으시는 일을 부모가 해서야 되겠습니까? 기다려야 합니다. 그때 부모의 마음은 속으로 타 들어갑니다.

당신의 마음 문을 두드리는 주님의 심정이 그와 같습니다. 문을 걸어 잠그고 앉아 화가 나서 울다가 자신의 잘못을 깨닫고 눈물 가득한 눈으로 문을 여는 자식의 마음으로 당신의 마음 문을 여십시오. 그리고 주님께서 당신의 삶으로 들어오셔서 같이 먹고 마시게 하십시오. 그것이 곧 마르지 않는 생수의 샘을 가지는 일입니다.

이미 그렇게 하셨습니까? 그렇다면 이제는 힘써 매일 그분 안에 머물러 살아가십시오. 예수님이 어떤 분이고 우리를 위해 어떤 일을 하셨으며 또한 장차 어떤 일을 해주실 수 있는 분인지를 안다면, 늘 그분 안에 머물러 있기를 힘쓸 것입니다. 그러면 그분께서 우리의 삶에 놀라운 변화를 만들어 내실 것입니다.

예수 그리스도 안에 머물러 살아 놀라운 변화를 경험했던 바울은 구원받은 사람의 복된 삶에 대한 감격스러운 고백을 적어 놓은 적이 있습니다. 저는 믿음의 확신을 잃은 사람이나 장기적으로 투병하는 분들에게 이 고백을 거듭하여 읽고 묵상하라고 권합니다. 로마서 8:31-39 말씀이 바로 그것입니다.

여기서 바울은, 구원받은 사람은 아무것도 두려워할 것이 없으며 어떤 상황에서도 기뻐할 수 있는 비결을 가진다고 말합니다. 그리스도 예수를 죽은 자들 가운데서 살리신 하나님이 그와 함께 계시기 때문입니다. 그분이 우리를 위해 자신의 유일하신 아들을 내어 주셨다면 다른 무엇을 아끼시겠습니까? 하나님이 우리를 의롭다고 인정해 주시기에 그 누구도 우리를 고소할 수 없습니다. 그러면서 바울은 이렇게 말합니다.

누가 우리를 그리스도의 사랑에서 끊으리요. 환난이나 곤고나 박해나 기근이나 적신이나 위험이나 칼이랴(로마서 8:35).

그러나 이 모든 일에 우리를 사랑하시는 이로 말미암아 우리가 넉넉히 이기느니라. 내가 확신하노니 사망이나 생명이나 천사들이나 권세자들이나 현재 일이나 장래 일이나 능력이나 높음이나 깊음이나 다른 어떤 피조물이라도 우리를 우리 주 그리스도 예수 안에 있는 하나님의 사랑에서 끊을 수 없으리라(로마서 8:37-39).

이것이 복음의 능력이며, 예수 그리스도 안에 지속적으로 머물러 살아가는 사람이 누리는 비밀입니다. 이 비밀스러운 능력을 우리에게서 빼앗을 힘은 그 누구에게도 없습니다. 어떤 상황도 이 복음의 능력을 짓누르지 못합니다. 예수께서 말씀하셨듯이, 이 믿음으로 우리는 마르지 않는 생수의 샘을 갖게 되는 것입니다.

하지만 기억할 것이 있습니다. 이 모든 것을 우리에게서 끊어낼 힘을 가진 단 한 사람이 존재하는데, 바로 우리 자신입니다. 우리 자신이 예수 그리스도 바깥으로 나가면 이 모든 것은 우리와 상관없어집니다. 바울은 묻습니다. "누가 우리를 그리스도의 사랑에서 끊으리요." 이 질문에 대해 우리는 이렇게 대답해야 합니다. "아무도 그럴 수 없지만, 저는 그럴 수 있습니다. 하지만 제가 그리스도 예수 안에 머물러 사는 한 그 누구도 저를 그리스도의 사랑에서 끊을 수 없습니다. 그러니 주님, 저를 붙들어 매소서."

그러므로 다시 권합니다. 이 믿음을 가집시다. 이 믿음 안에서 삽시다. 매일 예수 그리스도 안에 머물러 살아갑시다. 그분과 함께 먹고 마시기를 힘씁시다. 한 순간도 그분을 잊지 않도록 합시다. 늘 주님과 동행합시다. 그러면 우리는 이 세상의 모든 기쁨이 사라지는 때라도 여전히 기뻐하며 감사할 수 있을 것입니다.

1. 예수 그리스도를 다시 생각해 봅시다. 그분에게 당신의 삶 전체를 맡길 만하다고 생각합니까? 왜 그렇게 생각합니까? 아직도 주저하는 마음이 있다면 왜 그렇습니까?

2. 예수님과 더불어 살 때, 그분은 우리 안에 놀라운 변화를 만들어 내십니다. 어떻게 하면 항상 그분 안에 머물러 살 수 있을까요?

우리의 포도나무 되시는 주님,
주님은 제 안에 계시고
저는 주님 안에 있습니다.
이 동행이 매일, 매 순간 지속되게 하소서.
그리하여 이제는 제가 사는 것이 아니라
제 안에 주님이 사시는 것이 되게 하소서.
예수 그리스도의 이름으로 기도합니다. 아멘.

11
아는 만큼 사랑한다
성장과 변화

예수라는 분

저희 교회 교우 중에 얼마 전 백 세가 넘어 하나님 품에 안긴 분이 있습니다. 그분이 돌아가시기 전에 제게 자주 하신 말씀이 있습니다. "하나님이 왜 나를 이제까지 내버려 두시는지 모르겠습니다. 매일 밤 데려가 달라고 기도하는데 지금까지 응답하지 않는 것을 보니 아무래도 하나님이 나를 잊으신 것 같아요." 그러면서도 과거의 이야기들을 술술 풀어내십니다.

그분이 백 년 동안 만난 많은 목사님 중에 고 손양원 목사님이 최고라고 하십니다.[1] 그분에게 들은 설교 중에 "기왕에 죽을 바에는 예수를 위해 죽읍시다"라고 하신 말씀이 제일 기억에 남는다고 하시면서 이렇게 덧붙이십니다. "그런데 그 목사님은 아주 볼품이 없었어요. 키도 작고 얼굴도 아주 못생겼었지요."

손양원 목사님은 한국 기독교 역사에서 주기철 목사님과 함께 가장 위대한 목사님으로 존경받는 분입니다. 그분은 여수에 있는 한센씨 병자들의 교회 애양원에서 목회했고, 신사참배 요구를 거부하여 몇 년 동안 옥고를 치르셨으며, 여순 사건 때 자신의 두 아들을 죽인 범인을 용서하고 아들로 입양하여 키우셨습니다. 한국 전쟁이 발발해 공산군이 여수까지 밀고 내려와 모두 피난을 가는 상황 가운데, 손 목사님은 환자들을 두고 갈 수 없다면서 자리를 지켰습니다. 그 바람에 공산군에게 순교를 당했고, 그래서 '사랑의 원자탄'이라는 별명을 얻으셨습니다.

인격과 영성이 그렇게 뛰어난 분이신데 외모는 아주 볼품없으셨나 봅니다. 그분이 부흥회에 초청을 받아 가방을 들고 교회를 찾아가면 교인들이 그분을 맞으면서 "목사님은 어디 계십니까?" 하고 묻곤 했는데, 손 목사님이 "제가 손양원입니다"라고 대답하면 "장난하지 마시오. 당신 같은 사람이 어찌 그 유명한 목사님이라고 하는 겁니까?"라고 말했다고 합니다. 손 목사님을 돕는 사환이겠거니 생각한 것입니다.

그들은 나중에 그분이 진짜 손양원 목사님이라는 것을 알아보고 그분의 말씀을 듣고 나서 깊이 감동하여 그분을 존경했다고 합니다. 처음에는 볼품없는 외모만 보고 '아니, 그 대단하다는 목사님이 고작 저거야?'라고 생각했던 사람들이, 부흥회가 시작되면 감화되어 그분 곁을 떠나지 않고 말씀을 들었습니다.

겉으로는 보이지 않는 그 사람의 내면을 꿰뚫어 보는 것을 '알아본다'고 말합니다. 눈으로 보는 것이 아니라 마음으로 보는 것입니다. 화려한 외모와 달리 그 내면이 형편없는 사람인지, 아니면 초라한 외모와는 달리 고매한 인품의 사람인지를 알아보아야 실수를 하지 않습니다. 외양과 내면이 일치하지 않는 경우가 많기 때문입니다. 여러분 중에도 그동안 그 사람을 알아보지 못하여 낭패를 본 경험이 있을 것입니다.

우리가 믿는 예수님도 그렇습니다. 우리 모두가 그분을 믿는다고는 하지만 그분이 어떤 분인지 제대로 알아보는 것이 중요합니다. 물론 그분에 대하여 다 알 수는 없습니다. 인격이라는 것이 본질상 그렇습니다. 60년을 부부로 함께 살고도 다 알지 못하는 것이 인격입니다. 그러니 하나님의 아들에 대해 다 아는 것은 더더욱 불가능한 일입니다. 하지만 알 수 있는 만큼은 알아보아야 합니다. 예수를 믿는다는 것은 어찌 보면 그분을 알아보는 것에서 시작합니다.

앞 장에서 사도 요한의 말씀 한 구절을 함께 살펴보았는데, 그 말씀을 다시 생각해 보겠습니다.

그가 우리 죄를 없애려고 나타나신 것을 너희가 아나니 그에게는 죄가 없느니라. 그 안에 거하는 자마다 범죄하지 아니하나니 범죄하는 자마다 그를 보지도 못하였고 그를 알지도 못하였느니라(요한일서 3:5-6).

앞에서는 "그 안에 거하다"와 "범죄하다"라는 동사가 지속적이고 반복적인 행동을 가리킨다는 사실에 주목했었습니다. 육신을 가진 인간으로서 죄 없는 사람은 없지만, 그리스도 예수 안에 계속 머물러 사는 사람은 죄짓는 상태에 지속적으로 머물러 살지 않는다는 뜻입니다. 때로 육신의 연약함으로 인해 죄의 유혹에 넘어지지만, 죄의 노예로 사로잡혀 있지 않습니다.

여기서는 이 말씀을 다른 각도에서 살펴보려 합니다. 6절의 마지막 문장을 주목해 보십시오. "범죄하는 자마다"는 "지속적으로 죄를 짓는 자마다" 혹은 "습관적으로 죄를 짓는 자마다"라는 뜻입니다. 그런 사람은 그리스도를 "보지도 못하였고 알지도 못한" 사람이라고 말합니다. 여기서 사용된 '보다'와 '알다'라는 두 단어를 주목해 보십시오.

'보다'라는 뜻의 헬라어 단어는 두 가지입니다. 하나는 '블레포'로 영어로는 'look' 혹은 'see'로 번역됩니다. 즉 육안으로 보는 것을 말합니다. 다른 하나는 '호라오'로 우리말로 '알아보다'라고 번역할 수 있습니다. 영어로는 'perceive' 혹은 'realize'로 번역됩니다. 사도 요한은 여기서 '호라오'라는 동사를 사용하고 있습니다. 예수가 누구인지 **알아보는** 것을 말합니다. 죄 가운데 지속적으로 머물러 사는 사람은 예수님이 누구인지를 제대로 알아보지 못한 사람이라는 뜻입니다.

'알다'라는 뜻의 헬라어는 '기노스코'인데, '지식적으로 알다'라는 의미도 있고 '경험적으로 알다'라는 의미도 있습니다. 특히 이 단어의 배경에는 히브리어 '야다'가 있습니다. '야다'는 우리말로 '체득'이라고 번역하면 좋습니다. 우리말 사전은 '체득'을 "몸소 체험하여 알게 됨"이라고 정의합니다. 경험하여 아는 것을 말합니다. 그러므로 "그리스도를 알지도 못하였다"는 말은 "그리스도를 체험하지 못하였다"는 뜻입니다. 예수 그리스도를 체험하지 못한 사람은 지속적으로 죄짓는 상태에서 살 수밖에 없다는 것입니다.

그렇게 보면 사도 요한의 말뜻이 분명하게 드러납니다. 구원하는 믿음은 예수 그리스도 안에 지속적으로 머물러 살아가는 것입니다. 어떻게 하면 그분 안에 지속적으로 머물러 살아갈 수 있습니까? 그분이 누구인지를 체험하여 알아보는 데 그 비결이 있습니다. 그분은 마치 허블 망원경으로 드러나는 우주처럼 알면 알수록 경이로운 분입니다. 그렇기 때문에 알면 알수록 더 알고 싶어집니다. 또한 아는 만큼 우리는 그분에게 매료됩니다.

손양원 목사님의 외모를 보고 실망한 사람들이 그분이 어떤 분인지를 알고 나서는 모든 것을 제쳐 두고 그분을 따라다니면서 한 말씀이라도 더 들으려고 한 것처럼, 예수님이 어떤 분인지를 알고 나면 그분 곁에 머물고 싶어집니다. 그러지 말라고 막아도 뿌리치고, 그러지 말라고 위협해도 굴하지 않습니다. 손양원 목사님이 그러한 분이셨습니다. 손양원 목사님에게는 예수 그리스도보다 더 귀한 것이 아무것도 없었습니다. 그러니까 "기왕에 죽을 바에는 예수를 위해 죽읍시다"라고 말씀하신 것입니다.

이 대목에서 이렇게 질문하는 분들이 있을 것입니다. "그분이 어떤 분인지 알아보려면 어떻게 해야 할까요? 어떻게 하면 그분을 만나고 체험할 수 있을까요?"

이 질문에 대해 두 가지 대답을 드릴 수 있습니다.

첫째, 우리보다 앞서서 그분을 체험하여 알아본 사람들의 증언을 읽고 묵상하는 것이 한 방법입니다. 성경 66권은 예수 그리스도에 대한 증언이라고 말할 수 있습니다. 구약성경 안에는 메시아에 대한 예언이 많습니다. 또한 이스라엘을 선택하셔서 진행해 온 하나님의 구원 역사는 메시아에 대한 준비였습니다. 신약성경은 메시아 곧 그리스도로 오신 예수님을 보고 듣고 만지고 체험한 사람들의 기록입니다. 사도 요한은 편지 서두에서 이렇게 말합니다.

태초부터 있는 생명의 말씀에 관하여는 우리가 들은 바요 눈으로 본 바요 자세히 보고 우리의 손으로 만진 바라(요한일서 1:1).

여기서 "생명의 말씀"은 예수 그리스도를 가리킵니다. 태초부터 계셨던 그 말씀이 육신을 입고 우리 가운데 오셨습니다. 사도 요한은 그분의 말씀을 직접 들었고, 눈으로 보았으며, 손으로 만져 보았습니다. 어찌 보면 대단한 특권을 부여받은 셈입니다. 오고 가는 역사의 흐름 가운데, 바로 그때 그곳에서 태어나 육신을 입고 오신 하나님을 직접 보고 듣고 만질 수 있었으니 말입니다.

제자들이 부여받았던 이 특권을 부러워하는 사람들이 많습니다. 자신이 그 시대에 태어나 예수님을 만났더라면 더 잘 믿었을 것처럼 생각합니다. 하지만 그것은 오해이며 착각입니다. 중요한 것은 육안으로 보고 손으로 만지는 것이 아니라, 그분이 누구인지를 알아보는 것이기 때문입니다. 가룟 유다처럼 예수님을 가까이에서 보고 듣고 만졌으면서도 그분이 누구인지 알아보지 못한 사람이 많았던 반면, 그분을 육신으로 보지는 못했지만 그분을 알아보고 진실한 믿음에 이른 사람도 많았습니다. 정말 중요한 것은 눈으로 보는 것이 아니라 마음으로 알아보는 것입니다.

예수님의 제자 중 도마라는 사람이 있습니다. 부활하신 주님께서 제자들에게 처음으로 나타나셨을 때 도마는 그곳에 없었습니다. 나중에 제자들을 만난 도마는 부활하신 주님을 보았다는 다른 제자들의 말을 의심합니다. 자신의 눈과 손으로 직접 확인하지 않고는 믿지 못하겠다고 말합니다. 며칠 후 도마가 다른 제자들과 함께 있는 자리에 부활하신 주님이 나타나십니다. 예수님은 도마에게 당신의 상처 자국을 보여주시면서 만져 보라고 하십니다. 그 순간 도마는 예수님을 알아봅니다. 만져 볼 생각도 하지 않고 예수님 앞에 엎드려 그때까지 그 누구도 하지 못했던 고백을 합니다.

나의 주님이시요 나의 하나님이시니이다(요한복음 20:28).

"주님"이라는 고백과 "하나님"이라는 고백은 모두 성부 하나님께만 드리던 칭호였습니다. 여기서 도마는 유대인들로서는 상상조차 할 수 없는 신성모독의 죄를 범하고 있는 셈입니다. 감히 사람에게 주님이요 하나님이라니요! 하지만 나중에 드러납니다. 도마는 신성모독의 죄를 범한 것이 아니라, 다른 사람이 보지 못했던 예수님의 정체를 알아본 것입니다. 그때 예수님이 뭐라고 하십니까?

너는 나를 본 고로 믿느냐. 보지 못하고 믿는 자들은 복되도다(요한복음 20:29).

중요한 것은 그분의 외모를 보는 것이 아니라 그분의 정체를 알아보는 것입니다. 이런 점에서 보면, 예수님이 살아 계실 때 그분을 만난 사람들보다 오늘 우리가 그분을 알아보는 데 더 유리한 자리에 있습니다. 눈에 보이는 모습이 그들을 헷갈리게 했을 것이기 때문입니다. 메시아의 외모에 대해 하나님은 이사야 선지자를 통해 이렇게 예언하셨습니다.

그는 주 앞에서 자라나기를 연한 순 같고 마른 땅에서 나온 뿌리 같아서 고운 모양도 없고 풍채도 없은즉 우리가 보기에 흠모할 만한 아름다운 것이 없도다(이사야 53:2).

그동안 개봉된 예수님에 관한 영화는 모두 미남 배우에게 예수님의 역할을 맡겼습니다. 이 예언에 의하면, 그 모든 영화가 배역 선정을 잘못한 셈입니다. 관객들은 주연배우 때문에 영화관을 찾는 경향이 있기에 감독으로서는 어쩔 수 없이 미남 배우에게 예수님 역할을 맡겼을 것입니다. 하지만 실제로 예수님은 손양원 목사님 같은 분이었을지도 모릅니다. 그러니 그분의 내면을 볼 만한 안목이 없는 사람들은 얼마나 헷갈렸겠습니까?

게다가 그들은 예수님의 부활을 보지 못했습니다. 부활을 알고 믿어야 그분에 관한 수수께끼가 풀립니다. 또한 그들은 하나님의 보좌 우편에서 활동하시는 예수님을 알지 못했고, 그분이 다시 오셔서 새 하늘과 새 땅을 이루시고 영원히 다스리실 것에 대해서도 알지 못했습니다. 우리는 성경의 믿을 만한 증인들을 통해 그 모든 것에 대해 알 수 있습니다. 그러니 예수님 시대 사람들이 예수님을 알아보는 일에서 우리보다 불리한 상황에 있었다고 말하는 것입니다.

이렇듯 우리는 성경의 증언을 통해, 하나님께서 이 세상을 어떻게 창조하셨으며 어떻게 완성하실 것인지 알아야 합니다. 그 구원의 드라마 안에서, 예수 그리스도가 왜 오셨고 또한 무엇을 이루셨는지 알아보아야 합니다. 그분이 원래 어떤 분이셨고, 육신을 입고 있을 때 어떠하셨으며, 부활 승천하신 뒤에 어떤 상태에 있는지 알아야 합니다. 마침내 그분이 어찌 될지도 알아보아야 합니다. 그 모든 것을 더 깊이 알고 더 분명히 믿기 위해 우리는 매일 말씀을 읽고 묵상하는 것입니다.

체험을 통해 만나는 그분

둘째, 우리는 오늘 여전히 우리에게 주어지는 체험을 통해 그 분을 알아봅니다. 육신을 입고 오셨던 하나님의 아들은 부활 승 천하셔서 하나님의 보좌 우편에 앉아 계십니다. "승천하셨다" 혹은 "하나님의 보좌 우편에 앉으셨다"는 말은 우리가 닿을 수 없 는 먼 곳으로 물러가셨다는 뜻이 아닙니다. 육신을 입고 오신 주 님께서 영이신 하나님의 상태로 돌아갔다는 뜻입니다. 앞에서 사 용한 표현으로 말하자면, '하나님의 차원'으로 돌아간 것입니다.

어느 날 니고데모라는 사람이 예수님을 찾아옵니다. 바리새 파에 속해 있던 그는 사도 바울처럼 율법으로는 해결되지 않는 영혼의 문제를 가지고 예수님을 찾아옵니다. 예수님은 그에게 "거듭나지 아니하면 하나님의 나라를 볼 수 없느니라"(요한복음 3:3)고 말씀하십니다. 하지만 니고데모는 "거듭난다" 혹은 "다시 난다"는 말을 이해할 수 없었습니다. 그게 어떻게 가능하냐고 물 으니 예수께서 대답하십니다.

진실로 진실로 네게 이르노니 사람이 물과 성령으로 나지 아니하면 하나님의 나라에 들어갈 수 없느니라(요한복음 3:5).

성령의 능력으로 새로 지어져야만 하나님의 다스림 아래에서 살아갈 수 있다는 뜻입니다. 영은 우리 눈에 보이지도 않고 손에 잡히지도 않습니다. 그렇기 때문에 주님께서 영으로 활동 하시는 모습을 볼 수 없습니다. 하지만 주님의 영은 우리에게 역 사하셔서 우리가 볼 수 있고 느낄 수 있는 변화를 만들어 내십 니다. 그 변화를 보고 주님의 영 곧 성령께서 역사하고 계시다는 것을 확인합니다. 그래서 예수님은 이렇게 덧붙이십니다.

바람이 임의로 불매 네가 그 소리는 들어도 어디서 와서 어디로 가 는지 알지 못하나니 성령으로 난 사람도 다 그러하니라(요한복음 3:8).

헬라어를 사용하던 초대 교인들은 성령을 '바람'에 비유했습 니다. 보이지 않는 어떤 것을 가리키려면 비유를 사용하는 수밖 에 없습니다. 바람이 불 때 우리는 그 바람을 볼 수 없습니다. 하 지만 바람이 만들어 내는 현상은 귀에 들리고 눈에 보입니다. 그 와 마찬가지로 성령은 우리 눈에 보이지 않지만, 성령이 우리에 게 임하시면 눈에 보이는 변화가 일어납니다. 우리 안에 그리고 우리 중에 일어나는 일들을 보면서 우리는 성령께서 역사하고 계심을 확인합니다.

주님께서는 성령을 통해 우리의 마음을 만지십니다. 불신의 마음에 변화가 생겨 믿어집니다. 수십 년 동안 마음에 뭉쳐 있던 분노가 녹아내립니다. 자신을 괴롭게 하고 이웃을 괴롭게 하던 내면의 상처가 치유됩니다. 성령께서 육신을 만질 때 치유의 역사도 일어납니다. 기도 중에 배운 적도 없는 언어를 통해 하나님과 소통합니다. 늘 괴롭히던 죄로부터 해방됩니다. 전에는 없던 거룩한 생각과 열정이 생겨납니다. 이기적으로만 움직이던 마음이 다른 사람을 향해 움직입니다. 전에는 품을 수 없던 사람을 품습니다. 나와 내 가족만을 위해 열던 지갑을 하나님 나라를 위해, 그리고 이웃을 위해 엽니다. 이웃의 고통이 눈에 보이고, 피조물의 신음이 귀에 들립니다.

창밖의 나뭇가지가 흔들리는 것을 볼 때 우리는 '바람이 부는구나!' 하고 생각합니다. 그와 같이 마음과 몸과 생활에 일어나는 변화를 보면서 우리는 "내게 성령께서 역사하시는구나!"라고 생각합니다. 그런 경험을 반복하면서 예수 그리스도에 대한 성경의 증언들을 기억합니다. 부활하신 주님께서 성령을 통해 우리 중에 활동하신다는 사실을 확인합니다. 그 증언이 진실임을 깨닫습니다. 그러면서 예수 그리스도가 누구인지를 알아 갑니다. 그분을 알면 알수록 우리는 그분을 더욱 사랑하게 되고, 그분을 아는 만큼 우리의 삶은 변화됩니다.

알게 하소서

앞 장에서 우리는 믿음이 자라지 않는 가장 중요한 이유 하나를 확인했습니다. 예수 그리스도 안에 항상 머물러 살아가지 못하는 것이 그 이유였습니다. 어떤 사람은 주일에만 잠깐 주님 안에 들렀다가 일주일 내내 바깥에서 살아갑니다. 어떤 사람은 하루에 몇 번 주님 안에 들어가지만 서둘러 나가 버립니다. 그러다 보니 믿는다는 겉모습은 있는데 도무지 변화가 없습니다. 구원의 확신도 없고, 성령께서 자신과 함께하시는지에 대해서도 의심합니다. 믿는 사람에게 마땅히 있어야 할 기쁨도, 감사도, 고백도 없습니다. 정도의 차이가 있지만 우리 대다수가 이렇게 믿고 살아갑니다.

여기서 또 하나의 질문이 제기됩니다. "왜 우리는 늘 주님 안에 머물러 살아가지 못할까요?" 앞에서 인용한 사도 요한의 말씀에서 그 이유를 발견합니다. 바로 예수 그리스도가 어떤 분인지를 우리가 제대로 알아보지 못하기 때문입니다.

물론 우리가 알고 있는 것이 있습니다. 하지만 그것은 그분의 지극히 작은 일부일 뿐입니다. 그것으로 만족해서는 안 됩니다. 그분에 대해 지금 알고 있는 것으로 만족한다면 실은 그분을 알지 못하는 것입니다. 그분을 제대로 알아보고 나면 더 깊이 알고 싶어지게 되어 있습니다. 깊이 아는 만큼 우리는 더욱 그분을 사랑하고 따르게 됩니다. 그러므로 만일 예수님에 대해 충분히 알고 있다거나 혹은 그분을 더 알고 싶은 열정이 없다면, 자신의 믿음에 심각한 문제가 생겼다고 보아야 합니다.

어릴 때부터 교회 안에서 자란 사람들을 '모태 신앙인'이라고 부릅니다. 영어로는 'Cradle Christian'이라고 부르는데, 우리말로 하자면 '요람 신앙인'이라고 할 수 있습니다. '모태 신앙인'이라는 말을 '아무것도 못 한다'는 뜻으로 '못 해 신앙인'이라고 말하곤 합니다. 어릴 때부터 교회 안에서 자란 사람들 중에 믿음이 뜨겁지 않아서 전도하라고 해도 "못 합니다", 선교하라고 해도 "못 합니다", 기도하라고 해도 "못 합니다"라고 대답하는 사람들이 많기 때문에 이런 조크가 생겼습니다.

저도 모태 신앙인입니다. 사실, 중도에 회심한 사람이 따라갈 수 없는 강점이 모태 신앙인들에게 있습니다. 하지만 모태 신앙인들 중에 실제로 아무것도 못하는 무력한 신앙인들이 많습니다. 그 이유가 어디에 있는지 아십니까?

여러 가지 이유가 있겠지만, 그중 하나는 제가 압니다. 어릴 때부터 예수님에 대해 들어 왔기 때문에 다 안다고 혹은 충분히 안다고 생각하기 때문입니다. 또한 어릴 때부터 예수님의 이야기를 접해 왔기 때문에 너무 익숙해진 것입니다. 중도에 회심한 사람은 예수님의 이야기를 접하고 혹은 예수님을 영접하고 나서 자신의 삶에 일어나는 변화를 보고 너무나 신비해하고 기뻐하는데 반해, 모태 신앙인은 그런 것에 익숙해서 무덤덤해진 것입니다. 귀한 것을 가까이 접하다 보면 귀한 줄 모르는 것이 우리의 본성 아닙니까? 그러다 보니 "나중 된 자가 먼저 되는" 역전의 현상이 일어나는 것입니다.

바울은 예수 그리스도를 "비밀"이라고 불렀습니다(에베소서 3:4, 골로새서 2:2; 4:3). 비밀 혹은 신비는 우리로서는 다 알 수 없는 대상을 가리킵니다. 다 알 수는 없지만 너무도 매료되어 도무지 거부할 수 없는 것을 말합니다. 예수 그리스도가 바로 그런 분입니다. 알면 알수록 감격하게 되고 매료됩니다. 알면 알수록 그분은 나에게 점점 더 큰 의미가 됩니다. 결국 그분을 제대로 알게 되면 그분 외에는 아무것도 중요하지 않게 됩니다. 그런 믿음이 있었기에 바울은 기꺼이 예수님을 위해 목숨을 내어놓았습니다.

그는 평생토록 주님의 신비를 더듬어 찾으면서 말년에 이른 깨달음을 이렇게 적어 놓습니다.

그는 보이지 아니하는 하나님의 형상이시요 모든 피조물보다 먼저 나신 이시니 만물이 그에게서 창조되되 하늘과 땅에서 보이는 것들과 보이지 않는 것들과 혹은 왕권들이나 주권들이나 통치자들이나 권세들이나 만물이 다 그로 말미암고 그를 위하여 창조되었고 또한 그가 만물보다 먼저 계시고 만물이 그 안에 함께 섰느니라. 그는 몸인 교회의 머리시라. 그가 근본이시요 죽은 자들 가운데서 먼저 나신 이시니 이는 친히 만물의 으뜸이 되려 하심이요 아버지께서는 모든 충만으로 예수 안에 거하게 하시고 그의 십자가의 피로 화평을 이루사 만물 곧 땅에 있는 것들이나 하늘에 있는 것들이 그로 말미암아 자기와 화목하게 되기를 기뻐하심이라(골로새서 1:15-20).

우리가 믿는 분이 바로 이러한 분입니다. 그분을 우리 각자가 체험하여 알아야 합니다. 그래야만 정말 그런지를 알게 되고, 아는 만큼 그분을 사랑하게 됩니다. 아는 만큼 그분은 우리에게 절대적인 가치를 가지게 됩니다. 바울이 예수 외에는 자랑할 것이 없다고 말한 이유가 여기에 있습니다.

당신은 예수님을 어떤 분으로 알고 있습니까? 당신이 예수님을 찾는 이유는 무엇입니까? 혹시 당신에게 예수님은 정말 중요한 무엇을 얻도록 도와주는 분이 아닙니까? 만일 그렇다면 예수님의 일부만 알고 계신 것입니다. 예수님을 우상으로 축소시킨 것입니다. 예수님이 누구인지 제대로 안다면, 그분은 우리에게 절대적인 의미와 가치와 무게를 가지게 됩니다. 그분이 제일 중요해지고 또한 그분 안에 있는 것으로 만족할 수 있습니다. 우리 모두의 믿음이 거기까지 자라 가야 합니다.

그러므로 말씀을 읽고 묵상하기를 멈추지 맙시다. 성령께서 우리에게 역사하실 수 있도록 매일 우리 자신을 그분께 맡깁시다. 더욱 의지합시다. 자주 그분의 이름을 부릅시다. 그 이름만으로도 역사하는 능력이 있습니다. 그 이름의 능력을 경험할 때, 우리는 그분이 진실로 온 우주의 영원한 통치자이심을 알게 될 것입니다. 그러면 우리를 에워싸고 있는 상황도, 우리를 괴롭히는 사람도, 우리를 불안하게 하는 문제도 아무 문제가 아닙니다. 그분이 우리에게 절대가 될수록 우리의 문제는 상대화되기 때문입니다.

여러분 중 아직 예수 그리스도를 영접하지 않은 분이 있습니까? 세상의 모든 만남 중에 놓쳐서는 안 될 만남은, 우리의 구원자이며 주님이신 예수 그리스도와의 만남입니다. 부디, 이 귀한 만남이 당신에게도 이루어지기를 간절히 기도합니다.

1. 당신이 알고 있는 예수님은 어떤 분입니까? 당신이 아는 예수님과 실제 예수님은 얼마나 다를 것이라고 생각합니까? 예수님을 제대로 알고 싶은 열망이 당신 안에 있습니까?

2. 위대한 인격을 만나면 그 만남으로 인해 우리에게 큰 변화가 일어납니다. 그렇다면 예수님과 매일 교제할 때 그 사귐이 얼마나 큰 변화를 만들어 낼지 생각해 봅시다.

지금 우리와 함께하시는 하나님,
주님을 알게 하소서.
우상이 아니라,
역사의 한 위인이 아니라,
살아 계신 인격으로
주님을 만나게 하소서.
주님께 사로잡혀 살게 하소서.
예수 그리스도의 이름으로 기도합니다. 아멘.

12

구원을 써먹다
고백과 실천

고난은 필수다

얼마 전 저는 버지니아 웨슬리언 대학교에 가서 벤 위더링턴 박사의 강의를 듣고 왔습니다. 그는 애즈베리 신학교에서 가르치면서 많은 저서로 세계적인 명성을 얻은 분입니다. 매년 성탄절과 부활절에 CNN에서 방송하는 예수님에 대한 특집 다큐멘터리에 자주 등장하는, 예수님과 초대 기독교 분야의 권위자입니다. 제가 그의 강의를 들으러 간 또 다른 이유는 개인적인 인연 때문이기도 했습니다. 1993년에 그는 외부 심사위원으로 초청받아 저의 박사학위 논문을 심사해 주셨습니다. 그 이후로 그를 만난 적이 없었는데 이번에 가까이 오신다고 해서 다녀왔습니다. 1박2일 동안 그의 강의를 통해 여러 가지 통찰과 도전을 받았습니다.

첫째 날 강의가 끝나 갈 무렵, 아침 일찍부터 진행된 강의로 인해 모두가 지쳐 갈 즈음 위더링턴 박사는 참석자 모두를 강렬한 감동으로 이끌어 들였습니다. 요한복음 9장(나면서부터 눈먼 사람을 고치신 예수에 관한 이야기)을 강의하던 중에 그는 불쑥 자신이 겪은 고난 이야기를 꺼냈습니다.

2012년 1월 11일 늦은 밤, 그는 서른세 살 된 딸 크리스티의 남자친구로부터 전화를 받습니다. 딸의 남자친구는 전화기에 대고 말없이 울기만 합니다. 늦은 밤에 딸의 남자친구가 전화하여 울기부터 하니 누군들 불길한 느낌을 받지 않겠습니까?

잠시 후에 그가 말합니다. 크리스티에게 도무지 연락이 되지 않아서 문을 따고 들어와 보니 그녀가 이층에 쓰러져 있더라는 것입니다. 구급차가 왔을 때는 이미 숨이 끊어진 상태였습니다. 사인은 폐색전증 곧 혈전이 폐동맥을 막아서 호흡곤란을 일으키는 병이었습니다. 호흡곤란으로 쓰러질 때 딸은 손에 쥐고 있던 휴대폰을 떨어뜨렸습니다. 그것만 가지고 있었어도 911을 부를 수 있었을 텐데, 눈앞에 떨어져 있는 휴대폰까지 기어갈 힘이 없었던 것입니다.

위더링턴 교수는 그 이야기를 나누면서 연신 눈물을 흘렸습니다. 딸 크리스티를 얼마나 사랑했는지, 그리고 지금 얼마나 딸을 그리워하는지를 고백했습니다. 지금도 딸을 연상시키는 사람이나 물건이나 장소를 볼 때마다 주체할 수 없이 무너진다고 했습니다. 그동안 흘린 눈물이 엄청난데, 아직도 눈물샘이 마르지 않았다고 했습니다.

저를 포함하여 그곳에 모여 있던 사람들은 귀를 의심하며 그 이야기를 들었습니다. 세계적인 명성을 가진 신학자일 뿐 아니라 한 사람의 신앙인으로서 하나님 나라를 위해 헌신하며 거룩하게 살아온 대학자에게 그런 아픔이 있었으리라고는 상상하지 못했기 때문입니다. 그 이전까지 하루 종일 그가 유쾌한 조크를 섞어 가면서 열정적으로 강의했기 때문에 더욱 충격이었습니다.

고난은 이처럼 우리 가까이 있고 또 때로 무겁습니다. 고난은 또한 사람을 차별하지 않습니다. 우리가 매일 힘쓰고 애쓰는 이유는 알고 보면 고난을 줄이려는 것입니다. 실력을 쌓고 돈을 벌고 운동을 하는 이유는 고난으로부터 우리 자신을 보호하려는 노력입니다. 그런 노력을 통해 어느 정도까지는 고난을 예방할 수 있습니다. 하지만 고난으로부터 자신을 완전히 방어할 사람은 없습니다. 거룩하게 살아가는 하나님의 사람도 마찬가지입니다. 때로 우리의 잘못된 언행이 고난을 자초하기도 하지만, 그런 것과는 전혀 상관없는 고난이 한순간에 들이닥쳐 삶의 기초를 심하게 뒤흔들어 놓습니다.

고난은 인생이라는 선물에 처음부터 담겨 있는 '필수 옵션'입니다. 고난 없는 인생은 당연한 것이 아니고 이상한 것입니다. 고난 없는 인생이 지속되고 있다면 두려워할 일입니다. 그런 분이 있다면 "내가 받는 이 특별한 대접을 어떻게 나누고 갚아야 하는가?"를 고민해야 합니다. 하나님을 등지고 자신이 하나님이 되어 살아가려는 사람들과 함께 살아가는 것이 인생입니다. 그러니 고난은 당연한 것입니다. 실수나 악행으로 자초하는 고난도 당연하지만, 그런 것과 상관없이 겪어야 하는 고난도 당연합니다. 그리고 때로 그 고난은 잔인하고 무겁습니다.

그런 고난을 당할 때면 "왜 나만 이렇게 당해야 해?"라고 반문하지만, 실은 모두가 다 당하고 있는 고난이며 또한 당할 고난입니다. 위더링턴 교수의 이야기는 고난의 '불편한 진실'을 우리 모두에게 충격적으로 상기시켜 주었습니다.

좋은 슬픔, 나쁜 슬픔

사랑하는 딸을 잃은 아픔에 대해 고백하면서 위더링턴 교수는 또한 자신을 지탱하고 있는 희망에 대해서도 이야기했습니다. 사실, 그가 당한 고난의 무게보다 그 무거운 고난을 대하는 그의 태도가 우리를 더욱 놀라게 만들었습니다.

그는 '나쁜 슬픔'(bad grief)이 있고 '좋은 슬픔'(good grief)이 있다고 말합니다. 어떤 위로도 받기를 거부하고 한없이 빠져드는 것이 나쁜 슬픔입니다. 애도하는 사람을 소진시켜 무력하게 만드는 슬픔입니다. 끝없이 슬퍼하며 절망의 구덩이를 파고 들어갑니다. 그렇게 하는 것이 떠난 사람에 대한 예의라고 생각하는 사람도 있고, 끝없는 애도를 통해 자기 연민의 병적 쾌감을 즐기는 사람도 있습니다.

그렇다면 '좋은 슬픔'은 무엇입니까? 사실, '좋은 슬픔'이라는 말은 형용모순입니다. 조합이 되지 않는 단어를 묶어 놓은 것입니다. 슬픔이 어찌 좋을 수 있습니까? 그런데 그런 신비로운 조합이 일어날 수 있다는 것입니다.

사랑하는 사람을 잃고 슬퍼하는 것은 자연스러운 일이며 또한 당연한 일입니다. 믿음이 좋은 사람이라고 해서 슬퍼하지 않는 것도, 슬퍼하지 말아야 하는 것도 아닙니다. 영생에 대한 소망이 있다고 해서 사랑하는 사람을 무덤덤하게 떠나보내야 하는 것은 아닙니다. 슬퍼하는 것은 그 사람을 얼마나 사랑했는지, 그리고 그 사람에 의해 얼마나 사랑받았는지에 의해 결정되는 것입니다. 그러므로 사랑하는 사람은 슬퍼 웁니다. 하나님은 그 눈물을 귀하게 여기십니다.

하지만 하나님을 믿는 사람은 세상을 다 잃은 듯 슬퍼하지 않습니다. 사도 바울의 표현을 빌린다면, 나쁜 슬픔은 "소망 없는 다른 이와 같이" 슬퍼하는 것이고, 좋은 슬픔은 "소망을 가진 사람으로서" 슬퍼하는 것입니다(데살로니가전서 4:13). 나쁜 슬픔은 슬퍼하는 사람을 소진시키지만, 좋은 슬픔은 정화시켜 줍니다. 나쁜 슬픔은 절망의 구덩이를 파고 들어가게 하지만, 좋은 슬픔은 희망의 빛으로 나아가게 합니다. 위더링턴 교수는 그 희망에 대해 이렇게 말합니다.

그렇다면 희망을 가진 사람처럼 슬퍼한다는 말은 무슨 뜻입니까? 그것은 우리의 눈 하나를 종말론적인 지평 곧 역사의 끝에 고정시키는 것을 의미합니다. 슬퍼하되 부활이 결국 죽음을 뒤집어 놓을 것이라는 사실을 잊지 않는 것입니다. 죽음이 마지막 선언이 아니라는 사실을 기억하면서 슬퍼하는 것입니다. 바울 사도는 "보이는 것을 누가 바라겠습니까?"라고 했습니다. 사도가 말하는 희망은 지금 우리가 완전히 손에 쥔 어떤 것을 가리키지 않습니다. 지금 제가 어떤 이유로 위로와 평안을 얻었다 해도 그것이 저의 희망은 아닙니다.

저의 희망은 육신의 죽음이 극적으로 뒤집어지는 것입니다. 저의 희망은 부활하신 분에 대한 것에 그치지 않습니다. 저는 주님의 부활을 분명히 믿습니다만, 저의 희망은 그분이 마지막 날에 그리스도 안에 있는 사람들을 죽은 자들 가운데서 일으키시리라는 약속에 대한 것입니다. 그보다 더 낮은 것은 저의 희망이 될 수 없습니다. 그러므로 제가 크리스티 때문에 슬퍼할 때, 저는 부활에 대한 흔들림 없는 희망 안에서 그렇게 합니다. 부활의 몸을 입은 제 딸의 모습을 속히 보기를 원합니다. 그때 제 딸은 사진의 모습보다 더 환하고 아름다울 것이기에 그 눈부신 모습을 보려면 선글라스가 필요할지 모릅니다.[1]

우리는 슬픔은 언제나 나쁜 것이라고 생각합니다. 슬픔과 희망은 공존할 수 없다고 생각합니다. 슬픔은 희망을 짓누르고, 희망은 슬픔을 밀어낸다고 생각합니다. 그런데 위더링턴 교수에게는 두 가지 상극의 감정이 공존하고 있었습니다. 그렇기에 그의 눈물에는 어둠이 없었고, 그의 희망이 진짜로 보였습니다.

그날 저녁, 숙소에 돌아와 잠자리에 들어 잠시 상상해 보았습니다. 내가 그의 입장이었다면 어떠했을까? 만일 그런 일이 내 딸이나 아들에게 일어난다면 나는 어떻게 반응하고 어떻게 살아가게 될까?

상상을 시작했다가 금세 중단해야 했습니다. 그런 가능성을 상상하는 것조차도 제 마음은 감당할 수 없었습니다. 상상을 멈추고는 제 자신에게 물었습니다. 과연 내 믿음은 때로 잔인하게 덮치는 고난에 준비되어 있는가? 그런 일을 당하여 눈에는 눈물 가득해도 마음에는 여전히 희망을 품고 살아갈 수 있을까?

그러기를 바랍니다만, 정말 그럴 수 있는지는 두고 볼 일입니다. 저도 그동안 살아오면서 이런저런 고난과 실패와 시련을 겪어 왔습니다만, 저의 믿음이 흔들릴 정도로 극한적인 고난은 겪어 보지 않았기 때문입니다. 그런 고난을 당하지 않기를 바라지만, 혹시 그런 고난을 당한다 해도 눈물 흘리며 밝은 미소를 지을 수 있는 믿음이 제게 있기를 바랍니다.

여러분 중에는 종류는 달라도 이와 비슷한 무게의 아픔을 겪었던 분들이 있을 것입니다. 혹은 지금 겪고 있는 분들도 계시겠지요. 지금까지 겪지 않았다면 앞으로 겪을 수도 있습니다. 악담하는 것이 아닙니다. 그것이 현실이요 진실입니다. 그렇지 않을 것이라고 생각하는 게 비현실이고 환상입니다.

그렇다면, 이 지점에서 하나님 나라, 예수 그리스도, 그분의 십자가 희생과 부활, 새 하늘과 새 땅, 그리고 마지막 부활에 대한 우리의 믿음을 돌아볼 필요가 있습니다.

왜 믿는가

그동안 제가 관찰한 바에 의하면, 사람들이 예수님을 찾고 믿는 이유는 적어도 세 가지입니다. 그런데 그 동기가 그 믿음의 깊이와 넓이와 방향을 결정합니다. 사실, 모든 일이 그렇습니다. 어떤 동기로 하느냐가 그 일의 성격과 결과를 결정합니다. 돈 벌기 위해 일하는 것과 이웃을 돕기 위해 일하는 것은 전혀 다른 결과를 만들어 냅니다. 출세하기 위해 공부하는 것과 무엇인가를 알아 가는 것이 좋아서 공부하는 것은 전혀 다른 차원의 것입니다. 그러므로 각자의 믿음이 어떤지 알아보기 위해 내가 믿는 이유를 한번 곰곰이 생각해 보시기 바랍니다.

첫째, '무서워서 믿는' 사람들이 있습니다. 세상에 사는 동안에는 하나님께 징벌을 받지 않기 위해, 그리고 죽은 뒤에는 지옥 심판을 면하기 위해 믿는 것입니다. 많은 이들이 이런 동기로 믿기 시작합니다. 다행스러운 일입니다. 하지만 그 상태에 머물러 있으면 안 됩니다. 아니, 그렇게 믿기 시작했다 해도 예수님을 진정으로 알아보고 나면 더 이상 '무서워서 믿는' 단계에 머물러 있지 않게 됩니다. 믿은 지 오래되었는데도 아직도 무서움이 가장 중요한 이유라면, 예수 그리스도를 인격적으로 만나지 못했다는 뜻입니다.

무서움의 동기에 머물러 있으면 믿음이 성장하지 않습니다. 무엇을 하더라도 하나님의 징벌을 피할 수준에서 멈추기 때문입니다. 또한 믿음에서 솟아나는 기쁨을 맛보지 못합니다. 무서워서 믿는 사람들은 고난을 당할 때 처음에는 '올 것이 왔구나!' 하는 심정으로 받아들입니다. 고난은 죄에 대한 하나님의 징벌이라고 믿기 때문입니다. 하지만 고난의 무게가 정도를 넘어서거나 고난의 기간이 길어지면 하나님께 불평하고 분노합니다. 지은 죄에 비해 벌이 너무 심하다고 생각하기 때문입니다. 그 원망과 시비는 결국 하나님을 떠나게 만듭니다.

둘째, '얻으려고 믿는' 사람들이 있습니다. 앞에서 말했듯이, 사람은 누구나 언제든 그리고 얼마 정도는 고난을 겪게 되어 있습니다. 때로는 인간으로서는 어찌할 수 없는 한계에 부딪히기도 합니다. 그럴 때 하나님을 찾습니다. 그것도 역시 당연한 일이고 또한 다행스러운 일입니다. 그렇게 하나님을 찾았다가 결국 하나님을 인격적으로 만나고 그분에게 매료되는 것이 영적 성장입니다. 예수 그리스도가 누구인지를 알아보면, 그분이 주는 선물보다 그분 자신을 더 사랑하게 됩니다.

원리는 그러한데, 현실에서는 언제나 얻기 위해 믿는 상태에 머물러 있는 사람들이 많습니다. 이렇게 믿는 사람은 고난을 만날 때 당황합니다. 하나님의 보호 아래에 있는 사람에게는 고난이 피해 갈 것이라고 기대하기 때문입니다. 또한 고난을 피하기 위해 기도하고 예배드리고 헌금하기 때문입니다. 그래서 고난이 정도 이상으로 무거워지거나 길어지면 하나님께 배신감을 느낍니다. "하나님은 없다"고 말하기도 하고 "하나님으로부터 버림받았다"고 말하기도 합니다. 그런 감정에 사로잡히면 원망과 시비로 매일을 채우게 되고, 그 원망과 시비는 결국 믿음을 냉각시키고 하나님을 떠나게 만듭니다.

셋째, '좋아서 믿는' 사람들이 있습니다. 예수 그리스도 안에 머물러 살면서 그분이 어떤 분이신지를 말씀으로 그리고 체험으로 알아봄으로 인해 그분이 좋아진 것입니다. 예수님을 알고 나면 그분이 좋아지지 않을 수 없으며 그분에게 사로잡히지 않을 수 없습니다. 예수님을 알고 나면 그분이 절대 가치로 보입니다. 그렇기에 그분을 예배하는 것이 즐겁고, 기도로써 그분을 만나는 것이 행복하며, 그분의 뜻을 행하는 것이 기쁩니다. 무엇을 위해서가 아니라, 그저 그분과 함께 거하는 것이 좋습니다.

이렇게 믿는 사람은 고난을 당해도 심하게 흔들리지 않습니다. 예수님이야말로 고난의 왕이라는 사실을 알기 때문입니다. 인생 여정에 고난은 당연한 것인 줄 알기 때문입니다. 동시에 예수 그리스도는 그 모든 것을 뒤집어엎으신 분임을 믿습니다. 그분은 죽은 자들 가운데서 부활하셔서 죽음을 무력화시키셨습니다. 그리고 장차 새 하늘과 새 땅에서 그분 안에 있는 사람들을 모두 부활시키실 것입니다. 예수님이 좋아진 사람들은 그것까지 모두 믿습니다. 그러므로 고난에 대한 원망과 시비에 사로잡히지 않습니다. 고난을 당하되 그것에 짓눌리지 않습니다. 슬픈 일

가운데 심하게 울지만 절망하지 않습니다.

두렵고 떨림으로

그러므로 이 지점에서 우리는 하나의 질문 앞에 섭니다. "어떻게 하면 '좋아서 믿는' 단계로 나아갈 수 있을까? '좋아서 믿는' 단계로 가면 무엇이 달라질까?"

빌립보서에 있는 한 말씀에 그 답이 들어 있습니다. 바울은 그 비결을 이렇게 전합니다.

두렵고 떨림으로 너희 구원을 이루라(빌립보서 2:12).

여기서 "두렵고 떨림으로"라는 말은 무서워하라는 뜻이 아니라, 믿음의 문제를 중요하게 생각하라는 뜻입니다. 믿음은 이생에서의 삶의 질을 결정하고 내생에서는 영원을 결정하는 것이기 때문입니다. 진지하게 생각해야 할 문제입니다.

"구원을 이루라"에서 "이루라"는 '실천하라' 혹은 '실행하라'는 뜻입니다. 이 동사는 명령형으로 되어 있는데, 지속적이고 반복적으로 그렇게 하라는 뜻입니다. 따라서 이 말씀은 예수 그리스도 안에서 이미 받은 구원을 매일의 삶 속에서 지속적으로 실행하라는 뜻입니다. 쉬운 말로 하자면 "매일 구원을 써먹으라"는 것입니다.

구원은 예수 그리스도를 통하여 하나님과 나 사이에 '일어났으며'(과거) '일어나고 있으며'(현재) 또한 '일어날'(미래) 일들을 말합니다. 그리스도의 십자가의 은혜 안에서 우리는 죄의 문제를 해결받고 하나님의 자녀로 회복되었습니다. 사탄의 영향력 아래에서 그리스도 예수의 다스림 아래로 옮겨졌습니다. 세례를 받을 때, 옛 사람은 죄에 대해 죽고 의에 대해 새 사람으로 부활했습니다. 그 결과로 하나님의 영원한 생명이 이미 우리 안에 있습니다. 우리는 이미 하나님 나라 안에 있습니다. 우리는 성령이 거하는 성전입니다. 영원한 생명이 우리 안에 있습니다. 그렇게 사는 우리는 장차 새 하늘과 새 땅에서 그리스도의 부활에 참여할 것입니다. 이것이 바로 구원입니다.

과거에 일어난 구원과 현재 일어나고 있는 구원은 영적인 것이어서 잘 보이지 않고 느껴지지 않습니다. 또한 미래에 일어날 구원은 아직 이루어지지 않았습니다. 그렇기에 그냥 내버려 두면 구원이 정말 일어났는지, 지금도 일어나고 있는지, 그리고 앞으로 일어날 것인지를 잊기 쉽습니다. 그래서 매일 그 구원을 써먹으라는 것입니다. 그러면 내가 구원받았음을 늘 기억하고 살게 됩니다. 영적인 사건이 눈에 보이는 일로 드러납니다. 마음에서 일어난 일이 몸으로 드러납니다. 그럴수록 믿음은 더욱 깊어지고 굳세어집니다.

구원을 써먹는다는 말은 마치 은행에 맡겨 둔 돈을 매일 쓰는 것과 같습니다. 누가 그러더군요. "가지고 있는 만큼"이 내 돈이 아니라 "쓰는 만큼"이 내 돈이라고 말입니다. 은행에 있는 돈은 분명히 내 돈이지만 그것을 사용하기 전까지는 실제로 내 돈이 아닙니다. 많은 돈을 가지고 있으면서도 쓰지 않는다면 가난한 사람처럼 살게 됩니다. 돈을 낭비하라는 뜻이 아닙니다. 필요할 때마다 의미 있는 일을 위해 돈을 쓸 때, 그것이 매일 나의 삶과 이웃에게 능력이 됩니다. 그럴 때 자신이 부자라는 사실을 매일 확인하게 됩니다.

예수 그리스도 안에서 얻은 구원은 우리 마음에 예치해 놓은 돈과 같습니다. 분명히 내 것인데 그것을 매일 꺼내 쓰지 않으면 내 삶에 아무런 영향을 주지 못합니다. 많은 돈을 가지고 있으면서도 가난하게 사는 구두쇠처럼, 구원받았으면서도 구원받지 못한 사람처럼 살게 됩니다. 그러므로 자신에게 주어진 구원을 매일 써먹어야 합니다. 그렇게 할 때 우리는 구원받았다는 사실을 더 분명히 믿게 되고 그 구원이 매일의 삶을 변화시킵니다.

어떻게 구원을 써먹습니까? 매일 그 사실을 기억하고, 고백하고, 선언하고, 실행하는 것입니다. 예수 그리스도의 은혜 안에서 죄 사함을 얻었다는 사실을 매일 기억하고 선포하십시오. 그리고 거룩한 삶을 살아가십시오. 성령께서 우리 안에 거하고 계시다는 사실을 매일 기억하고 또한 감사하십시오. 그리고 성령의 인도를 따라 살아가십시오. 옛 사람을 향하여 매일 '사망 선고'를 하십시오. 새 사람으로 태어났다는 사실을 매일 확인하고 새 사람으로 살아가십시오. 우리 안에 있는 영생을 매일 확인하고 고백하십시오. 이미 부활했고 또한 마지막에 부활할 것이라는 사실을 매일 고백하십시오. 그리고 영원을 보장받은 사람으로서 매일을 살아가십시오. 그럴 때 믿음은 우리의 일상에 구체적인 변화를 만들어 낼 것이며, 점점 깊어지고 굳세어질 것입니다. 은행에 예치해 둔 돈은 쓰는 만큼 없어지지만, 우리의 마음에 예치된 구원은 쓰는 만큼 더 불어납니다.

구원을 매일 써먹으라고 권하는 동시에 바울은 경고의 말씀을 줍니다. 우리가 어떻게 하느냐에 따라 이미 얻은 구원을 확인하고 실행하며 키워 갈 수도 있지만, 그것을 질식시킬 수도 있기 때문입니다. 이미 얻은 구원을 질식시키는 방법은 무엇입니까?

모든 일을 원망과 시비가 없이 하라(빌립보서 2:14).

"원망과 시비"는 출애굽 1세대 이스라엘 백성이 사십 년의 유랑 끝에 약속의 땅에 들어가지 못하고 광야에서 죽게 만든 가장 큰 허물이었습니다. 원망과 시비는 이미 받은 구원의 감격을 냉각시키고 지금 이루어지고 있는 구원의 역사를 보지 못하게 합니다. 바울은 이것을 믿음의 여정에 적용합니다. 믿음의 여정에서 원망과 시비의 습관은 이미 얻은 구원의 감격을 냉각시키고, 지금 우리 중에 역사하시는 하나님의 손길을 보지 못하게 하며, 미래의 구원을 의심하게 합니다.

위더링턴 교수의 이야기로 다시 돌아가 생각해 보십시오. 그가 매일 자신의 구원을 써먹지 않았다면, 즉 기억하고 고백하고 선언하고 실행하지 않았다면, 딸의 죽음을 두고 원망하고 시비하는 습관에 빠졌을 것입니다. 그에게는 하나님께 원망하고 시비할 충분한 이유가 있었습니다. 그랬더라면 그는 이미 얻은 구원의 기쁨을 잃어버렸을 것이고, 하나님께서 매일 그의 삶 속에서 구원하시는 손길을 보지 못했을 것입니다. 그러면서 그는 분노의 쓴물을 이웃에게 전하며 살았을 것입니다.

하지만 그는 믿음의 비밀을 알았기에 자신의 상황에서 생기는 일체의 원망과 시비를 멀리했습니다. 그 대신 자신에게 이미 주어진 구원을 매일 기억하고 확인하고 선포하고 감사하고 실행했습니다. 그랬기에 그는 그 큰 아픔을 안고서도 감사하고 기뻐하며 복음을 전하고 있습니다. 그렇게 사는 사람에 대해 바울은 이렇게 썼습니다.

이는 너희가 흠이 없고 순전하여 어그러지고 거스르는 세대 가운데서 하나님의 흠 없는 자녀로 세상에서 그들 가운데 빛들로 나타내며 (빌립보서 2:15).

이번 만남에서 저는 위더링턴 교수가 흠이 없고 순전해져서 별과 같이 빛나는 모습을 보았습니다. 그에게 아무런 도덕적 결함이 없다는 뜻이 아닙니다. 그와 예수 그리스도 사이에 일어나고 있는 구원의 능력이 그의 눈빛과 말과 행동을 통해 발산되는 것을 보았다는 뜻입니다. 사람의 매력이 아니라, 그 안에 있는 구원의 매력을 말하는 것입니다.

　이 말씀에 비추어 우리 모두의 믿음을 돌아볼 때, 당신은 어떤 동기로 예수를 믿고 있습니까? 혹시 '무서워서 믿는' 단계에 있는 것은 아닙니까? 혹은 무엇인가를 '얻으려고 믿고' 있는 것은 아닙니까? 그것이 잘못은 아닙니다. 하지만 그 단계에 오래 머물러 있으면 안 됩니다. 예수 그리스도의 능력과 신비와 영광을 알아보고 그로 인해 그분께 사로잡히는 단계로 나아가야 합니다. 그분과 동행하는 것을 즐거워해야 합니다. 그럴 때, 영적 구원이 물리적인 현실이 되고 미래의 구원이 눈앞의 현실이 될 것입니다.

　그래서 여쭙니다. 당신은 구원을 받았습니까?

　이제는 이 질문 앞에서 주저하지 않기를 바랍니다. 예수 그리스도를 향해 "주님!"이라고 부르시는 분이면 누구에게나, 그리고 창조주 하나님을 향해 "아버지!"라고 부르는 분이면 누구에게나 이미 구원은 주어졌고 시작되었습니다. 그것을 의심하는 것은 조심스러운 것도 아니고 사려 깊은 것도 아닙니다. 겸손히 그러나 담대히 "예, 주님의 은혜로 제가 구원받았습니다"라고 고백할 수 있기를 바랍니다.

　그렇게 고백하는 분이라면, 그 구원을 매일 써먹으십시오. 매일 기억하고 고백하고 선언하고 실행하십시오. 그러면 진실로 자신이 구원받았음을 알게 될 것이며, 또한 그 구원의 능력이 당신의 삶을 변화시킬 것입니다.

그것은 쉬운 일이 아닙니다. 바울의 표현대로 우리는 "어그러지고 거스르는 세대" 가운데 살아가고 있기 때문에 언제든지 고난이라는 복병을 만날 수 있습니다. 앞에서 언급했듯이, 고난은 차별이 없습니다. 그리고 때로 고난은 잔인합니다.

고난 가운데 빠지면 원망과 시비가 마음에서 일어납니다. 원망과 시비의 화살은 먼저 하나님께 향합니다만, 그것은 곧 이웃에게로 향합니다. 그것이 습관이 되면 이미 주어진 구원의 은혜를 고갈시키고, 이제껏 경험한 하나님의 은혜를 망각하게 만들며, 매일의 삶을 지옥으로 만듭니다. 자신만이 아니라 주변에 있는 사람들의 삶까지 뒤흔들어 놓습니다.

하루에도 몇 번씩 우리 자신을 돌아보아야 하는 이유는, 원망과 시비의 습관에 우리가 너무도 쉽게 빠지기 때문이며, 한번 그 습관에 빠지면 자신이 그러고 있는지를 망각하는 경향이 있기 때문입니다.

바로 그런 까닭에 매일, 거듭하여, 지속적으로 우리에게 이미 주어진 구원을 써먹어야 합니다. 그것을 기억하고 확인하고 선포하고 감사하고 실행해야 합니다. 그렇게 할 때 구원의 감격은 늘 살아 있을 것이고, 주님께 대한 믿음은 더욱 깊어질 것입니다. 그럴 때 원망이 아니라 감사가, 시비가 아니라 찬양이 우리의 습관이 될 것입니다. 그렇게 살아갈 때 "어그러지고 거스르는 세대" 가운데서 별처럼 빛날 것입니다. 우리가 빛나는 것이 아니라, 우리 안에 담겨 있는 보물이 그 진가를 드러낼 것입니다.

1. 당신의 믿음의 동기는 무엇입니까? 어떻게 하면 '좋아서 믿는' 단계로 도약할 수 있을까요?

2. 믿음을 통해 주어지는 구원은 손에 만져지지도 않고 눈에 보이지도 않습니다. 하지만 이 구원을 현실로 믿고 써먹을 때 그것이 현실이 됩니다. 어떻게 하면 구원을 써먹을 수 있는지 나누어 봅시다.

함께 드리는 기도

우리의 과거와 현재와 미래를 다스리시는 하나님,
우리에게 구원의 은총을 허락하시니 감사합니다.
이미 주어졌고 계속 주어지고 있으며 앞으로 주어질
구원의 은혜를 알게 하시고 믿게 하시며
매일 써먹게 하소서.
그리하여 그 구원을 맛보고 누리며 살게 하소서.
예수 그리스도의 이름으로 기도합니다. 아멘.

13

뒤집어 보고 거꾸로 산다
제자의 삶

부활의 안경을 통해 보는 세상

지금까지 우리는 우리에게 왜 복음이 필요한지, 왜 예수가 복음인지, 믿는 것은 무엇이며 믿으면 어떤 변화가 일어나는지에 대해 살펴보았습니다. 이번 장에서는 복음을 믿는 사람이 세상을 사는 방법에 대해 생각해 보려 합니다.

복음적인 삶의 방식을 한마디로 요약하면, "뒤집어 보고 거꾸로 산다!"라고 할 수 있습니다. 복음을 믿으면 그동안 믿어 왔던 세계관과 인생관과 가치관과 여러 관념들이 온통 뒤집어집니다. 이는 마치 지구는 평평하고 온 우주가 지구를 중심으로 움직이고 있다고 믿던 사람이 허블 망원경으로 우주를 보고 나서 생각이 뒤집어지는 것과 같습니다. 부활은 허블 망원경과 같습니다.

그것을 통해 세상을 보면 알지 못했던 세상이 환히 드러납니다.

부활이라는 망원경으로 보면 눈에 보이지 않는 세계가 드러납니다. 우리의 목숨이 전부가 아니라는 사실이 드러납니다. 육신이 전부가 아니고 물질이 전부가 아님이 분명해집니다. 죽음이 끝이 아니라 영원한 것이 있고 영원한 세상이 있음이 드러납니다. 창조주 하나님이 존재하신다는 사실이 믿어집니다. 우리자신이 삶의 주인이 아니라 하나님이 주인임을 깨닫습니다. 인간들끼리 우연과 사고와 죄악을 통해 만들어 가는 것이 역사인줄 알았는데, 그 안에 그리고 그 위에 보이지 않는 하나님의 손이 움직이고 있다는 사실이 드러납니다.

부활이라는 망원경으로 보면 우리 각자가 창조주에 의해 지어진 존재라는 사실이 보입니다. 우리 각자의 삶에는 하나님의뜻이 있습니다. 우리의 존재는 이 땅에서의 몇 십 년으로 끝나지않고 죽음의 단계를 지나 다른 차원에서 계속됩니다. 인생의 성공은 자신의 욕망을 이루는 것이 아니라, 하나님의 뜻을 이루는데 있습니다. 인간의 희망은 인간이 만든 제도와 윤리와 철학이아니라, 하나님의 말씀에 있습니다.

부활을 믿으면 이렇듯 세상이 거꾸로 보입니다. 그렇기에 믿지 않는 사람들과 다른 방식으로 살아가게 됩니다. 그러니 뒤집어 보고 거꾸로 산다고 말하는 것입니다. 이렇게 사는 것을 '복음적 삶의 방식'이라고 부릅니다.

예수님은 하나님 나라에 대해 말씀하시면서 세상을 뒤집어 보고 거꾸로 사는 복음적 삶의 방식에 대해 자주 말씀하셨습니다.

대표적인 말씀 하나를 생각해 보겠습니다. 예수께서 예루살렘에 거의 다다랐을 때의 일입니다. 열두 제자 중 형제인 야고보와 요한이 예수님께 따로 찾아와 청탁을 합니다. 이제 곧 로마군을 몰아내고 이스라엘 왕국을 재건하게 되면 자기들을 가장 높은 자리에 앉혀 달라는 것입니다. 나머지 제자들은 나중에 이 사실을 알고 분개합니다. 그들에게도 그와 같은 욕망이 있었기 때문입니다. 그 사실을 아시고 예수께서 제자들을 불러 놓고 말씀하십니다.

> 이방인의 집권자들이 그들을 임의로 주관하고 그 고관들이 그들에게 권세를 부리는 줄을 너희가 알거니와(마가복음 10:42).

예수님이 "이방인"이라는 말을 사용할 때는 믿음 없는 사람들을 가리킵니다. 하나님을 인정하지 않는 사람들을 말합니다. 하나님을 인정하지 않으면 이 세상과 물질과 육신이 전부로 보입니다. 그래서 영국의 철학자 토머스 홉스가 말한 "만인에 대한 만인의 투쟁"이 일어납니다. 가장 많이 소유하고 누리는 사람이 이기는 것이라고 믿습니다. 어떤 사람은 대놓고 그렇게 하고, 어떤 사람은 은밀하게 그렇게 하는 차이만 있을 뿐 모두 같은 목적을 위해 같은 방식으로 삽니다.

이렇게 세속적인 삶의 방법의 특징을 짚어 주신 다음 예수께서 말씀하십니다.

> 너희 중에는 그렇지 않을지니 너희 중에 누구든지 크고자 하는 자는
> 너희를 섬기는 자가 되고 너희 중에 누구든지 으뜸이 되고자 하는
> 자는 모든 사람의 종이 되어야 하리라(마가복음 10:43-44).

이것은 위대하게 되기 위해 전략적으로 내려가라는 뜻이 아닙니다. 예수님은 지금 처세술을 가르치려는 것이 아니라, 하나님 나라의 질서를 따라 사는 사람의 뒤집어진 가치관을 말씀하시는 것입니다. 복음을 믿고 하나님 나라를 아는 사람이라면, 다른 사람 앞에서 자신을 낮추고 섬기기를 선택한다는 뜻입니다. 다들 높아지고 커지고 강해지기 위해 몸부림치는 세상에서 거꾸로 살아간다는 것입니다.

그러면서 한 마디 더 덧붙이십니다.

> 인자가 온 것은 섬김을 받으려 함이 아니라 도리어 섬기려 하고 자
> 기 목숨을 많은 사람의 대속물로 주려 함이니라(마가복음 10:45).

"인자"는 다니엘서 7:13에 나오는 '미래의' 영원한 왕을 가리킵니다. 육신을 입고 우리 가운데 오셨던 예수님은 스스로를 "인자"라고 부르셨습니다. 미래에 하나님께서 자신을 영원한 임금으로 세우실 것임을 믿었기에 그렇게 불렀습니다. 그런데 그 영

원한 왕이, 다스리고 군림하고 섬김을 받기를 사양하고 오히려 자기를 낮추어 섬기러 왔다고 하십니다. 그 섬김의 끝은 많은 사람들의 대속물로 십자가에 달려 죽는 것이었습니다.

예수님은 실제로 그렇게 사셨습니다. 하나님을 믿으셨고, 하나님 나라를 보셨으며, 하나님의 약속과 부활과 영생을 믿으셨기 때문입니다. 눈에 보이는 것보다 보이지 않는 것이 더 참되고 영원하다고 믿으셨기 때문입니다. 그분의 경우 "믿으셨다"는 표현이 마땅치 않습니다. "아셨다"고 표현하는 것이 더 맞을 것입니다.

당시에 그 누구도 메시아가 오셔서 죽임을 당할 것이라고 믿지 않았습니다. 세상적인 기준으로 보자면 낮아지는 것, 섬기는 것, 고난당하는 것, 죽임당하는 것은 곧 지는 것이요 실패를 의미했습니다. 하지만 예수님은 그것이 진정한 성공이요 이기는 것임을 아셨습니다. 그 믿음으로 예루살렘에 들어가 많은 고난을 당하시고 십자가에 달려 죽으셨습니다. 그런 분이기에 제자들에게도 그렇게 하라고 권하신 것입니다.

작은 부활의 사건

문제는 이렇게 사는 것이 쉽지 않다는 데 있습니다. 아니, 매우 어렵습니다. 두 가지 문제 때문에 그렇습니다. 첫째는 세상에서 거꾸로 사는 것이 구체적으로 어떤 것인지 때때로 분명하지 않기 때문이고, 둘째는 안다 해도 그렇게 실천할 만한 믿음과 용기가 부족하기 때문입니다. 뒤집어 보고 거꾸로 사는 것은 때로는 불편을 감수하는 일이고, 손해 보는 일이며, 또한 왕따당하고 미움받는 일입니다. 우리의 타락한 욕망은 그것을 거부합니다. 그렇기에 대단한 용기가 필요합니다.

여러분 중에는 대학에 진학했을 당시 여러 학교로부터 합격 통지서를 받아 놓고 고민해 본 이들이 있을 것입니다. 이런 결정 앞에서 세상은 무엇을 기준으로 삼습니까? 혹은 직장을 선택할 때 무엇을 기준으로 삼습니까? "내 아이의 미래를 위해 가장 좋은 선택은 무엇인가?" 혹은 "어느 직장에서 가장 좋은 조건을 제시하는가?"를 묻습니다. 이렇게 질문하면 대답은 뻔합니다. 가장 이름 있는 대학을 선택하고, 가장 연봉이 높은 직장을 선택합니다. 많은 사람들이 그렇게 합니다. 그리고 그것이 지혜로운 일이라고 생각합니다.

복음을 믿기에 세상을 뒤집어서 보는 사람은 이런 경우에 다른 질문을 합니다. "아이의 적성과 삶의 의미와 보람을 고려할 때 어느 학교가 제일 좋을까?" 이렇게 질문하면 답을 찾기가 어렵습니다. 학업 능력, 취업률 혹은 졸업 후 첫 연봉 같은 것에 대해서는 학교별 통계가 나와 있는데, 적성과 의미와 보람 같은 것에 대해서는 아무런 자료가 없기 때문입니다. 그렇게 질문했을 때, 상대적으로 서열이 낮은 어느 대학이 더 적합하다는 결론에 이를 수도 있습니다. 그럴 경우 과연 그렇게 선택할 용기가 있을까요? 대학의 이름으로만 평가하는 세상에서 다른 사람 눈치 보지 않고 자신의 믿음을 따라 선택할 수 있을까요?

거창고등학교에 대해 들어 보셨는지요? 1953년 경상남도 거창에 기독교 정신으로 세워진 사립학교입니다. 이 고등학교는 다른 학교와 달리 '사람됨'을 가르치는 일에 중점을 두고 교육시키는 데도 불구하고 명문 대학 진학률도 높아서 유명해졌습니다.

이 학교에 명물이 있습니다. 3대 교장이었던 고 전영창 선생이 졸업생들을 위해 마련한 '직업 선택 십계명'이 그것입니다. 여러분 중에는 그 내용을 잘 알고 있는 분들이 적지 않을 것입니다. 그 내용을 다시 한번 소개합니다.

1. 월급이 적은 곳을 택하라.

2. 내가 원하는 곳이 아니라 나를 필요로 하는 곳을 택하라.

3. 승진의 기회가 거의 없는 곳을 택하라.

4. 모든 것이 갖추어진 곳을 피하고, 처음부터 시작해야 하는 황무지를 택하라.

5. 앞을 다투어 모여드는 곳은 절대 가지 마라. 아무도 가지 않는 곳으로 가라.

6. 장래성이 전혀 없다고 생각되는 곳으로 가라.

7. 사회적 존경 같은 건 바라볼 수 없는 곳으로 가라.

8. 한가운데가 아니라 가장자리로 가라.

9. 부모나 아내나 약혼자가 결사반대를 하는 곳이면 틀림없다. 의심

치 말고 가라.

10. 왕관이 아니라 단두대가 기다리고 있는 곳으로 가라.

여성 독자들께서는 9번 항목에 마음이 상하실 것입니다. 아내나 약혼자가 세속적인 욕심에 사로잡혀 있는 것 같은 인상을 주기 때문입니다. 아무래도 남성 중심적인 사고에서 나온 것이니 그런 한계가 있습니다. 하지만 무엇을 말하려는지 짐작하기는 어렵지 않습니다. 이 모든 것을 한마디로 하면 '세상을 뒤집어 보고 거꾸로 살라'는 것입니다.

당신은 일생을 살면서 한 번이라도 이런 결정을 해보셨습니까? 아니, 이 십계명에 공감이 가십니까? 혹 순진한 이상주의자의 잠꼬대라고 생각되지는 않습니까?

고 전영창 선생은 "살아 있는 성자"로 존경받은 고 장기려 박사와 함께 활동했던 독실한 신앙인이었습니다. 그가 교장을 맡았을 때, 학교는 엄청난 빚더미에 눌려 있어서 문을 닫아야 할 지경이었습니다. 학교를 구할 아무런 방도가 없었던 선생은 성경과 찬송가와 담요 한 장을 가지고 거창 근처의 어느 토굴로 들어가 일주일을 작정하고 금식기도를 시작합니다. 목구멍에서 단내가 나도록 하나님께 부르짖는데 나흘이 되어도 아무런 응답이 없습니다. 그래서 하나님께 이렇게 기도했다고 합니다.

하나님, 제가 일주일 동안 금식기도를 하는 이 기간 안에 응답해 주시지 않으면 거창고를 살릴 확신이 없습니다. 하나님이 응답하시지 않는다면 서울로 올라가 일간 신문에 "하나님은 안 계십니다"라고 광고를 내겠습니다.

이 정도면 기도가 아니라 협박이지요. 이런 기도에 대해 어떻게 생각하십니까? 뭔가 잘못된 기도라고 느끼십니까? 시편을 제대로 읽어 보신 분들이라면 달리 생각할 것입니다. 시편에는 이와 비슷한 혹은 이보다 더한 기도들이 많기 때문입니다. 가장 좋은 기도는 하나님 앞에서 자신의 감정에 정직하게 드리는 기도입니다. 선생은 너무나도 절박한 상황에서 하나님께서 침묵하시는 것 같으니 이렇게 '무엄한' 협박의 기도를 드린 것입니다.

그렇게 간절하고 절박하게 부르짖었는데도 일주일이 채워질 때까지 아무 응답이 없었습니다. 기도를 마치고 집으로 돌아올 때 그분은 무척 실망하고 낙심했을 것입니다. 그런데 집에 도착하니 국제 우편이 와 있었습니다. 어떻게 알았는지, 미국에 사는 어느 교포가 2,050달러의 수표를 보내 온 것입니다. 1956년의 일이었으니 당시로는 거금이었습니다. 한화로 환전해 보니 당시 갚아야 했던 부채의 액수와 정확히 일치했습니다.[1]

이러한 일들은 우리 가운데서 일어나는 '작은 부활 사건'입니다. '큰 부활 사건'은 죽은 자들 가운데서 예수 그리스도께서 살아나신 사건입니다. 이 사건으로 인해 우리는 하나님이 정말 존재하시며 우리 중에 역사하신다는 사실을 확인합니다. 우리의 일상생활 중에도 하나님이 살아 계시다는 사실을 증명해 주는 '작은 부활 사건'이 끊임없이 일어납니다. 고 전영창 선생은 이 '작은 부활 사건'을 통해 하나님이 정말 살아 역사하신다는 사실을 확신하게 되었습니다. 그 믿음 때문에 그분은 세상을 뒤집어보고 거꾸로 사는 일에 더 큰 용기를 냈을 것입니다. 그런 확신이 있었기에 제자들에게 그렇게 살라고 권한 것입니다.

교회, 대안사회인가 모방사회인가

앞의 이야기에서 보듯, 뒤집어 보고 거꾸로 살기 위해서는 무엇보다도 확신이 필요합니다. 하나님에 대한 확신, 하나님 나라에 대한 확신, 그리고 영원한 것에 대한 확신입니다. 그런 확신이 있을 때, 타락한 이기심을 극복하고 거꾸로 살 용기와 의지를 얻을 수 있습니다. 그것은 부활에 대한 체험적 믿음에서 나옵니다. 이와 관련하여 사도 바울은 다음과 같이 고백했습니다.

> 또 어찌하여 우리가 언제나 위험을 무릅쓰리요. 형제들아, 내가 그리스도 예수 우리 주 안에서 가진 바 너희에 대한 나의 자랑을 두고 단언하노니 나는 날마다 죽노라(고린도전서 15:30-31).

"날마다 죽노라"는 말은 "날마다 죽음의 위협 앞에 선다"는 뜻이기도 하고 "날마다 죽은 사람처럼 고생하고 있다"는 뜻이기도 합니다. 존경받는 율법학자로 편안히 살 수 있었던 바울이 이렇게 살았던 이유는 예수님이 부활하셨다는 사실을 믿을 뿐 아니라 자신도 마지막 날에 그 부활에 참여할 것을 믿었기 때문입니다. 지금 편안하게 사는 것보다 미래의 부활에 참여하는 것이 더 중요하다고 생각했기 때문입니다. 빌립보서에서 고백하는 것처럼, 그의 인생은 부활하신 주님을 만남으로 인해 뒤집어졌습니다.

그러나 무엇이든지 내게 유익하던 것을 내가 그리스도를 위하여 다 해로 여길뿐더러 또한 모든 것을 해로 여김은 내 주 그리스도 예수를 아는 지식이 가장 고상하기 때문이라. 내가 그를 위하여 모든 것을 잃어버리고 배설물로 여김은 그리스도를 얻고 그 안에서 발견되려 함이니(빌립보서 3:7-9).

그렇게 세상을 뒤집어 보고 거꾸로 사는 사람들, 그리고 그렇게 살기 원하는 사람들이 모인 곳이 교회입니다. 교회는 어떤 목적을 위해 존재하지 않습니다. 사랑하는 사람이 연합하여 가정을 이루듯, 교회는 예수 그리스도를 통해 하나님의 자녀로 회복된 사람들이 모여 이룬 영적 가정입니다. 믿는 사람에게 교회는 다녀도 되고 안 다녀도 되는 옵션이 아닙니다. 복음을 믿어 하나님의 자녀가 되었다면, 다른 형제자매들과 연합하여 영적 가정을 이루게 되어 있습니다. 그것이 교회입니다.

믿는 사람들이 영적 가정으로 모여 할 일이 많습니다. 무엇보다 예배가 가장 중요합니다. 믿음의 사람들 간에 친밀한 사귐을 나누는 것도 매우 중요합니다. 구제와 전도와 선교를 통해 복음을 전하는 것도 필수적인 일입니다. 그 모든 것에 더하여 잊지 말아야 할 것이 있습니다. 복음적인 삶에 대해 배우고 연습하는 것입니다. 세상을 뒤집어 보고 거꾸로 사는 일을 서로 배우고 서로에게 실습하는 것입니다. 예수께서 제자들에게 하신 말씀의 한 구절을 주목해 보십시오.

> **너희 중에는 그렇지 않을지니** 너희 중에 누구든지 크고자 하는 자는 너희를 섬기는 자가 되고 너희 중에 누구든지 으뜸이 되고자 하는 자는 모든 사람의 종이 되어야 하리라(마가복음 10:43).

이것은 우선 믿음의 공동체 안에서 세상을 뒤집어 보고 거꾸로 사는 것을 적용하고 실습하라는 뜻입니다. 그래서 교회를 '대안사회'라고 부릅니다. 이 세상과는 다른 가치관과 원리가 지배하는 곳이라는 뜻입니다.[2] 믿는 사람들이 모여 복음적인 삶의 원리를 배우고 실천하다 보면, 믿지 않는 사람들이 그 모습을 보고 '아, 저렇게 사는 방법도 있구나! 저렇게 살면 좋겠구나!'라고 느끼게 됩니다. 사도행전 2장이 묘사하는 초대 예루살렘 교회의 모습이 그러했습니다. 다 각기 자신의 유익을 위해 각개전투를 하는 세상에서, 믿는 사람들은 네 것 내 것 없이 서로 한 몸이 되어 살아갔습니다. 그 모습이 믿지 않는 사람들에게는 충격이요 놀라운 일이었습니다. 그래서 매일같이 사람들이 그들을 찾아왔습니다.

오늘의 교회는 어떻습니까? 세상을 뒤집어 보고 거꾸로 살려는 열심과 노력이 교회 안에 있습니까? 그런 열심과 노력 때문에 세상과는 전혀 다른 일, 믿지 않는 사람들은 상상도 할 수 없는 신기하고 놀라운 일이 교회 안에서 일어나고 있습니까? 불행하게도 세상의 가치관과 원리와 질서가 교회 안에 그대로 들어와 있는 것은 아닙니까? 교회 안에서 일어나는 일이 세상보다 나을 것이 별로 없는 것 아닙니까? 아니, 오히려 교회가 세상보다 못한 경우도 있지 않습니까? 그래서 오늘날 많은 교회로부터 이런저런 이유로 대형 스캔들이 자주 터져 나는 것이 아닙니까?

우리는 교회로 모일 때마다 복음의 정신을 배워 세상을 뒤집어 보고 인생을 거꾸로 사는 것을 연습하기 위해 모였다는 사실을 항상 기억해야 합니다. 우리의 본성으로는 실패할 수밖에 없습니다. 그러므로 매일, 매 순간, 우리의 옛 사람이 이미 죽었음을 확인하고, 우리의 상처가 이미 치유되었음을 고백하며, 천국 시민으로서 오늘 이 땅에서 살고 있음을 선언하고 그렇게 말하고 행동하기를 힘써야 합니다. 그것을 가리켜 '구원을 써먹는 것'이라고 말씀드렸습니다.

그리고 믿음의 형제자매들과 함께 그렇게 사는 것을 연습하고 훈련해야 합니다. 끊임없이 나를 부정하고 이웃을 섬기는 연습을 해야 합니다. 그래서 바울은 "형제를 사랑하여 서로 우애하고 존경하기를 서로 먼저 하며"(로마서 12:10)라고 했고, 또한 "서로 마음을 같이하며 높은 데 마음을 두지 말고 도리어 낮은 데처하며 스스로 지혜 있는 체하지 말라"(로마서 12:16)고 했습니다.

저는 "교회는 역차별의 공동체다"라는 말을 자주 합니다. '역차별'은 세상의 차별 기준이 뒤집어지는 것을 뜻합니다. 세상에서는 똑똑함이 차별의 기준이라면, 교회에서는 똑똑하지 못한 사람이 더 존중받아야 합니다. 세상에서는 부자가 행세를 한다면, 교회 안에서는 부자는 낮아져야 하고 가난한 사람이 높임을 받아야 합니다. 세상에서는 신분 상승을 위해 노력한다면, 교회에서는 서로 낮아지기를 힘써야 합니다. 세상에서는 이름이 난 좋은 대학에 가는 것이 자랑이지만, 교회에서는 믿음 안에서 자신의 소명을 찾아 상대적으로 이름 없는 대학에 진학하는 것이 자랑이어야 합니다.

그러므로 교회로 모여서 교제를 나눌 때 자랑하는 말을 하게 된다면 조심하시기 바랍니다. 자랑하는 대상이 무엇이냐에 따라 그 사람의 믿음의 실력이 드러납니다. 오래전에 미국에서 만난 어느 신학자가 생각이 납니다. 한인 신학자로서 미국 안에서 꽤 인정받는 분이었습니다. 그런데 그분은 만날 때마다 두 자녀가 나온 대학의 이름과 지금 받고 있는 연봉을 자랑하셨습니다. 처음에는 그런가 보다 싶었는데, 그 자랑을 거듭 들으면서 실망했습니다. '평생 신학을 연구한 분이 고작 자랑할 것이 자식들의 세속적인 성공뿐인가?'라는 의문이 들었습니다.

만일 믿는다는 사람들이 모여 주고받는 자랑이 자녀가 명문 대에 진학한 것, 유명한 직장에 취직한 것, 최고급 차를 소유한 것, 호화로운 여행을 다녀온 것, 값비싼 물건을 가진 것, 많이 배운 것 혹은 화려한 이력을 가진 것에 관한 것이 대부분이라면, 부끄러움을 느껴야 합니다. 그것은 세상을 뒤집어 보지 못했다는 뜻이기 때문입니다. 믿음의 실력이 형편없고, 아직 교회가 되지 못했다는 증거이기 때문입니다. 그런 것으로 사람을 차별한다면, 그 사람의 실력은 더욱 형편없다는 뜻입니다.

교회의 실력은 무엇이고, 교회의 자랑은 무엇입니까? 만일 교인 수, 교회 건물 혹은 교회 재정 같은 것을 자랑한다면, 그 사람은 아직 세상을 뒤집어 보지 못한 사람입니다. 복음이 무엇인지 알지 못하는 것입니다. 교회의 유일한 자랑은 그 안에 얼마나 복음이 실현되어 있는가에 있습니다. 교회에서 세상과 다른 가치관과 원리가 얼마나 실천되고 있는가에 있습니다. 목회자와 교인들이 생각하고 말하고 행동하는 것이 얼마나 뒤집어졌는가에 있습니다. 그렇게 교회 안에서, 그리고 교회의 지체로서 먼저 복음의 원리를 배우고 실천하여 세상을 뒤집어 보고 거꾸로 사는 실력을 키울 때, 우리는 믿지 않는 사람들 중에서도 그렇게 결정하고 선택하고 실행할 수 있습니다.

여러분 중에는 지역 교회의 일원으로 사는 일에 주저하는 분이 있을 것입니다. 기독교 신앙은 공동체의 신앙입니다. 홀로 득도하는 종교가 아니라, 함께 모여 서로를 섬기고 한 몸 되어 하나님의 뜻을 이루어 가는 종교입니다. 때로 교회가 시험에 들게 하고 믿음의 장애물이 되기도 하지만, 교회 없이는 온전하고 건강한 믿음이 양육될 수 없습니다. 당신이 사는 지역에 복음적인 원리를 따라 살아가는 교회가 있는지 찾아보시기 바랍니다.

여러분 중에는 많은 분들이 이미 교회의 지체로 살아가고 있을 것입니다. 그렇다면, 교회로 모여 당신은 무엇을 기준으로 어떻게 생각하고 말하고 행동해 오셨습니까? 세상에서 당신은 무엇을 목표로, 무엇을 기준으로 살아오고 있습니까? 당신이 믿는 복음은 세상을 얼마나 뒤집어 보게 해주었습니까? 그 복음은 당신으로 하여금 때로 거꾸로 살아가도록 만들어 주고 있습니까? 뒤집어 보고 거꾸로 사는 삶에 얼마나 큰 신비가 숨겨져 있는지 경험해 보셨습니까?

부디, 우리 모두가 복음적인 삶 가운데 무럭무럭 성장하게 되기를 기도합니다. 모든 교회가 '대안사회'의 매력을 진하게 드러내는 복음적인 공동체가 되기를 간절히 소망합니다. 그런 소망으로 더욱 모이기를 힘씁시다. 모일 때마다 왜 모였는지를 기억합시다. 믿음의 형제자매들과 함께 세상을 뒤집어 보고 거꾸로 사는 일을 실험하고 실현해 보십시오. 주님께서 기뻐하실 것입니다. 그리고 우리는 믿음에 담긴 신비를 발견하게 될 것입니다.

1. 거창고등학교의 '직업 선택 십계명'을 실천하는 것이 왜 어렵다고 생각합니까? 이렇게 사는 것이 옳다고 믿는 근거는 무엇입니까?

2. 뒤집어 보고 거꾸로 사는 데 믿음의 공동체가 필요한 이유가 무엇입니까? 왜 홀로 수도 정진하는 것으로 충분하지 않습니까?

교회의 머리이신 주님,
우리로 하여금
교회로 모여 하나님 나라를 경험하게 하시고
하나님 나라의 원리를 실천하게 하소서.
그리하여 주님의 아름다움을 세상에 드러내게 하소서.
예수 그리스도의 이름으로 기도합니다. 아멘.

14

하늘을 보고 땅을 걷는다
이생과 영생

세상의 의미

앞 장에서 저는 복음적 생활 방식을 '뒤집어 보고 거꾸로 산
다'고 표현했습니다. 믿는 사람들은 세상을 보는 눈이 달라야 하
고 삶의 방식이 세상 사람들과 달라야 한다는 뜻입니다. 거센 물
살을 거슬러 상류로 헤엄쳐 올라가는 물고기처럼, 때로는 세상
의 도도한 흐름을 역행해 살아야 합니다. 믿음의 실력은 이 세상
에서 얼마나 승승장구하는가에 있는 것이 아니라, 얼마나 깨어
있으며 얼마나 세상을 거슬러 살아갈 수 있는가에 있습니다. 그
것이 곧 제자의 삶입니다.

여기서 '세상'이라는 말에 대해 정의할 필요가 있습니다. 성
경에서 '세상'이라는 말은 적어도 세 가지 의미로 사용됩니다.

첫째, 성경에서 세상은 **하나님의 피조세계 전체**를 의미합니다. 온 우주와 그 안에 있는 모든 피조물을 가리킵니다. 창세기 1장에서 보듯, 하나님은 그분이 지으신 피조세계를 보시고 만족하셨습니다. 이 세상은 인간의 타락으로 인해 치명적인 손상을 입었습니다. 특히 지난 삼백 년의 산업 발전으로 인해 인간은 이 우주 안에 하나밖에 없는 지구 환경을 돌이킬 수 없을 만큼 훼손시켜 왔습니다. 이것은 우리 죄성의 증상인 동시에 결과입니다. 창조주 하나님을 믿고 사랑하는 사람이라면 누구보다 앞서서 지구 환경을 보존하기 위해 노력해야 합니다.

둘째, 성경에서 세상은 하나님의 창조의 중심인 **인류**를 가리키는 말로도 사용됩니다. 인간은 하나님의 피조물 중에서 특별한 위치를 가집니다. 하나님의 형상을 따라 지어졌다는 점에서 그렇고, 하나님과 인격적인 소통을 할 능력이 부여되었다는 점에서도 그렇습니다. 그뿐 아니라, 모든 피조세계를 맡아 관리하는 책임을 부여받았다는 점에서도 그렇습니다. 가령, 요한은 예수 그리스도를 소개하면서 이렇게 말합니다.

참 빛 곧 세상에 와서 각 사람에게 비추는 빛이 있었나니 그가 세상에 계셨으며 세상은 그로 말미암아 지은 바 되었으되 세상이 그를 알지 못하였고(요한복음 1:9-10).

"세상에 와서 각 사람에게 비추는 빛"이라는 말씀에서 세상은 하나님의 피조세계 중에서도 지구를 의미합니다. 반면, "세상이 그를 알지 못하였고"라는 말씀에서 세상은 인류를 가리킵니다. 하나님은 그분의 피조세계 전체를 사랑하시듯 모든 인간을 사랑하십니다.

그래서 요한은 또 이렇게 말합니다.

> 하나님이 세상을 이처럼 사랑하사 독생자를 주셨으니 이는 그를 믿는 자마다 멸망하지 않고 영생을 얻게 하려 하심이라(요한복음 3:16).

여기서 세상은 구체적으로 인류를 가리킵니다. 당신을 인정하는 사람이든 인정하지 않는 사람이든, 호흡을 가진 사람은 누구나 하나님의 **사랑의 대상**입니다. 하나님이 우리 각자를 사랑하시기에 우리가 창조되었고, 그렇기에 그분은 우리를 사랑하십니다. "당신은 사랑받기 위해 태어난 사람"이라는 찬양 가사는 성경의 진리를 담고 있습니다. 그래서 사도 바울은 "우리가 아직 죄인이었을 때에 그리스도께서 우리를 위하여 죽으심으로 하나님께서 우리에 대한 자기의 사랑을 확증하셨느니라"(로마서 5:8)고 말했습니다.

셋째, 성경에서 세상은 하나님에게 등지고 사탄의 통치하에서 살면서 **죄악으로 멸망해 가는 인류사회**를 가리키는 말로 사용되기도 합니다. 과거에 즐겨 부르던 찬송 중에 "세상 등지고 십자가 보네"라는 가사의 찬송이 있습니다. "죄 많은 이 세상은 내

집 아니네"라는 가사도 기억납니다. 이렇게 말할 때 세상은 하나님의 피조세계를 가리키는 말도 아니고 인류를 가리키는 말도 아닙니다. 하나님의 뜻을 벗어나 사탄의 통치하에 있는 인류사회를 가리킵니다. 예수께서 세상을 떠나시기 전에 제자들에게 하신 말씀이 기억납니다.

세상에서는 너희가 환난을 당하나 담대하라. 내가 세상을 이기었노라(요한복음 16:33)

여기서 말하는 세상은 하나님의 뜻에 맞서 살아가는 인류사회를 가리킵니다. 한 사람 한 사람의 인간은 선할 수 있지만, 인류사회 전체는 하나님의 뜻에 맞서는 사탄의 영향하에 있습니다. 그렇기에 하나님의 뜻을 따라 사는 사람도 이 세상에서 환난을 당할 수 있습니다. '세상에서 뒤집어 보고 거꾸로 살라'는 말은 세 번째 의미의 세상을 두고 하는 말입니다. 바울은 그와 같은 생각을 담아 이렇게 말했습니다.

너희는 이 세대를 본받지 말고 오직 마음을 새롭게 함으로 변화를 받아 하나님의 선하시고 기뻐하시고 온전하신 뜻이 무엇인지 분별하도록 하라(로마서 12:2).

바울이 말하는 "이 세대"가 바로 세상입니다. 하나님의 통치를 거부하고 자신들의 욕망과 철학과 이념대로 움직이는 세상의 흐름을 그대로 따라가지 말라는 뜻입니다. 믿는 이들이 따를 것은 하나님의 뜻입니다. 인간의 뜻은 어느 정도까지 선할 수 있지만 절대선에는 이르지 못합니다. 하나님의 뜻만이 절대적인 의미에서 선하고 온전합니다. 그것을 분별하고 행할 때 하나님께서는 기뻐하십니다. 그리고 우리도 그 안에서 기뻐할 수 있습니다.

장차 망할 성?

그렇다면 다른 두 세상에 대해서 우리는 어떻게 대하고 행동해야 할까요? 앞 장에서 본 것처럼, 세 번째 의미의 세상에 대해 하나님은 믿는 사람들에게 깨어 있으라고, 조심하라고, 저항하라고, 싸워 이기라고 말씀하십니다. 하지만 앞의 두 세상 즉 피조세계와 인류는 하나님의 사랑의 대상입니다. 저항하고 싸워 이길 대상이 아니라 품고 사랑하고 헌신하고 희생해야 할 대상입니다. 그렇기에 하나님의 피조세계와 인류에 대해서는 다른 태도를 가져야 합니다.

지난 이천 년 동안 기독교 세계 안에서는 이 세상(하나님의 피조세계와 인류)을 바라보는 세 가지 시각이 있었습니다. 어떤 시각을 가지느냐에 따라서 세상에서 살아가는 태도와 방식이 달라지게 되어 있습니다.

첫째, 이 세상은 결국 불로 심판받아 망하게 되어 있다고 보는 시각이 있습니다. 존 버니언이 지은 『천로역정』은 기독교 고전으로 오래도록 사랑받아 왔습니다.[1] 주인공 크리스천이 온갖 역경을 통과하여 하나님 나라에 이르는 과정을 그린 소설입니다. 이소설에서 버니언은 우리가 사는 세상을 'City of Destruction'이라고 이름 지었습니다. 처음 이 소설을 우리말로 번역한 사람은 이것을 '장망성'(장차 망할 성)이라고 번역했습니다. 죄악에 물든 이 세상은 장차 하나님의 심판에 의해 멸망될 것이라는 믿음이 이런 이름으로 표현된 것입니다.

이렇게 생각할 만한 요소가 성경 안에 있습니다. 특히 이 세상에 대한 마지막 심판에 관한 말씀들은 그런 생각을 가지게 합니다. 그런데 그 본문들을 자세히 보면 앞에서 살펴본 셋째 의미의 세상(하나님에게 등지고 사탄의 통치하에 살면서 죄악으로 멸망해 가는 인류사회)에 대한 심판을 말하는 것임을 알 수 있습니다. 하지만 첫 번째와 두 번째 의미의 세상 곧 피조세계와 인류는 심판으로 멸망시킬 대상이 아니라 **구원의 대상**입니다. 그래서 바울은 이렇게 쓴 적이 있습니다.

피조물이 고대하는 바는 하나님의 아들들이 나타나는 것이니 피조물이 허무한 데 굴복하는 것은 자기 뜻이 아니요 오직 굴복하게 하시는 이로 말미암음이라. 그 바라는 것은 피조물도 썩어짐의 종노릇한 데서 해방되어 하나님의 자녀들의 영광의 자유에 이르는 것이니라. 피조물이 다 이제까지 함께 탄식하며 함께 고통을 겪고 있는 것을 우리가 아느니라. 그뿐 아니라 또한 우리 곧 성령의 처음 익은 열매를 받은 우리까지도 속으로 탄식하여 양자 될 것 곧 우리 몸의 속량을 기다리느니라(로마서 8:19-23).

이 말씀에서 바울은 피조세계와 인류가 모두 함께 구원되기를 기다린다는 사실을 분명하게 말합니다. 피조세계와 인류는 마지막 날에 변모되는 것이지 파멸되는 것이 아닙니다. 그렇기 때문에 이 세상을 무차별적으로 장밋성으로 보는 시각은 성경을 잘못 읽은 것입니다.

그리스도인들 중에는 지구 환경 보존 문제에 대해 별 관심이 없는 사람들이 있습니다. 이 세상은 어차피 망하게 되어 있다고 생각하기 때문입니다. 그들 가운데 일부는 지구 환경 파괴가 예수 그리스도의 재림을 앞당길 것이라고 생각하기도 합니다. 또한 이런 시각을 가진 사람들은 사회정의에 대한 관심이 약합니다. 가난과 기근 문제, 부패와 부정의 문제, 테러와 전쟁의 문제 등에 대해서도 마찬가지입니다. 그들에게는 장차 망할 이 세상에서 한 영혼이라도 더 건져 내는 것만이 유일의 관심사입니다. 인간의 육신과 이 세상은 심판의 불로 없어져야 할 대상이라고 생각하기 때문입니다. 만일 제3차 세계대전이 일어나면 예수 그리스도의 재림이 그만큼 앞당겨질 것이라고 생각합니다.

불행하게도, 이런 시각을 가진 그리스도인들이 적지 않습니다. 이런 그리스도인들은 사회에 아무런 영향을 끼치지 못합니다. 오히려 사회적인 문제를 일으킬 소지가 많습니다. 이런 사고 방식을 가지면 개인 영혼의 구원을 위한 전도 열정이 강해지는 경향이 있습니다. 물론 개인 영혼 구원에 대한 열정은 좋은 것입니다. 그것이 기독교 신앙의 출발점입니다. 한 개인의 영혼 구원은 그의 삶 전체를 변화시키고, 그 변화를 통해 그가 맺고 있는 모든 관계에 변화가 퍼져 나가고, 그런 변화를 통해 세상이 변화되어야 합니다. 하지만 이런 사고방식을 가진 사람들은 개인 영혼 구원에만, 오직 그것에만 관심을 둡니다. 그래서 교인 수는 불어날 수 있습니다만, 교인수의 증가가 그 사회를 보다 정의롭고 평화롭고 깨끗하게 만드는 일에는 거의 영향을 주지 못합니다.

하나님 나라의 식민지?

둘째, 이 세상을 하나님 나라의 식민지로 보는 시각이 있습니다. 식민지 약탈의 역사 속에서 자란 유럽과 미국의 그리스도인들이 주로 이런 시각을 가집니다. 영국이 인도를 점령한 뒤에 그곳에 식민도시를 건설하고 그 도시를 거점으로 인도 전체를 영국처럼 변화시키려 했던 것처럼, 하나님이 이 세상을 하나님 나라로 변화시키기 위해 교회라는 식민도시를 건설했다는 것입니다. 식민도시에 사는 영국인들은 식민도시와 인도인들의 도시를 오가면서 그들을 교화시키기 위해 노력합니다. 그와 같이 그리스도인들도 교회라는 식민도시 안에 살면서 세상에 나가 세상 전부를 하나님 나라로 바꾸기 위해 힘쓰는 사람들이 됩니다.

이런 시각으로 인해 지난 이천 년 동안 기독교회는 수많은 죄를 범해 왔습니다. 교회가 권력과 금력을 가지고 다수자가 될 때마다, 이 세상을 정복하여 기독교 국가를 세우기 위해 노력해 왔습니다. 예컨대 십자군 전쟁은 그 열정이 만들어 낸 거대 잔혹사입니다. 유럽 제국이 아프리카와 아시아와 남아메리카에서 식민지를 건설하는 과정에서도 교회는 그런 시각으로 수많은 사람들을 희생시켰습니다. 그들은 미개한 원주민들을 개화시켜 유럽과 같은 기독교 국가로 만들기 위해 총과 칼로 침략했고, 저항하는 원주민들을 잔인하게 학살했습니다. 그러면서도 그것을 하나님의 뜻으로 정당화시켰습니다. 지난 삼백여 년 동안의 선교 역사가 주로 이런 사고방식으로 행해졌습니다.

이런 시각 역시 성경에 대한 잘못된 해석에 뿌리를 두고 있습니다. 가장 큰 오해는 하나님 나라가 인간의 노력으로 이 땅에 세워질 수 있다는 생각에 있습니다. 인간의 노력으로 세울 수 있는 국가는 그 어떤 것도 하나님 나라와 같다고 할 수 없습니다. 기독교를 국교로 세우고 기독교 인구를 100퍼센트로 끌어올린다 해도, 그 나라가 하나님 나라는 아닙니다. 누구도 이 지상에서 완전한 그리스도인이 될 수 없기 때문입니다. 기독교 인구 100퍼센트의 국가가 있다 해도, 그 나라의 제도와 조직과 통치 과정에는 여전히 인간적인 죄성이 섞이게 마련입니다.

남미 혹은 중동의 무슬림 국가에 가면 이러한 잘못된 노력이 얼마나 강한 반기독교적 정서를 만들어 냈는지를 알 수 있습니다. 처음에는 칼로, 그다음에는 총으로, 그다음에는 돈으로 사람들을 개종시키려 했던 그릇된 역사는 기독교에 대한 뿌리 깊은 의심과 증오를 낳았습니다. 다행히 서구 교회가 과거의 선교 방식에 문제가 있었음을 깨닫고 방향을 전환하기는 했습니다만, 그 뿌리가 제거되는 데 얼마나 많은 세대가 지나야 할지 우리는 알지 못합니다. 불행하게도 선교사 파송 세계 2위를 자랑하는 한국 교회는 아직도 이러한 사고방식을 완전히 벗어나지 못하고 있는 실정입니다.

이 시각은 믿는 사람 개인의 삶의 태도에서도 문제를 만들어 냅니다. 이런 시각을 가진 사람들은 이 세상에서 영향력 있는 자리에 올라가서 자신의 신앙을 드러내는 것이 하나님 나라를 확장시키는 길이라고 생각합니다. 그 사람이 이 세상에서 가지는 지위와 권력과 금력이 곧 그 사람의 신앙의 정도와 비례한다고 생각합니다. 그래서 자신이 속한 조직에서 승승장구하기를 꿈꾸고, 자신에게 주어진 힘으로 그 조직을 하나님 나라로 바꾸려고 노력합니다. 그것을 한때 '고지론'이라고 불렀습니다. 그리스도인들이 이 사회 곳곳에 들어가 고지를 점령하고 그 힘으로 이 땅에 하나님 나라를 건설해야 한다는 주장을 말합니다. 그 노력이 가상하기는 하지만, 그런 태도는 믿지 않는 사람들을 감화시키기보다는 반감을 불러일으킨다는 데 문제가 있습니다.

돈으로 믿음을 살 수 없습니다. 권력으로 복종시켜 믿음을 가지게 할 수도 없습니다. 군사력으로 점령하여 믿음에 이르게 할 수도 없습니다. 그것은 사탄이 우리의 타락한 본성을 자극하여 속이는 것입니다. 빠른 시간 안에 쉽게 결과를 얻고 싶은 본성, 이교도가 자신 앞에 굴복하는 모습을 보고 싶어 하는 본성이 그런 잘못을 만들어 냅니다. 그것은 유대 광야에서 예수님을 시험하던 사탄의 전략입니다(마태복음 4:1-11). 예수께서 받으신 시험은 우리 모두에게 끊임없이 반복되는 시험입니다. 그 시험에 무너지면 하나님의 방법이 아니라 사탄의 방법으로 이 땅에 하나님 나라를 세우기를 꿈꿉니다. 하지만 그것은 결국 하나님의 나라가 아니라 인간의 나라요 사탄의 왕국이 되어 버립니다.

우리 한국 교회는 그동안 이런 사고방식을 주입시키고 부추겨 왔다고 할 수 있습니다. 1970년대부터 한 세대 동안 계속되었던 교회의 물량적 성장은 그런 사고방식으로 사람들을 몰아세운 결과입니다. 교회가 커야 더 큰 일을 한다고, 그러기 위해서는 더 큰 예배당을 지어야 한다고, 더 많은 사람들에게 전도해야 한다고 끊임없이 들볶아 온 결과, 한국 교회는 세계 어느 나라에서도 유례를 찾을 수 없을 정도로 급성장을 경험했습니다. 하지만 한 세대가 지나면서 우리는 그것이 얼마나 잘못된 것이었는지를 대형 교회들의 대형 스캔들을 통해 뼈아프게 자각하고 있습니다.

두렵도다, 이곳이여!

셋째, 이 세상이 하나님 나라 안에 있고 하나님 나라 안에 이 세상이 있다고 보는 시각이 있습니다.[2] 이런 시각을 가진 그리스도인들은 믿는 사람들이 이 세상에서 무엇을 하기 이전에 하나님께서 이미 이 세상에서 다스리고 계시다고 믿습니다. 우리가 할 일은 이 세상에 없는 하나님 나라를 건설하는 것이 아니라 이미 진행되고 있는 하나님의 통치를 더 분명하게 분별하고 그 통치 아래에서 살아가는 것이며, 더 많은 사람들이 하나님을 인정하고 그 통치 아래에서 살아가게 하는 것이라고 믿습니다. 이 땅에서는 결코 하나님 나라를 100퍼센트 실현할 수 없으며, 우리가 할 수 있는 일은 어떻게든 우리 사회가 하나님 나라에 가까이 가게 하는 것이라고 믿습니다.

하나님 나라는 예수 그리스도께서 다시 오실 때 완전하게 드러날 것입니다. 그 이전까지 하나님 나라는 우리에게 초현실이요 비현실입니다. 눈으로 보고 손으로 만질 수 있는 것만이 지금 우리에게는 현실입니다. 예수 그리스도가 다시 오시면 지금의 초현실이 현실이 될 것이고, 지금의 현실이 비현실이 될 것입니다. 그때가 되면 지금 믿음을 통해 경험하는 하나님 나라가 현실로 드러날 것입니다. 하나님 나라에 대해 바울이 한 말을 다시 기억해 봅니다.

하나님의 나라는 먹는 것과 마시는 것이 아니요 오직 성령 안에 있는 의와 평강과 희락이라(로마서 14:17)

여기서 바울은 마음으로 경험하는 의와 평강과 희락을 통해 하나님 나라를 경험했습니다. 그의 내면으로는 하나님 나라를 누리고 있었습니다만, 그의 외면 세계는 여전히 불의요 불화요 싸움이었습니다. 이렇듯, 지금 이 땅에서 우리가 경험하는 하나님 나라는 불완전합니다. 하지만 마지막 날 새 하늘과 새 땅이 임하면, 바울이 내면에서만 경험했던 의와 평강과 희락이 온 세상에 충만하게 될 것입니다. 사도 요한은 환상 중에 그 미래를 내다보고 이렇게 말했습니다.

> 내가 들으니 보좌에서 큰 음성이 나서 이르되 보라, 하나님의 장막이 사람들과 함께 있으매 하나님이 그들과 함께 계시리니 그들은 하나님의 백성이 되고 하나님은 친히 그들과 함께 계셔서 모든 눈물을 닦아 주시니 다시는 사망이 없고 애통하는 것이나 곡하는 것이나 아픈 것이 다시 있지 아니하리니 처음 것들이 다 지나갔음이러라(요한계시록 21:3-4).

비유하자면, 우리는 하나님 나라의 여명의 시간에 살고 있는 것입니다. 여명의 시간은 어느 편에서 보느냐에 따라 달리 표현됩니다. 아직 밤이라고 할 수도 있고, 낮이 시작되었다고 할 수도 있습니다. 지금 우리는 믿음 안에서 하나님 나라를 경험합니다. 믿음 안에서 하나님 나라가 이 세상 안으로 뚫고 들어왔기 때문입니다. 우리는 아직 밤이지만 일어나 낮이 이미 온 것처럼 행동하듯, 하나님 나라가 아직 완전히 임하지는 않았지만 이미 온 것처럼 살아가는 것입니다.

그것을 바울은 "우리가 믿음으로 행하고 보는 것으로 행하지 아니함이로라"(고린도후서 5:7)는 말로 표현합니다. 이 구절은 새번역이 더 좋습니다. "우리는 믿음으로 살아가지, 보는 것으로 살아가지 아니합니다." 히브리서 저자는 "믿음은 바라는 것들의 실상이요 보이지 않는 것들의 증거"(히브리서 11:1)라고 했습니다. 하나님의 통치 곧 하나님 나라는 눈에 보이지 않습니다. 그것은 오직 믿음으로만 감지할 수 있습니다. 그것을 통해 우리는 지금 하나님 나라가 우리 가운데 있고 우리 안에 있음을 압니다. 그리고 그 하나님 나라가 영원한 현실로 변모할 날이 온다는 것을 압니다.

이것이 곧 믿는 사람들이 피조세계와 인류를 보는 바른 시각입니다. 이 세상 안에는 사탄의 영향력이 만만치 않게 작용하고 있습니다. 그런 까닭에 우리는 이 세상의 풍조에 말려 들어가지 않도록 깨어 있어야 하고 이 세상을 거슬러 살아야 합니다. 하지만 이 세상은 여전히 하나님의 사랑의 통치하에 있습니다. 우리가 살고 있는 이 피조세계와 인류는 하나님의 사랑 때문에 지어졌습니다. 하나님께서는 이 세상에 대한 사랑을 철회하신 적이 없습니다. 태초부터 그 사랑은 계속되어 왔고, 새 하늘과 새 땅이 임할 때까지 앞으로도 계속될 것입니다. 하나님이 아브라함을 선택하여 선민의 역사를 시작하신 것도 그 때문이며, 때가 찼을 때 그분의 아들을 보내신 것도 그 때문입니다.

믿는 사람들은 하나님의 그 사랑을 알고 받아들인 사람들입니다. 그들은 이 세상 모든 사람이 그 사랑에 깨어나고 그 사랑 안에서 살아가도록 힘씁니다. 사랑을 경험한 사람들은 그 사랑을 다른 사람도 알게 되기를 소망하기 때문입니다. 그러므로 우리는 하나님께서 사랑하신 것처럼 이 세상(피조세계와 인류)을 사랑하기를 힘씁니다. 우리는 이 세상을 장차 망할 성으로 알아 도피하기를 추구하지 않습니다. 오히려 이 세상 안으로 깊이 들어가기를 힘씁니다. 하나님께서 그분의 아들을 이 세상에 보내신 것처럼, 예수님도 우리를 이 세상 안으로 보내시기 때문입니다.

땅에서 하늘을 살다

이런 시각으로 보기 때문에 우리는 무참하게 파괴되어 가는 지구 환경을 보존하는 일에 마음을 씁니다. 이 세상은 하나님께서 창조하셔서 우리에게 맡긴 거룩한 작품이기 때문입니다. 마지막 날에 하나님께서 모든 것을 새롭게 하실 때까지(요한계시록 21:5) 우리는 하나님이 지으신 피조세계를 보존하도록 힘써야 함을 압니다. 그뿐 아니라, 이런 시각을 가진 사람은 피조세계 안에서 창조자의 모습을 봅니다. 그래서 다윗은 밤하늘에 가득한 은하수를 바라보면서 "여호와 우리 주여, 주의 이름이 온 땅에 어찌 그리 아름다운지요"(시편 8:1)라고 고백했고, "하늘이 하나님의 영광을 선포하고 궁창이 그의 손으로 하신 일을 나타내는도다"(시편 19:1)라고 고백했던 것입니다. 아시시의 성 프란치스코는 그의 맑은 영성으로 피조세계와 교감하고 교제했습니다.

　이런 시각으로 보기 때문에 우리는 모든 사람을 하나님의 사랑받는 자녀로 봅니다. 믿는 사람과 믿지 않는 사람은 하늘 아버지를 인정하고 그분의 다스림 안에 사느냐 그 다스림을 부정하고 사느냐의 차이만 있을 뿐, 모두 하나님의 자녀입니다. 비유하자면, 믿는 사람은 아버지 집에 있는 자녀이고, 믿지 않는 사람은 가출한 자녀라고 할 수 있습니다. 누가복음 15:11-32에 나오는 '탕자의 비유'에서 보듯, 하나님은 집 안에 있는 자녀뿐 아니라 집 나간 자녀를 사랑으로 부르시고 돌보십니다. 그렇기 때문에 그 사람의 외모가 어떠하든, 출신이 어떠하든, 경제 상황이나 교육 정도가 어떠하든, 그가 믿는 종교가 어떠하든, 모든 사람을 하나님의 사랑의 대상으로 봅니다. 외적 조건에 따라 누구를 과도하게 높이지도 않고 과도하게 낮추어 보지도 않습니다. 모든 사람을 동등한 무게로 대합니다. 그 사람을 통해 내가 얻을 이익을 따지는 것이 아니라, 내가 그 사람에게 무엇을 해줄 수 있는지를 따집니다. 다른 사람에게 해줄 수 있는 가장 중요한 섬김은 하나님 그리고 그분의 사랑을 알게 하는 것입니다. 그렇기에 기회를 찾아 복음을 전합니다. 그것을 알게 하기 전까지 우리는 그 사람을 충분히 사랑하지 못한 것입니다.

　이런 시각으로 세상을 보기 때문에 우리는 사회적인 환경에 관심을 둡니다. 정치, 경제, 사법, 종교, 교육, 문화 등에 정의가 바로 설 수 있도록 힘씁니다. 가난의 문제, 질병의 문제, 테러와 전쟁의 문제에 대해 깊은 관심을 두고 노력합니다. 이 모든 노력에서 우리의 기준은 어떤 이념이나 정당이 아닙니다. 예수 그리스도께서 우리에게 계시하신 하나님 나라가 우리의 기준입니다. 우리 사회가 하나님 나라의 높은 기준에 가까이 다가가도록 기도하고 헌신합니다.

그렇기 때문에 우리는 어떤 이념도, 어떤 교리도, 어떤 정당도, 어떤 단체도, 어떤 국가도 절대화하지 않습니다. 하나님 나라를 믿는 사람에게 절대적인 충성을 요구할 만한 것은 이 세상에 존재하지 않습니다. 다른 주장에는 귀를 틀어막고 자신이 속한 이념만을 무한 재생산하면서 절대화시키는 것은 믿는 사람의 태도가 아닙니다. 물론 믿는 사람도 어떤 이념을 따를 수 있고 정당을 선택하여 지지할 수 있습니다. 하지만 절대적 충성은 오직 하나님 나라만을 향합니다.

진정한 신앙인은 '아나키스트'(무정부주의자)라는 말이 있습니다. 이것은 정부를 무너뜨리려는 불순한 세력을 말하는 것이 아니라, 이 세상의 어느 국가나 정부에도 절대적 충성을 하지 않는다는 뜻입니다. 하나님 나라를 절대적인 기준으로 삼기 때문에 지상에서 선택할 수 있는 모든 대안은 불완전합니다. 그렇기에 어떤 정당을 선택하고 지지한다 해도 우리는 늘 어느 정도의 거리를 유지합니다. 그래서 우리가 선택한 정당이 잘못할 때에는 언제든지 비판할 수 있습니다. 또한 좀 더 진리에 가까이 가기 위해 다른 정파의 목소리에도 귀 기울일 줄 압니다.

믿는 사람들은 이런 시각으로 세상을 보기 때문에 자신의 직업을 성직으로 여깁니다. 이웃을 해치는 일부 직업을 제외하고, 이 세상의 모든 직업은 하나님의 뜻을 이 세상에서 이루기 위해 존재하는 성직입니다. 하나님께서는 우리 각자가 자신의 직업을 통해 생의 의미를 실현하고 이 사회를 위해 이바지하며 이웃을 돕기를 기대하십니다. 그런 마음으로 자신의 직업을 대하면 성직을 받드는 것이 됩니다. 한때, 은혜 받은 사람은 모두 선교사로 나가야 한다고 설교하는 사람들이 있었습니다. 물론 선교사로 나가는 사람도 있어야 하지만, 자신이 선 자리에서 선교사로 살아가는 사람들이 더 많이 필요합니다. 자신의 직업 현장에서 하나님의 뜻을 분별하고 그 뜻을 이루기 위해 노력하는 사람들이 생활 속의 선교사입니다.

이런 시각으로 보면, 이 세상에서 일어나는 일들을 통해 하나님의 손길을 볼 수 있습니다. 하나님은 인류의 역사와 우리의 개인사에서 완전히 손 떼신 것이 아닙니다. 사탄의 영향력이 여전히 미치고 있지만, 하나님의 통치는 그보다 더 높고 큽니다. 사탄의 역사조차도 결국은 하나님의 우주적이고 영원한 통치권 아래에 있습니다. 또한 하나님께서는 그분의 뜻을 분별하며 그 뜻에 순종하려는 사람들을 통해 역사를 만들어 가십니다. 우리의 개인사 역시 하나님의 다스림 아래에 있습니다. 그래서 믿는 사람들은 역사와 개인사를 통해 하나님의 손길을 분별하고 그 뜻을 찾습니다.

이런 시각으로 보면, 믿지 않는 사람 혹은 다른 종교를 가진 사람은 무조건 '하나님 없는' 사람으로 보고 전도하고 선교했던 과거의 태도가 얼마나 잘못되었는지 알 수 있습니다. 온 우주의 통치자이신 하나님은 모든 사람의 인생 여정 중에 함께하십니다. 무신론자의 삶에서도, 타종교인의 삶에서도 역사하며 다스리고 계십니다. 그렇기에 그들에게 전도하고 선교하는 것은 이미 하나님께서 그들 가운데 행하고 계신 일에 참여하는 것입니다. 복음이 전해지지 않은 땅에 갈 때 우리가 "하나님을 모시고" 가는 것이 아닙니다. 그곳에서 이미 역사하고 계신 하나님의 일에 참여하기 위해 가는 것입니다.

　이렇게 보면, 하나님 나라와 인간의 나라, 하늘나라와 땅의 나라가 구분되지 않습니다. 그 옛날, 야곱이 꿈에서 하나님을 만나고서 일어나 "두렵도다 이곳이여, 이것은 다름 아닌 하나님의 집이요 이는 하늘의 문이로다"(창세기 28:17)라고 고백했던 것처럼, 혹은 하나님 나라가 어느 때에 오겠느냐는 바리새파 사람들의 질문에 대해 "하나님의 나라는 볼 수 있게 임하는 것이 아니요 또 여기 있다 저기 있다고도 못하리니 하나님의 나라는 너희 안에 있느니라"(누가복음 17:20-21)고 하신 예수님의 답변처럼, 하나님 나라는 우리 안에, 우리 중에, 우리 앞에, 우리 곁에, 우리 위에, 우리 밑에, 우리 둘레에 있습니다. 하나님 나라를 보기 위해 어디로 가야 하는 것이 아닙니다. 우리가 선 자리에서 마음의 눈을 뜨면 보이는 것이 하나님 나라입니다. 새 하늘과 새 땅이 임할 때까지 우리는 그렇게 하나님 나라를 보면서 이 땅의 나라를 살아가는 것입니다.

영생을 살고 영생에 이르다

이렇게 사는 것이 구원의 삶을 사는 것이요 영생을 사는 것입니다. 요한은 하나님 아버지께서 그분의 아들 예수 그리스도를 보내신 이유가 이 세상으로 하여금 영생을 얻게 하려는 것이라고 했습니다. 그렇다면 영생은 무엇입니까? 예수께서는 아버지 하나님께 기도를 드리시는 중에 영생에 대해 다음과 같이 정의하셨습니다.

영생은 곧 유일하신 참 하나님과 그가 보내신 자 예수 그리스도를 아는 것이니이다(요한복음 17:3).

앞에서 언급한 것처럼, 히브리어에서 '알다'는 체험하여 아는 것을 말합니다. 머리를 끄덕이는 정도의 앎이 아니라 온몸으로 전율하는 앎을 말합니다. 그렇기에 그 지식이 그의 삶의 원리가 되고 또한 기준이 됩니다. 참된 하나님이 어떤 분이신지를 체험하여 아는 것, 그리고 나사렛 청년 예수가 하나님의 아들이요 그리스도이심을 체험하여 아는 것은 우리의 삶을 가장 근본적으로, 가장 깊이, 그리고 가장 철저하게 바꾸어 주는 지식입니다. 그 지식으로 인해 세상을 보는 눈이 바뀌고, 사람을 대하는 방식이 달라지며, 일하는 방법이 변하기 때문입니다. 그렇게 살아가는 것이 바로 영원한 생명을 사는 것입니다.

이런 점에서 보면, "예수 믿고 죽어서 천국 가십시오"라는 말이 복음의 본질을 얼마나 호도하는 말인지 알 수 있습니다. 영생이란 죽어서 천국 가는 것에 국한되지 않습니다. 그것은 이 땅에서 참된 하나님이 어떤 분이신지를 체험하여 알고 예수 그리스도를 주님으로 만나는 것입니다. 그 만남으로 이 땅에서 천국을 살고 일상 속에서 영생을 누립니다. 믿음 안에서 우리에게 열리는 하나님 나라를 경험하며 그 나라를 살아갑니다. 그렇게 우리는 이 땅에서 하늘나라를 살다가 죽어서 하나님 나라에 이르고, 새 하늘과 새 땅에서 그리스도의 부활에 참여할 것입니다.

이것이 하나님께서 예수 그리스도를 통해 우리에게 주시는 영생입니다. 이것이 예수께서 열어 놓으신 구원의 길입니다. 이 영생과 구원이 어떤 것인지를 제대로 안다면, 그 지식은 우리의 마음과 태도와 삶을 바꾸어 놓을 것입니다. 그것이 어떤 것인지를 조금이라도 맛보았다면, 이 복음에 대해 침묵할 수 없습니다. 그것이 이 땅과 새 하늘과 새 땅에서 어떤 변화를 가져오는지를 알면, 그 복음을 전하지 않을 수 없습니다. 그것을 누구보다 깊이 체험했던 바울은 에베소 교인들에게 다음과 같이 말합니다.

나는 기도할 때마다 여러분을 떠올리며 감사를 드립니다. 그러나 감사에서 멈추지 않고 간구합니다. 우리 주 예수 그리스도의 하나님,

영광의 하나님께서 여러분에게 이해력과 분별력을 주셔서, 하나님을 친히 알게 하시고 여러분의 눈을 맑고 또렷하게 해주시기를 구합니다. 그리하여 하나님께서 무엇을 하라고 부르시는지, 여러분이 정확히 볼 수 있기를 바랍니다. 또한 하나님께서 그분을 따르는 이들을 위해 마련해 두신 이 영광스러운 삶의 방식이 얼마나 대단한 것인지, 오, 하나님께서 그분을 믿는 우리 안에서 끊임없는 에너지와 한없는 능력으로 행하시는 역사가 얼마나 풍성한지를 이해할 수 있기를 구합니다(에베소서 1:16-19, 『메시지』).[3]

이제 제가 믿고 또한 알고 있는 기독교 복음에 관한 소개를 마칠 때가 되었습니다. 바울이 에베소 교인들에게 전한 마음이 지금까지 제가 이 글을 쓰면서 가졌던 마음입니다. 예수 그리스도를 통해 우리에게 열린 구원의 길과 영생의 삶이 얼마나 깊고 신비하며 놀라운 것인지를 조금이라도 전할 수 있다면 저의 노력이 헛되지 않을 것입니다. 다만, 하나님 나라에 대한 저의 체험이 아직 부족하고 표현 능력이 부족하여 이 정도에 만족해야 한다는 것이 아쉽습니다. 성령께서 독자들로 하여금 제가 '전한 것'이 아니라 '전하려고 했던 것'을 바라볼 수 있도록 도와주시기를 기도할 뿐입니다.

1. 당신은 이 세상을 어떻게 보아 왔습니까? 신앙적인 세계관을 가지고 살아간다면 당신에게는 어떤 변화가 일어날 것이라고 생각합니까?

2. 영생에 대해 당신은 어떻게 이해하고 있었습니까? 이 장을 읽고 영생에 대해 새로 알게 된 것이 있습니까? 영생을 살고 영생에 이르는 구원의 길에 대하여 나누어 봅시다.

함께 드리는 기도

인류 역사의 통치자 되시는 하나님,
육신의 눈을 감고 마음의 눈을 뜹니다.
주님의 나라를 보게 하시고
그 눈으로 세상을 보게 하소서.
영생을 살고
영생에 이르도록
우리를 붙드소서.
예수 그리스도의 이름으로 기도합니다. 아멘.

나가는 말: 부드러운 초청

저는 이 책에서, 저에게 전해졌고, 제가 믿고 있으며, 제가 믿음 안에서 확인했고, 그래서 제가 전하고 싶은 예수 그리스도의 복음을 소개했습니다.

복음은 '예수께서 죽은 자들 가운데서 부활하셨다'는 한 문장으로 요약할 수도 있고, 토마스 아퀴나스나 장 칼뱅처럼 여러 권의 두꺼운 책을 쓸 수도 있습니다. 아니, 열 권짜리 '복음 전집'을 쓴다 해도 다 설명할 수 없을 만큼 그것은 심오하고 방대합니다. 앞에서 소개했듯이, 토마스 아퀴나스는 전집으로 복음에 대해 설명하던 중에 하나님의 옷자락을 보고 중도에 절필을 했습니다. 자신이 구사할 수 있는 언어와 논리는 빛나는 광채에 둘러싸인 하나님을 설명하기에 너무도 부족한 도구라는 사실을 깨달은 것입니다.

이렇게 보면, 이 책에서 제가 한 일이 얼마나 무모하고 주제 넘은 일인지 돌아보게 됩니다. 저로서는 저의 지식과 체험과 영성을 다 동원하여 제가 믿는 복음에 대해 안내하려 했지만, 혹시나 저의 설명이 복음을 더 선명하게 드러낸 것이 아니라 그 영광을 가린 것은 아닌지 조심스럽습니다.

하지만 이 책을 세상에 내놓게 만든 '믿는 구석'이 하나 있습니다. 인간의 언어와 논리에는 사람을 변화시키는 능력이 없지만, 성령께서 그것을 도구로 사용하시면 그럴 수 있다고 믿기 때문입니다. 부디, 성령께서 이 부족한 글을 사용하셔서 믿음의 길에 대해 탐색하고 있거나 믿음의 길에서 멈추어 있는 분들의 마음을 만져 주시기를 기도하고 또한 기대합니다. 예수 그리스도에 대한 믿음으로 하나님의 자녀로 회복되어 누리게 되는 그 사랑과 평강과 기쁨은 그 무엇에도 비교할 수 없는 든든한 반석입니다.

이제 마지막으로, 이 책을 통해 믿음의 여정을 시작하기 원하는 분들을 위해 몇 가지 말씀을 더합니다.

영접하십시오

먼저, 예수 그리스도 앞에 진지하게 서서 마음을 활짝 열고 그분을 당신의 '구원자'이자 '주님'으로 인정하고 당신의 삶 속에 모셔 들이십시오.

'구원자'라고 고백하는 것은 우리를 죄의 굴레로부터 해방시키셔서 자유하게 하실 분이라는 뜻입니다. 그것은 우리가 아담으로부터 물려받은 죄성과 사탄의 속임수로 인해 속절없이 죄에 속박된 상태에 있으며, 그 상태에 머물러 살게 되면 죽음 후에 영원한 재앙을 운명으로 만나게 되어 있다는 사실을 인정하는 것입니다. 그런 상태를 인정해야만 예수 그리스도는 구원자가 되십니다.

'주님'이라고 고백하는 것은 예수 그리스도를 내 삶의 주인으로 모셔 들인다는 뜻입니다. 어떤 사람은 자아가 주인이 되어 살아갑니다. 문제는 자아가 깨어지고 병들지 않은 사람이 아무도 없다는 데 있습니다. 우리의 자아는 우리의 삶을 복된 자리로 인도하지 못합니다. 어떤 사람은 부모 혹은 자녀를 주인으로 삼고 살아갑니다. 어떤 사람은 악한 영에 사로잡혀 살아갑니다. 또 어떤 사람은 돈, 외모, 성공을 주인으로 모시고 살아갑니다. 우리가 주인으로 섬기는 그 대상이 우리의 삶을 결정합니다.

예수 그리스도는 과거에 살았다가 죽고 없는 역사의 위인이 아닙니다. 그분은 부활하시고 승천하셔서 성령을 통해 우리 가운데 일하십니다. 승천하셨다는 말은 이 땅에서, 우리의 삶의 현장에서 물러났다는 뜻이 아닙니다. 하나님이 무소부재하시다면, 즉 안 계신 곳이 없으시다면, 하나님의 보좌 우편에 앉으신 예수님도 무소부재하십니다. 우리 눈에는 보이지 않지만 우리 가운데 역사하고 계십니다. 그렇기에 그분 앞에 겸손히 고개 숙이고 우리의 존재 안에 들어오셔서 다스려 주시기를 청하면 그렇게 하십니다. 주님께서 사도 요한에게 하신 말씀을 다시 기억해 봅니다.

> 볼지어다, 내가 문 밖에 서서 두드리노니 누구든지 내 음성을 듣고 문을 열면 내가 그에게로 들어가 그와 더불어 먹고 그는 나와 더불어 먹으리라(요한계시록 3:20).

예수 그리스도께서는 우리 각자의 마음 문 바깥에 서서 우리가 문을 열어 줄 때까지 계속하여 쉬지 않고 노크를 하고 계십니다. 당신이 이 책을 읽게 된 것도 성령께서 당신의 마음을 노크하시는 한 방법입니다. 당신이 혹은 다른 누가 이 책을 선택한 것이 아니라, 성령께서 선택하셔서 읽게 하신 것입니다.

그렇다면 언제까지 예수 그리스도를 문 밖에 세워 두시겠습니까? 언제까지 그분의 노크소리를 외면하시겠습니까?

더 이상 미루지 마시고 그분 앞에 고개 숙이고 다음과 같이 기도하시기 바랍니다. 가까운 교회 예배실이나 기도실을 찾아가셔서 하시면 더 좋습니다. 하지만 어디든 좋습니다. 중요한 것은 당신의 마음입니다.

영접을 위한 기도

십자가에 달려 죽으시고 죽은 사람들 가운데서 부활하신 예수님, 주님께서 십자가에서 흘린 피가 저의 죄를 대속하기 위한 것임을 인정합니다. 십자가 앞에서 회개하고 저의 죄를 내려놓습니다. 하나님을 등지고 저의 욕망대로 살아 사탄의 노예가 되었던 것을 회개합니다. 주님의 약속대로 주님의 고귀한 피로써 저의 죄를 깨끗이 씻어 주십시오.

이제 저의 마음을 주님께 활짝 엽니다. 저의 삶 속에 들어오셔서 영원한 주인이 되어 주십시오. 오늘 이 시간 이후로 제 인생의 소유권과 주권을 주님께 내어놓습니다. 이제는 제가 사는 것이 아니라 제 안에 계신 주님께서 사는 삶이 되게 하여 주십시오. 오직 주님의 약속을 믿고 주님의 이름으로 기도합니다. 아멘.

이것은 영접을 위한 기도의 한 예입니다. 이런 내용으로 기도하라는 뜻입니다. 이것은 비록 짧은 기도이지만, 한 사람의 인생을 영원히 달라지게 만드는 놀라운 능력을 가질 수 있습니다. 진심으로 주님을 영접하면, 하나님은 아직도 죄인인 우리를 의롭다고 인정해 주십니다(칭의). 그것을 '거듭났다'고 말합니다. 육신의 부모에서 난 것이 첫 번째 난 것이고, 믿음으로써 하나님의 자녀가 되었으니 두 번째 난 것입니다. 이렇게 기도하고 결단했다면, 믿음의 공동체의 도움을 받아 공동체 앞에서 세례를 받음으로써 그 결단을 알려야 합니다. 세례는 단순한 형식 이상입니다. 그래서 성례라고 부릅니다. 믿음의 공동체 앞에서 받는 세례는 거룩한 것이고 또한 영원한 힘을 가집니다.

거듭남의 현상은 사람마다 다르게 나타납니다. 어떤 사람은 영접 기도를 드리는 즉시 마음에 변화를 받아 몰라보게 다른 삶을 살아갑니다. 어떤 사람은 영접 기도를 드린 뒤에 별다른 변화를 경험하지 못합니다. 하지만 진실하게 이 기도를 드렸다면, 예수 그리스도께서 그 사람의 마음 안에 들어오셔서 점진적인 변화를 만들어 내실 것입니다. 신생아가 자라면서 걸음마도 하고 말도 시작하는 것처럼, 영적 신생아도 그렇게 자라갑니다. 의롭다고 인정받은 후 거룩하게 변화되는 과정을 '성화의 과정'이라고 부릅니다.

기독교 신앙에서 체험과 느낌은 중요합니다. 영이신 하나님이 우리 가운데 역사하시면 때로 물리적이고 가시적인 변화가 일어납니다. 하지만 늘 그렇지는 않습니다. 그러므로 체험이나 느낌을 기준으로 삼지 말아야 합니다. 기독교 신앙의 기준은 하나님의 약속입니다. 예수께서는 누구든지 마음의 문을 열고 초청하면 들어가겠다고 약속하셨습니다. 그 약속을 믿는다면, 아무런 느낌이 들지 않거나 변화가 일어나지 않더라도 예수께서 이미 들어와 계시다고 인정하고 믿어야 합니다. 그렇게 살다 보면 정말 예수께서 내 삶을 다스리시고 보호하시며 인도하신다는 사실을 경험하게 됩니다.

영적 생활을 시작하십시오

진지하게 기도와 세례로써 예수 그리스도를 당신의 마음에 모셔 들였다면, 오늘 당장 당신의 삶을 다시 설정하시기 바랍니다. 식당에 주인이 바뀌면 새 주인의 뜻에 맞추어 많은 것이 달라지는 것처럼, 당신의 삶의 주인이 사탄과 병든 자아로부터 그리스도 예수로 바뀌었으니 그에 따른 변화가 일어나야 합니다. 가장 먼저 할 일은 하루 삶의 가장 중요한 시간을 새 주인에게 내어 드려야 합니다. 처음에는 10분도 좋습니다. 가장 정신이 맑은 시간에 당신만의 성소를 만드십시오.

영적 생활이란 내 안에 계신 주님의 존재를 인정해 드리고 그분의 뜻을 묻고 그분의 도움을 구하기 위해 시간을 떼어 바치는 것을 의미합니다. 기독교 신앙은 일주일에 한두 번 교회에 나가는 것으로 끝나지 않습니다. 우리 주님은 일주일에 하루만 예배당 안에서 일하시는 분이 아닙니다. 그분은 우리 안에 계셔서 하루 24시, 한 주 7일, 일 년 365일을 항상 함께하십니다. 그러므로 매일 가장 좋은 시간을 할애하여 기도드리고 성경말씀을 읽고 묵상하며 찬송으로 그분을 높이는 것입니다. 그 시간이 밀도 있는 만큼 예수 그리스도는 우리의 삶을 더 깊이, 더 넓게 다스리십니다.

영적 생활에서 가장 중요한 것이 기도입니다.[1] 그것이 얼마나 중요했던지, "기도는 영혼의 호흡다"라는 말이 생겨났습니다. 호흡을 멈추면 10분도 안 되어 숨이 끊어지는 것처럼, 기도 역시 그만큼 중요하다는 뜻입니다. 그런데 처음 믿는 분들에게 기도는 쉽지 않습니다. 기독교 출판사에서 나온 책들 중에 기도에 관한 책이 제일 많은 이유가 여기에 있습니다. 하지만 간단하게 보자면 기도는 너무도 쉽습니다. 친구와 대화 나누는 것처럼 자연스럽게 하나님과 대화를 나누면 됩니다. 처음에는 어색하게 느껴져도 하다 보면 점점 더 깊은 대화가 가능해집니다.

어떤 분은 "아무리 오래 기도해도 5분을 넘길 수 없습니다"라고 말씀하십니다. 그런 분들은 하나님께 무엇인가를 구하는 것을 기도라고 생각합니다. 물론 우리의 필요를 구하는 것은 중요한 기도입니다. 하지만 그것만 있다면 하나님과의 인격적인 관계가 아직 열리지 않은 셈입니다. 친구와의 대화 혹은 부부 간의 대화가 일방적인 요구로만 채워진다면, 그 관계에 분명 문제가 생긴 것입니다. 인격적이고 사랑 깊은 대화는 서로에 대한 감사, 사랑의 고백, 고민 나눔, 울고 웃는 시간 등이 모두 포함됩니다. 하나님께 기도하는 것도 마찬가지입니다. 그분께 대한 사랑의 고백, 찬양과 감사 같은 것들이 포함되어야 합니다.

매일 **성경말씀**을 읽고 묵상하는 것도 중요합니다. 처음 믿는 분들은 믿을 만한 안내를 받으면서 성경을 읽는 것이 좋습니다. 인터넷에서 분별없이 자료를 찾아 사용하지는 마시기 바랍니다. 인터넷의 정보는 마치 홍수 물과 같습니다. 주변에 믿을 만한 그리스도인이 있으면 도움을 받으시기 바랍니다(제가 매일의 말씀묵상을 돕기 위해 해설 및 묵상을 정리해 놓은 '사귐의 소리'[www.koinonia2019.com]의 도움을 받으시는 것도 좋습니다). 하루에 한 장 정도를 읽고 그 내용을 파악하고 "오늘 나에게는 어떤 의미인가?"를 묻는 것이 묵상입니다. 그렇게 매일 말씀을 읽고 묵상하다 보면 신기한 일이 자주 일어납니다. 수천 년 전에 쓰인 성경이 오늘 나의 삶에 응답하는 것을 경험하는 것입니다. 그것을 경험했던 히브리서 저자는 이렇게 말했습니다.

하나님의 말씀은 살아 있고 활력이 있어 좌우에 날선 어떤 검보다도 예리하여 혼과 영과 및 관절과 골수를 찔러 쪼개기까지 하며 또 마음의 생각과 뜻을 판단하나니(히브리서 4:12).

좋은 교회를 찾으십시오

기독교 신앙은 홀로 수도 정진하는 종교가 아닙니다. 믿는 사람들이 연합하여 그리스도 예수를 머리로 하여 한 몸으로 연결되어야 합니다. 홀로 갈고닦은 영성은 마치 온실에서 자란 화초와 같습니다. 같은 믿음의 사람들이 공동체로 모여 서로를 받들고 섬기면서 그 영성이 시험받고 훈련받아야 합니다. 하나님은 구원받은 한 영혼 한 영혼을 찾는 것이 아니라 구원받은 백성을 원하십니다. 옛날에는 이스라엘이 그 역할을 했으나, 이제는 교회로 그 역할이 넘어왔습니다. 그렇기에 교회를 '그리스도의 몸'이라고 부릅니다. 이천 년 전에 육신을 입고 우리 가운데 오셨던 예수님은 오늘 교회를 통해 다시 성육신하셔서 주님의 역사를 이어 가십니다.

예수 그리스도를 통해 하나님의 자녀가 된 사람들에게 교회는 옵션이 아닙니다. 예수 그리스도를 구원자요 주님으로 받아들였다면, 가까운 지역에 있는 교회를 찾아가 다른 믿는 이들과 연합해야 합니다. 교회는 건물이 아닙니다. 믿는 사람들이 지체가 되어 연합된 운명 공동체입니다. 공동체로 모여 살아가다 보면 어쩔 수 없이 상처를 주기도 하고 받기도 합니다. 그런 것이 두려워 혹은 보기 싫어서 "나 혼자 믿겠다"고 말하는 사람들이 있습니다. 그 심정은 이해하지만 그것은 절반의 신앙입니다. 온전한 신앙은 여러 가지 시험과 갈등과 실망에도 불구하고 교회의 지체가 되기를 포기하지 않는 것입니다.

교회를 찾되 좋은 교회를 찾아야 합니다. 좋은 교회를 찾는 행동을 '교회 쇼핑'이라고 비판하곤 하는데, 그럴 수밖에 없는 현실이 되었습니다. 한 동네에 교회가 한둘 있을 때는 쇼핑이 필요 없습니다. 하지만 지금 여러분이 살고 있는 상황은 꽤 다릅니다. 멀지 않은 지역 내에 많은 교회들이 있습니다. 또한 여러 종류의 이단 종파들이 곳곳에 침투해 있습니다. 그러므로 교회 쇼핑은 어쩔 수 없는 현실이 되어 버렸습니다. 그래서 좋은 교회를 찾는 일이 그만큼 더 중요해졌습니다.

좋은 교회란 규모가 크고 시설이 잘 되어 있는 교회를 말하지 않습니다. 상업주의에 물든 현대인들은 백화점처럼 주차장이 넓고 여러 가지 프로그램을 운영하며 많은 사역들을 서로 분담하여 진행하는 대형 교회를 선호합니다. 하지만 믿음은 근본적으로 관계입니다. 하나님과의 관계와 이웃과의 관계가 믿음의 핵심에 있습니다. 인생 자체도 그 핵심은 관계입니다. 믿음이 성장한다는 말은 하나님과의 관계와 이웃과의 관계에서 성장한다는 뜻입니다. 그러므로 좋은 교회란 **관계를 중시하는** 교회입니다. 그것은 중형교회 혹은 소형교회가 더 잘할 수 있습니다.

요즈음에는 대부분의 교회가 웹사이트나 SNS를 통해 교회에 관한 정보를 알 수 있게 해두었습니다. 잠시 시간을 내어 집 주변에 있는 교회들을 조사해 보면 건강하고 바른 교회를 찾을 수 있을 것입니다. 설교를 몇 편 들어 보면 목회자가 어떤 관심과 지향점을 가지고 있는지를 짐작할 수 있고, 웹사이트를 잠시 둘러보면 교인들의 영성이 어떠한지도 짐작할 수 있습니다. 그렇게 사전 조사를 한 다음 직접 방문하여 예배드리면서 확인해 보십시오. 자신의 영적 여정을 이끌어 줄 만한 목회자가 있고 그 여정을 함께할 만한 교인들이 있으면 안심해도 됩니다. 주변 지인들 중에 존경할 만한 믿음의 사람이 있으면 조언을 구해도 좋습니다.

이렇게 계속해 나아갈 때, 예수 그리스도 안에서 시작된 믿음은 무럭무럭 자라 가게 될 것입니다. 어떤 일을 당해도 흔들림 없는 깊은 내적 평안을 얻을 것이고, 아무리 몸부림쳐도 벗어날 수 없었던 죄의 굴레를 벗어나게 될 것이며, 성령의 능력으로 거룩하게 변화될 것이고, 마침내 자신의 필요를 넘어 하나님의 뜻을 찾고 헌신하는 데까지 자라 갈 것입니다. 그런 사람들이 모여 몸을 이루면 하나님이 어떤 분인지를 이 세상에 보여줄 수 있을 것입니다. 그렇게 이 땅에서 하나님 나라를 살고 죽어 하나님 나라에 이르며, 새 하늘과 새 땅이 임하는 날 예수 그리스도의 부활에 참여하게 될 것입니다.

처음 시작할 때 붙든 확신을 마지막까지 굳게 붙들면, 마침내 우리는 그리스도와 함께하는 사람들이 될 것입니다(히브리서 3:14, 『메시지』).

주

시작하는 말

1. 프랜시스 톰슨의 시 「하늘의 사냥개」(The Hound of Heaven)는 다음
   과 같이 시작한다. Francis Peter Le Buffe, *The Hound of Heaven:
   An Interpretation*, p. 25; 켄 가이어, 『영혼의 추적자』, 김동완 역(서
   울: 복 있는 사람, 2012), p. 27에서 재인용.

   나는 그분을 피해 달아났다, 무수한 밤과 낮이 지나도록.
   나는 그분을 피해 달아났다, 수많은 세월의 회랑을 따라서.
   나는 그분을 피해 달아났다. 내 마음의 미로를 따라서.
   그리고 그분을 피해 눈물의 안개 속으로, 끝없는 웃음소리 아래로
   숨었다.
   거칠 것 없는 희망의 가로수 길을 달리다가
   그 강인한 발걸음에 걸려들어, 바닥 모를
   공포의 거대한 어둠 속으로 곤두박질쳤다.
   발걸음은 그렇게 쫓아오고 또 쫓아왔다.
   그러나 서두르는 법이 없었다.
   보폭의 동요도 없었다.
   냉정한 속도로, 긴박하나 당당하게

발걸음은 울렸다.

2. 우리나라 개신교회 안에는 장로교, 감리교, 침례교, 성결교, 순복음, 성공회, 루터교, 구세군 등 수많은 교파가 존재하며, 그중 장로교는 다시 통합, 합동, 고신, 기장, 합신 등으로 나뉜다. 문화체육관광부가 한국학중앙연구원에 의뢰해 조사한 '2018년 한국의 종교현황'에 따르면, 2018년 국내 개신교 교단은 총 374개로 집계됐다. 이 가운데 교세 등이 확인된 교단이 126개, 확인되지 않은 교단이 248개다—편집자.

3. 이 책에 더하여 기독교 신앙에 대한 깊이 있는 안내를 원한다면 다음을 참조하라. C. S. 루이스, 『순전한 기독교』, 장경철, 이종태 역(서울: 홍성사, 2001); 존 스토트, 『기독교의 기본 진리』, 황을호 역(서울: 생명의말씀사, 1989); 톰 라이트, 『톰 라이트와 함께하는 기독교 여행』, 김재영 역(서울: IVP, 2007); 톰 라이트, 『이것이 복음이다』, 백지윤 역(서울: IVP, 2017); 마틴 로이드 존스, 『내가 자랑하는 복음』, 강봉재 역(서울: 복 있는 사람, 2008).

1 나는 왜 믿는가

1. 이어령, 『지성과 사랑이 만나는 자리』(서울: 마당문고사, 1983). 이 책에는 문학적 양식으로서의 기도문이 여러 편 수록되어 있다.

2. 이어령, 『지성에서 영성으로』(파주: 열림원, 2010), p. 306.

3. 조슈아 해리스, 『No 데이팅』, 이마리 역(서울: 두란노, 1998). 이 외에도 『겸손한 전통신앙』, 김재윤 역(서울: 생명의말씀사, 2013), 『교회, 그냥 다니지 마라』(서울: 좋은씨앗, 2005) 등이 우리말로 번역되어 있다. 조슈아 해리스 목사의 실족에 대한 평가에 대해서는 김영봉, "한 스타 목사의 실족에서 발견하는 희망", 「뉴스M」(2019. 8. 6.)을 참조하라.

4. 리처드 도킨스, 『만들어진 신』, 이한음 역(파주: 김영사, 2007).

5. 버트런드 러셀, 『나는 왜 기독교인이 아닌가』, 송은경 역(서울: 사회

평론, 2005).

6. 아우구스티누스의 회심에 대해서는 『성 어거스틴의 고백록』, 선한
용 역(서울: 대한기독교서회, 2001, 개정완역판. 2019)을, 토마스 아퀴나
스의 종교 체험에 대해서는 김용규, 『신』(서울: IVP, 2018), pp. 216-
218을, 파스칼의 체험에 대해서는 『팡세』, 김형길 역(서울: 서울대학
교출판부, 1996), pp. 608-610을 참조하라.

7. 버트런드 러셀, 『나는 왜 기독교인이 아닌가』, p. 37.

8. 부활의 역사성에 대해서는 다음을 참조하라. 톰 라이트, 『하나님의
아들의 부활』, 박문재 역(고양: 크리스챤다이제스트, 2005); 리 스트로
벨, 『예수는 역사다』, 윤관회, 박중렬 역(서울: 두란노, 2002).

9. 가장 대표적인 사례가 영국 작가 살만 루시디가 1988년에 출판한
『악마의 시』다. 이 소설이 출판된 후 그는 전세계 무슬림의 공적이
되어 한동안 숨어 살아야 하는 신세가 되었다. 2012년에는 『샤를리
엡도』라는 프랑스 잡지의 표지 캐리커처가 이슬람을 모독했다는 이
유로 테러 위협에 시달려야 했다.

10. 대표적인 사례가 댄 브라운의 『다 빈치 코드』, 양선아 역(서울: 베
텔스만코리아, 2004)다. 이 책은 예수님에 대한 믿음이 허구라는 음
모론에 기초한 픽션이다. 이 책의 음모론에 대한 비판에 대해서
는 김영봉, 『다 빈치 코드는 없다』(서울: IVP, 2006)를 참조하라. 가
장 최근에는 바트 어만의 책이 미국에서 많은 독자들의 인기를 끌
고 있다. 우리말로는 『예수 왜곡의 역사』, 강주헌 역(서울: 청림출판,
2010); 『예수는 어떻게 신이 되었나』, 강창헌 역(서울: 갈라파고스,
2015) 등이 출간되었다.

11. 카렌 암스트롱, 『신을 위한 변론』, 정준형 역(파주: 웅진씽크빅,
2010).

12. 엔도 슈사쿠, 『그리스도의 탄생』, 이평아 역(서울: 가톨릭출판사,
2003), pp. 246-247, 250-251.

13. 이 문제에 대해 가장 철저하고 방대한 연구를 한 사람이 톰 라이

트다. 관심 있는 독자들은 그의 책 『하나님의 아들의 부활』, 박문재 역(고양: 크리스찬다이제스트, 2005)을 참조하라.

14. 버트런드 러셀, 『나는 왜 기독교인이 아닌가』, p. 36.

15. 이안 머레이, 『마틴 로이드 존스』, 오현미 역(서울: 복 있는 사람, 2016), p. 738.

2 하나님을 믿는 이유_신의 존재

1. 도킨스의 주장에 대한 반박에 대해서는 다음을 참조하라. 김기석, 『종의 기원 VS 신의 기원』(서울: 동연, 2018); 알리스터 맥그래스, 『도킨스의 신』, 김지연 역(서울: SFC출판부, 2017); 케렌 암스트롱, 『신의 역사』, 배국원, 유지황(서울: 동연, 1999).

2. Timothy Leary, *Your Brain is God*(Berkeley, CA: Ronin Publishing, 2001).

3. Francis Collins, "Collins: Why this scientist believes in God", CNN(2007. 4. 6), http://edition.cnn.com/2007/US/04/03/collins. commentary/index.html.

4. 진화 과학자의 신에 대한 생각을 읽으려면 다음을 참조하라. 우종학, 『무신론 기자, 크리스천 과학자에게 따지다』(서울: IVP, 2014); 강영안, 우종학, 『대화: 철학자와 과학자, 존재와 진리를 말하다』(서울: 복 있는 사람, 2019); 프랜시스 콜린스, 『신의 언어: 유전자 지도에서 발견한 신의 존재』, 이창신 역(김영사, 2009).

3 믿음으로 보는 새 세상_신의 차원

1. "The Elegant Universe: Welcome to the 11th Dimension", YouTube(2014. 2. 24), https://www.youtube.com/watch?v=_Pd2l4kCH8Q.

2. 브라이언 그린은 우주를 구성하는 최소 단위를 점 입자가 아닌 진동하는 끈으로 보는 '초끈 이론'(끈 이론)과 10차원 시공간에서 전

개되는 다섯 종류의 끈 이론을 11차원 시공간으로 통합하여 설명하는 'M-이론'의 발전을 고찰하며 10 혹은 11차원이 숨겨진 세계를 탐구하는 신비를 쉽고 명쾌하게 전달한다. 이에 관한 보다 자세한 소개는 다음을 참조하라. 브라이언 그린, 『엘러건트 유니버스』, 박병철 역(서울: 승산, 2002); "[TED 강연/한글] 끈으로 이루어진 우주 Brian Greene The univers", YouTube(2014. 2. 24), https://www.youtube.com/watch?v=oL0DivXTwHY─편집자.

4 두려움이 우리를 구원한다_인간의 차원

1. 정신과 의사로서 귀신에 사로잡히는 현상에 대해 가장 신뢰할 만한 연구 조사를 한 사람이 스캇 펙이다. 그의 책 『거짓의 사람들』, 윤종석 역(서울: 비전과리더십, 2007)을 참조하라.
2. 앞에서 언급한 버트런드 러셀과 리처드 도킨스가 대표적인 예다.
3. 예컨대 롭 벨이 『사랑이 이긴다: 천국과 지옥, 그리고 지금까지 살았던 모든 인간의 운명에 관하여』, 양혜원 역(서울: 포이에마, 2011)에서 그렇게 주장한다.
4. 복음주의 지도자 존 스토트는 소위 '영혼 멸절설'을 주장하여 한때 파장을 일으킨 적이 있다. 지옥에 떨어진 영혼들이 영원히 고통받는 것이 아니라 결국 멸절된다는 의견을 피력했던 것이다.
5. 천국과 지옥에 대한 C. S. 루이스의 생각은 『천국과 지옥의 이혼』, 김선형 역(서울: 홍성사, 2003)을 참조하라.

6 내게는 소망이 없다_문제의 본질

1. 이안 머레이, 『마틴 로이드 존스』, 오현미 역(서울: 복 있는 사람, 2016), p. 741.

7 그 길은 예수로 통한다_구원의 길

1. 존 스토트, 『그리스도의 십자가』, 황영철, 정옥배 역(서울: 한국기독

학생회출판부, 2010).

9 구원은 크고 넓다_우주적 구원

1. 아우구스티누스, 『성 어거스틴의 고백록』 3권 11장, 선한용 역(서울: 대한기독교서회, 2001), p. 114.

11 아는 만큼 사랑한다_성장과 변화

1. 손양원 목사님에 대해서는 다음을 참조하라. 안용준, 『사랑의 원자탄』(서울: 성광문화사, 2009); 유현종, 『소설 손양원』(서울: 홍성사, 2010); 박현정, 『하얀 불꽃』(서울: 한국고등신학연구원, 2011).

12 구원을 써먹다_고백과 실천

1. Ben Witherington III, "What Good Grief Looks Like When a Daughter Dies", *Christianity Today* April 2012.

13 뒤집어 보고 거꾸로 산다_제자의 삶

1. 신이건, "거창고등학교 고 전영찬 선생을 재조명한다", 「한국기독신문」(2013. 3. 16).
2. 대안사회로서 교회의 비전을 잘 설명한 책으로는 다음을 참조하라. 스탠리 하우어워스, 윌리엄 윌리몬, 『하나님의 나그네 된 백성』, 김기철 역(서울: 복 있는 사람, 2008, 개정증보판. 2018); 스탠리 하우어워스, 『교회됨』, 문시영 역(서울: 북코리아, 2010); 디트리히 본회퍼, 『성도의 공동생활』, 정현숙 역(서울: 복 있는 사람, 2016); 도널드 크레이빌, 『예수가 바라본 하나님 나라』, 김기철 역(서울: 복 있는 사람, 2010).

14 하늘을 보고 땅을 걷는다_이생과 영생

1. 존 버니언, 『천로역정』, 유성덕 역(파주: 크리스챤다이제스트, 2015).

2. 이 시각을 가장 강력하고 설득력 있게 설명한 사람이 톰 라이트다. 그의 책 『마침내 드러난 하나님 나라』, 양혜원 역(서울: IVP, 2009); 『새 하늘과 새 땅』, 윤상필 역(서울: 성서유니온, 2015); 『톰 라이트, 죽음 이후를 말하다』, 박규태 역(서울: IVP, 2013)을 참조하라.

3. 유진 피터슨, 『메시지』, 김순현, 윤종석, 이종태, 홍종락 역(서울: 복 있는 사람, 2015).

나가는 말

1. 기도 생활에 대한 안내로는 김영봉, 『사귐의 기도』(서울: IVP, 2002, 개정판. 2012)를 참조하라.